2024
年度版

総合テキスト

マンション管理士
管理業務主任者

下
維持・保全等／
マンション管理
適正化法等

TACマンション管理士・
管理業務主任者講座 編

JN039453

TAC出版
TAC PUBLISHING Group

はじめに

　「**マンション管理士**」は、マンションにかかわる専門的知識をもって、管理組合の運営や建物の構造上の技術的問題等、マンションの管理に関して、管理組合の管理者等またはマンションの区分所有者等の相談に応じ、**助言・指導・援助を行うこと**を業務とします。

　これに対し、「**管理業務主任者**」は、管理の前提となる管理受託契約の重要事項の説明から、受託した管理業務の処理状況のチェックやその報告まで、**マンション管理のマネジメント業務**を担うものです。マンション管理業者は、事務所ごとに30組合につき1名以上の専任の管理業務主任者を設置するという義務づけがされています。

　つまり、「マンション管理士」は管理組合側において、「管理業務主任者」は管理業者側において、それぞれ管理の適正化を図るという立場上の違いがあり、本試験実施機関も別々になりますが、マンション管理運営というしくみの中では、共通して使う知識がたくさんあります。実際、**両資格の本試験出題内容**は、ほとんど重なっています。

　そこで、ＴＡＣ刊の本シリーズは、両資格の本試験出題内容とされる共通分野を中心として、合格に必要な知識を要領よくまとめています。

　本シリーズを"知識のベース"として、ぜひ**合格**を勝ち取られ、多くの方々がマンション管理運営においてご活躍されることを願ってやみません。

2024年3月

ＴＡＣマンション管理士・管理業務主任者講座

　本書は、2024年2月現在施行されている法令等（2024年4月1日までの施行が明らかなものを含む）に基づいて執筆されています。**法改正等については、『法律改正点レジュメ』**をWeb登録で無料でご提供いたします（2024年9月上旬頃発送予定）。

【登録方法】お手元に本書をご用意の上、インターネットの「情報会員登録ページ」からご登録ください（**要・パスワード**）。

| TAC 情報会員 | 検索 |

【登録用パスワード】025-2024-0943-25

【登録期限】2024年11月1日まで

❶ マンション管理士になるには

令和5年度の第23回マンション管理士試験は、受験申込者数が13,169人(昨年は14,342人)、受験者数が11,158人(受験率84.7%)であり、受験者数は、前年より減少しました。出題傾向としては、全体的に解答の判別が出しにくい問題もあり、民法や区分所有法では新論点や判例の出題、マンション標準管理規約では実務色の強い出題、マンション管理適正化法・基本方針では近年の改正論点の出題が目立ちました。問題形式では、組合せ問題が2問、個数問題が8問となりました。いかに基本知識を落とさず、1点でも多く得点につなげられたかが合否のカギを握るものと思われます。合格点は前年より下がり36点以上、合格者が1,125人、合格率が10.1%となりました。

マンション管理士になるには、国土交通大臣等の実施するマンション管理士試験に合格し、マンション管理士として登録することが必要です。

1. マンション管理士試験の内容

	試験項目	試験内容		本書での呼称
(1)	マンションの管理に関する法令および実務に関すること	民法(取引・契約等マンション管理に関するもの)、区分所有法、被災マンション法、マンション建替え等円滑化法		民法・区分所有法等
		マンションの管理に関するその他の法律など	不動産登記法、借地借家法、民事執行法	管理委託契約書・規約・会計・その他関連知識
			都市計画法、建築基準法、消防法、水道法、防犯指針	マンションの維持・保全等
(2)	管理組合の運営の円滑化に関すること	民法		民法・区分所有法等
		標準管理規約単棟型・団地型、管理組合の会計(仕訳・残高証明書)		管理委託契約書・規約・会計・その他関連知識
(3)	マンションの建物および附属施設の構造および設備に関すること	維持保全		マンションの維持・保全等
(4)	マンションの管理の適正化の推進に関する法律に関すること	管理適正化法、基本方針(別紙二を含む)		マンション管理適正化法

2. 試験実施時期 ➡ 令和5年度は11月26日(日)

3. 受験料 ➡ 9,400円(令和5年度)

❷ 管理業務主任者になるには

令和5年度の第23回管理業務主任者試験は、受験申込者数が17,855人（昨年は19,589人）、受験者数が14,652人（受験率82.1％）であり、受験者数は、前年より1,565人減少しました。問題全体を通し、民法やマンション標準管理規約（単棟型）は比較的解きやすかった反面（一部を除く）、区分所有法や維持保全等は難解だった印象を受けました。表現が素直で、長文問題もそれ程多くないため、全体的に解答を出しやすかった印象を受けましたが、「組合せ問題（空欄補充等を含む）」が7問で、「個数問題」が15問であった影響もあり、合格点は前年より下がり35点以上、合格者が3,208人、合格率が21.9％となりました。

管理業務主任者となるには、管理業務主任者試験に合格し、管理業務主任者として登録し、管理業務主任者証の交付を受けることが必要です。

1. 管理業務主任者試験の内容

	試験項目	試験内容	本書での呼称
(1)	管理事務の委託契約に関すること	民法（「契約」および契約の特別な類型としての「委託契約」を締結する観点から必要なもの）	民法・区分所有法等
		標準管理委託契約書（別表・コメント含む）	管理委託契約書・規約・会計・その他関連知識
(2)	管理組合の会計の収入および支出の調定ならびに出納に関すること	標準管理規約単棟型（コメント含む）、管理組合の会計（貸借対照表・仕訳）	管理委託契約書・規約・会計・その他関連知識
(3)	建物および附属施設の維持および修繕に関する企画または実施の調整に関すること	建築基準法、維持保全、消防法、長期修繕計画作成ガイドライン（コメント含む）、修繕積立金ガイドライン	マンションの維持・保全等
(4)	マンションの管理の適正化の推進に関する法律に関すること	マンション管理適正化法	マンション管理適正化法
(5)	(1)から(4)に掲げるもののほか、管理事務の実施に関すること	民法、区分所有法（「判例」含む）	民法・区分所有法等
		標準管理規約単棟型（コメント含む）、管理費の滞納、民事執行法、民事訴訟法、品確法、個人情報保護法、賃貸住宅管理業法、宅建業法	管理委託契約書・規約・会計・その他関連知識
		分譲マンションに関する統計・データ等	マンションの維持・保全等

2. 試験実施時期 ➡ 令和5年度は12月3日(日)

3. 受験料 ➡ 8,900円（令和5年度）

✲ 本書の構成 ✲

　本テキストは各節ごとに Introduction を設け、その節で何を学習するのかを把握したうえで、本文に入っていく構成になっています。また、重要語句は**ゴシック体（太字）**で、特に重要な語句は**色ゴシック体**で表記していますので、メリハリのきいた学習が可能です。

❖ **Introduction** ❖

　これから学習する内容が明示されています。ここで何を学ぶのか、何に重点をおいて学習したらよいのかを自分ではっきりと確認して取り組んでください。

重要度 🔽 B 主 特A

　各節の見出しに、**両資格の重要度**が示してありますので、学習する際の目安にしてください。マンション管理士を🔽、管理業務主任者を主と表記しています。

特A ➡ 最重要論点。毎年のように出題の対象となりますので、絶対にマスターしてください。

A ➡ 重要論点。ここはしっかりおさえておいてください。

B ➡ 比較的重要論点。合格ラインをクリアするためには理解しておくべき論点です。

C ➡ 重要度はそれほど高くありませんが、時間が許せば目を通しておきたい論点です。

　なお、学習を進めるうえで、特に重要な論点となる箇所は、　　　　　のようにグレーの "アミ" がかかっています。

●先生からの コメント

　本文の内容についての補足説明です。より細かな知識に触れています。特に重要な箇所は、赤いアミがかかっています。

 ケーススタディ　00

　わかりづらい箇所は「事例」を使って具体的に解説してありますので、無理なく理解することができます。

↑Step Up

出題頻度は低いのですが、知識の幅を広げたい方はぜひ一読してみてください。

整 理

各節の重要ポイントをまとめてあります。知識の再確認に使用してください。

Contents

第1編　マンションの維持・保全等

第3編　分譲マンションの統計・データ等

第 **1** 編

マンションの維持・保全等

第 1 章

都市計画法

都市計画区域等の指定

重要度　マ **C** 主 ─

❖ Introduction ❖

都市は、多くの人々の生活そして仕事の場となり、さまざまな活動のために土地が高度に利用されている。また、人々は都市に集中する傾向があり、このような都市で土地の利用について何も制限を加えないで放置しておくと、ある地域に、公害を出すような工場と人々の住居が一緒に存在し、健康的な生活ができなくなるおそれもある。

そこで、都市計画法は種々の都市計画を立てることを要求し、都市の環境の保全と機能の向上を図っている。

❶ 都市計画法の目的

都市計画法とは、一言でいうと住みよい街づくりをするための法律である。「住みよい街づくり」を実現するには、まず街づくりを行う場所を決め、そこで行う街づくりの計画を立てることが必要である。

❷ 都市計画区域・準都市計画区域の指定

住みよい街づくりは、まず街づくりをする場所を決めるところからスタートする。

1．都市計画区域

一定の要件に該当する区域について、次のように指定される。

① 原　則 ➡ 都道府県
② 例　外 ➡ 国土交通大臣（2以上の都府県にわたり指定する場合）

2．準都市計画区域

都市計画区域外の区域のうち、相当数の建築物その他の工作物の建築もしくは建設またはこれらの敷地の造成が現に行われ、または行われると見込まれる一定の区域等について、**都道府県**により指定される。

都市計画の種類と内容

重要度 マ 特**A** 主 —

❖ Introduction ❖

　ここでは、それぞれの都市計画の定義を押さえておくことが重要である。ここで学習する内容と、みなさんが住んでいる街の状況とを重ね合わせ、具体的にイメージしたうえで、キーワードを暗記しておこう。

❶ 市街化区域と市街化調整区域との区分（区域区分）

　都市計画区域について、無秩序な市街化を防止し、計画的な市街化を図るため、**必要があるときは、都市計画に市街化区域と市街化調整区域との区分を定めることができる**（7条1項）。たとえば、しっかり市街化する場所は市街化区域として、市街化を抑制する場所は市街化調整区域として線引きをするのである。これらの線引きをしない区域を非線引き都市計画区域という。

　ただし、三大都市圏の一定の区域等では必ず区域区分を定める。それぞれの定義は以下のとおりである（同2項・3項）。

市街化区域	市街化調整区域	非線引き都市計画区域
(1) すでに市街地となっている区域 (2) おおむね10年以内に優先的かつ計画的に市街化を図るべき区域	**市街化を抑制すべき区域**	区域区分が定められていない都市計画区域

❷ 地域地区

　土地の使い方を分け、計画的な「住みよい街づくり」を実現するための都市計画で、次のようにいろいろな地域地区が定められている。

1. 用途地域（13条1項7号）

　土地を、住居系、商業系、工業系の各地域に分け、環境の保護と産業の発展を図る。

　つまり、たとえばマンションと、スーパーやレストランと、工場を別々の地域につくりなさいということである。

定める場所との関係についてであるが、**市街化区域**については**少なくとも用途地域を定めるもの**とし、**市街化調整区域**については、原則として用途地域は定めないものとされている。

(1) 種類と定義（9条1項〜13項）

住居系※	①	第一種 低層住居専用地域	**低層住宅**に係る良好な住居の環境を保護するため定める地域（原則、高さ10mまたは12m以下の家など➡○）
	②	第二種 低層住居専用地域	主として**低層住宅**に係る良好な住居の環境を保護するため定める地域（150㎡までの一定の店舗など➡○）
	③	田園住居地域	**農業**の利便の増進を図りつつ、これと調和した**低層住宅**に係る良好な住居の環境を保護するため定める地域
	④	第一種 中高層住居専用地域	**中高層住宅**に係る良好な住居の環境を保護するため定める地域（500㎡までの一定の店舗・病院・大学など➡○）
	⑤	第二種 中高層住居専用地域	主として**中高層住宅**に係る良好な住居の環境を保護するため定める地域（1,500㎡までの一定の店舗・事務所など➡○）
	⑥	第一種住居地域	**住居の環境**を保護するため定める地域（3,000㎡までの店舗・事務所・ホテルなど➡○）
	⑦	第二種住居地域	主として**住居の環境**を保護するため定める地域（10,000㎡までのパチンコ屋・カラオケボックスなど➡○）
	⑧	準住居地域	**道路の沿道**としての地域の特性にふさわしい業務の利便の増進を図りつつ、これと調和した住居の環境を保護するため定める地域　←自動車関連施設などと住宅が調和して立地することを目的とする
商業系※	⑨	近隣商業地域	**近隣の住宅地の住民**に対する**日用品の供給**を行うことを主たる内容とする商業その他の業務の利便を増進するため定める地域（住宅・店舗・小規模の工場など➡○）
	⑩	商業地域	主として**商業**その他の業務の利便を増進するため定める地域（デパートなどの商業施設・映画館など➡○）
工業系※	⑪	準工業地域	主として**環境の悪化をもたらすおそれのない工業**の利便を増進するため定める地域（印刷工場など➡○）
	⑫	工業地域	主として**工業の利便**を増進するため定める地域（住宅・店舗など➡○、学校・ホテルなど➡×）
	⑬	工業専用地域	**工業の利便**を増進するため定める地域（石油化学コンビナートなど➡○）

※　これらの用途地域の目的を達成するため、建築基準法で、その地域内における建築物の建築規制が行われる。

(2) 都市計画に定める内容（8条3項）

都市計画に定める内容については、それぞれの用途地域により、その内容が異なる。ただし、容積率については、すべての用途地域で必ず定めなければならない。

① 建蔽率 ➡ **商業地域以外の用途地域**で都市計画に定められる。

② 容積率 ➡ **全用途地域**で都市計画に定められる。

③ **(必要に応じて)**敷地面積の最低限度 ➡ **全用途地域**で都市計画に定められる。

④ **(必要に応じて)**外壁の後退距離の限度 ➡ 第一種低層住居専用地域、第二種低層住居専用地域、田園住居地域で都市計画に定められる。

⑤ 建築物の高さの限度 ➡ 第一種低層住居専用地域、第二種低層住居専用地域、田園住居地域で都市計画に定められる。

２．特別用途地区（８条１項２号、９条14項）

　用途地域内の一定の地区における当該地区の特性にふさわしい土地利用の増進、環境の保護等の特別の目的の実現を図るため当該**用途地域の指定を補完**して定める地区とする。たとえば、学校等を優先的に建築しそれにふさわしい環境を整備するために指定することがある。法律上、具体的区分はない。

３．特定用途制限地域（８条３項２号ニ、９条15項）

　用途地域が定められていない土地の区域（**市街化調整区域を除く**）内において、その良好な環境の形成または保持のため当該地域の特性に応じて合理的な土地利用が行われるように、制限すべき特定の建築物等の**用途の概要**を定める地域とされている。たとえば、パチンコ屋などの建築物が乱立したため、騒音などの問題が起きないように、特定の用途の建築物の立地だけを規制できるようにする地域である。

４．特例容積率適用地区（８条３項２号ホ、９条16項）

(1) 建築物の高さの最高限度（必要な場合に限る）を定める地区とされている。

(2) **第一種・二種中高層住居専用地域、第一種・二種・準住居地域、近隣商業地域、商業地域、準工業地域または工業地域**内の適正な配置および規模の公共施設を備えた土地の区域において、建築物の容積率の限度からみて未利用となっている建築物の容積の活用を促進して土地の高度利用を図るため定める地区とされている。

【例】密集市街地内での老朽建築物を共同化したり、老朽マンションの建替えを促進したりする。

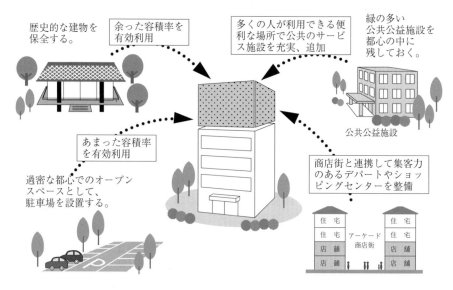

歴史的な建物を
保全する。

余った容積率を
有効利用

多くの人が利用できる便
利な場所で公共のサービ
ス施設を充実、追加

緑の多い
公共公益施設を
都心の中に
残しておく。

公共公益施設

あまった容積率
を有効利用

過密な都心でのオープン
スペースとして、
駐車場を設置する。

商店街と連携して集客力
のあるデパートやショッ
ピングセンターを整備

住　宅
住　宅
店　舗
店　舗

アーケード
商店街

住　宅
住　宅
店　舗
店　舗

5. 高層住居誘導地区（8条3項2号へ、9条17項)

　都心部の居住人口は、日本の高度成長期には増加が続いていたが、その後、しばらく
の間、減少傾向が続いた。このような状況のもと、郊外の居住者に対し、都心への呼び
戻し、都心への居住機能の確保、職住近接で利便性が高く良好な都市環境の実現等を目
的として、導入されたのが「高層住居誘導地区」である。

> 住居と住居以外の用途とを適正に配分し、利便性の高い高層住宅の建設を誘導する
> ため、**第一種住居地域、第二種住居地域、準住居地域、近隣商業地域または準工業地
> 域**で、これらの地域に関する都市計画において、容積率が**40/10または50/10**と定
> められたもののうちにおいて、建築物の容積率、建築物の建蔽率の最高限度（必要な
> 場合に限る）および建築物の敷地面積の最低限度（必要な場合に限る）を定める地区
> とする。

　これによって、ある程度まとまった空地を確保し、通風、採光、市街地環境への配慮
をしている。

6．その他の地域地区

(1) 内　容

定める場所	地域地区の名称	目　的	都市計画に定める内容・目的
用途地域（準都市計画区域）	①　高度地区 （9条18項）	市街地の環境を維持する土地利用の増進	(ア) 建築物の高さの最高限度　**または** (イ) 建築物の高さの最低限度 ※準都市計画区域では、高さの最高限度のみ 【高さの最高限度を定める高度地区】　高さの最高限度 【高さの最低限度を定める高度地区】　高さの最低限度
用途地域	②　高度利用地区 （9条19項）	土地の合理的かつ健全な高度利用と都市機能の更新	(ア) **容積率の最高限度および最低限度** 土地の合理的かつ健全な高度利用を図る (イ) **建蔽率の最高限度** 建築物の周辺に空地を確保する (ウ) **建築面積の最低限度** 土地利用の細分化を防ぐ (エ) （必要な場合）壁面の位置の制限 道路に面して有効な空間を確保し、市街地の環境の向上を図る
都市計画区域	③　特定街区 （9条20項）	市街地の整備改善を図るため、街区の整備または造成が行われる地区	(ア) **容積率** (イ) **高さの最高限度** (ウ) 壁面の位置の制限
都市計画区域（準都市計画区域）	④　防火地域 準防火地域 （9条21項）	市街地における火災の危険を防除	建築基準法で規制
	⑤　風致地区 （9条22項）（準都市計画区域）	都市の風致（自然美）を維持する	**地方公共団体の条例**で規制
	⑥　その他		臨港地区、歴史的風土特別保存地区、歴史的風土保存地区（第一種・第二種）、特別緑地保全地区・緑化地域、流通業務地区、生産緑地地区、航空機騒音障害防止地区、航空機騒音障害防止特別地区、都市再生特別地区、特定防災街区整備地区、駐車場整備地区、居住調整地域・特定用途誘導地区
	（準都市計画区域）		緑地保全地域、景観地区（景観法61条1項）、伝統的建造物群保存地区

(2) 地域地区と準都市計画区域の関係（8条2項）

準都市計画区域については、都市計画区域と異なり、積極的に整備や開発を進めていく区域ではないので、都市計画に定めることができる地域地区の種類は限られている。次の地域または地区で必要なものを定める。

① **用途地域** ② 特別用途地区 ③ 特定用途制限地域 ④ **高度地区**
⑤ **景観地区** ⑥ 風致地区 ⑦ 緑地保全地域 ⑧ 伝統的建造物群保存地区

❸ 都市施設

都市施設は、都市の骨格ともいうべき施設で、これらを適正に配置することによって、住みよい都市、機能的な都市がつくられる。たとえば、道路・公園・上水場・ゴミ処理場などが該当し、都市には欠かせない施設として、計画的に配置する必要がある。

1．定める場所（11条1項）

都市計画区域については、都市計画に、一定の種類の施設で必要なものを定めることとされているが、**特に必要があるときは、都市計画区域外においても定めることができる。**

2．定めるべき内容

市街化区域および非線引き都市計画区域では、少なくとも、**道路、公園、下水道**を定めるものとし、**住居系の用途地域**（第一種低層住居専用地域、第二種低層住居専用地域、田園住居地域、第一種中高層住居専用地域、第二種中高層住居専用地域、第一種住居地域、第二種住居地域、準住居地域）には、**義務教育施設**をも定めなければならない（13条1項11号）。

❹ 市街地開発事業

一定の区域を総合的計画に基づいて、新たに開発し、または再開発することによって、「住みよい街づくり」を行うことを目的としている。

【定める場所（13条1項12号）】

市街地開発事業は、**市街化区域または非線引き都市計画区域内**において定められる。

＊ 市街化調整区域・準都市計画区域には定められない。

❺ 地区計画等

1．地区計画（小さな街づくり計画）（12条の5）

　建築物の建築形態、道路や公園等の施設の配置等からみて、それぞれの区域の特性にふさわしい態様を備えた良好な環境の各街区を整備したり、保全したりすることにより、ミニ開発による環境悪化を防止するための計画である。

（1）対象区域（12条の5第1項）

　地区計画は、次のいずれかに該当する土地の区域に定めることができる。

　① 用途地域が定められている**土地の区域**

　② 用途地域が定められていない**土地の区域で一定のものに該当するもの**
　　＊ 準都市計画区域には定められない。

（2）都市計画に定める内容（12条の4第2項、12条の5第2項、施行令7条の3）

　① **地区計画等の種類・名称・位置・区域**

　② 区域の面積

　③ 当該地区計画の目標

　④ 当該**区域の整備・開発・保全に関する方針**

　⑤ 地区施設（主として街区内の居住者等の利用に供される道路・公園その他の施設）

　⑥ 地区整備計画（建築物等の整備・土地利用に関する計画）
　　＊ ①⑤⑥→**定める**
　　＊ ②〜④→定めるよう**努める**（努力義務）

（3）地区整備計画（12条の5第7項、施行令7条の6）

　地区計画の目標・方針だけではなく、具体的な中身を定める必要があり、この定められたものを「地区整備計画」という。

　① 地区整備計画には、地区計画の目的を達成するため、主に次のような制限事項のうち必要なものを定める。

（ア）	地区施設の配置および規模
（イ）	建築物等の用途の制限
（ウ）	**容積率**の最高限度または**最低限度**、建蔽率の最高限度
（エ）	建築物の敷地面積または**建築面積の最低限度**
（オ）	壁面の位置の制限
（カ）	壁面後退区域（壁面の位置の制限として定められた限度の線と敷地境界線との間の土地の区域をいう）における工作物の設置の制限

（キ）　建築物等の**高さの最高限度**または**最低限度**、建築物等の形態または色彩その他の意匠の制限、建築物の緑化率の最低限度、垣またはさくの構造の制限

（ク）　現に存する樹林地、草地等で良好な居住環境を確保するため必要なものの保全に関する事項

（ケ）　現に存する農地（耕作の目的に供される土地）で農業の利便の増進と調和した良好な居住環境を確保するため必要なものにおける土地の形質の変更その他の行為の制限に関する事項　　等

＊　ただし、市街化調整区域内において定められる地区整備計画については、上記（ウ）の「容積率の最低限度」、（エ）の「建築物の建築面積の最低限度」、（キ）の「建築物等の高さの最低限度」を定めることはできない。、最低限度を定めることが、市街化を促進することになるからである。

②　地区計画区域（地区整備計画で一定事項が定められている区域に限る）内の農地の区域内における建築等の許可（58条の3）

　　市町村は、条例で、地区計画の区域（地区整備計画において上記①（ケ）の事項が定められている区域に限る）内の農地の区域内における後記**3.**（1）の行為について、**市町村長の許可**を受けなければならないとすることができる。

（4）**再開発等促進区**

　次の条件に該当する土地の区域における地区計画については、土地の合理的かつ健全な高度利用と都市機能の増進とを図るため、「再開発等促進区」を都市計画に定めることができる（12条の5第3項）。

①　現に土地の利用状況が著しく変化しつつあり、または著しく変化することが確実であると見込まれる土地の区域であること。

②　土地の合理的かつ健全な高度利用を図るため、適正な配置および規模の公共施設を整備する必要がある土地の区域であること。

③　当該区域内の土地の高度利用を図ることが、当該都市の機能の増進に貢献することとなる土地の区域であること。

④　**用途地域が定められている土地の区域**であること。

（5）**開発整備促進区**

　次の条件に該当する土地の区域における地区計画については、劇場、店舗、飲食店その他これらに類する用途に供する大規模な建築物（以下**「特定大規模建築物」**という）の整備による商業その他の業務の利便の増進を図るため、一体的かつ総合的な市街地の開発整備を実施すべき区域（以下**「開発整備促進区」**という）を都市計画に定めることができる（12条の5第4項）。

① 現に土地の利用状況が著しく変化しつつあり、または著しく変化することが確実であると見込まれる土地の区域であること。

② 特定大規模建築物の整備による商業その他の業務の利便の増進を図るため、適正な配置および規模の公共施設を整備する必要がある土地の区域であること。

③ 当該区域内において特定大規模建築物の整備による商業その他の業務の利便の増進を図ることが、当該都市の機能の増進に貢献することとなる土地の区域であること。

④ 第二種住居地域、準住居地域もしくは工業地域が定められている土地の区域または用途地域が定められていない土地の区域（市街化調整区域を除く）であること。

2．地区計画の制限の内容（58条の2第1項）

地区計画の区域〔再開発等促進区もしくは開発整備促進区（いずれも、道路、公園その他の一定施設の配置および規模が定められているものに限る）または地区整備計画が定められている区域に限る〕内においては、一定行為について届出義務がある。

（1）行為の届出制

次の行為を行おうとする者は、原則として、その**行為に着手する日**の30日前までに、一定事項を**市町村長**に届け出なければならない。

① 土地の区画形質の変更　② 建築物の建築　③ その他政令で定める行為

（2）届出不要の行為

次の行為については、届出は不要である。

① 通常の管理行為、軽易な行為　② 非常災害のため必要な応急措置として行う行為

③ 国または地方公共団体が行う行為　④ 開発許可を要する行為等

⑤ 都市計画事業の施行として行う行為またはこれに準ずる行為

3．田園住居地域内における建築等の規制（52条1項）

農地である区域内で、一定の行為を行おうとする場合には、建築等の規制を受ける。

（1）許可制の内容（1項本文）

田園住居地域内の**農地**（耕作の目的に供される土地をいう）の区域内において、次の行為を行おうとする者は、**市町村長の許可**を受けなければならない。

① 土地の形質の変更　　② 建築物の建築　　③ 工作物の建設

④ 土石その他の政令で定める物件の堆積

(2) **許可不要のケース（1項ただし書）**

次の行為については、許可は不要である。

① 通常の管理行為、軽易な行為　② 非常災害のため必要な応急措置として行う行為

③ 都市計画事業の施行として行う行為またはこれに準ずる行為

4．促進区域（13条1項8号）

促進区域は、市街化区域または非線引き都市計画区域内において、主として関係権利者による市街地の計画的な整備・開発を促進する必要がある土地の区域において定められる。

都市計画の決定

> 重要度 ▽ **C** 主 (出題実績なし)

❖ Introduction ❖

　都市計画は、一定の区域で必要なプランを選択して定めることになる。これを「都市計画の決定」という。ここでは、都市計画の決定権者と、決定手続における主な留意点を見ていこう。

❶ 都市計画の決定権者

　都市計画は、原則として、規模が大きいものや重要なものは**都道府県が決定**し、それ以外は**市町村が決定**する。複数の都府県にわたる一定の区域内では、都道府県の代わりに**国土交通大臣が決定**し、それ以外を**市町村が決定**することとなる。

❷ 都市計画の決定手続

(1) 都市計画は、都市計画の決定の告示がなされた日からその効力を生ずる（20条3項）。

(2) 次の①～③の者は、都道府県または市町村に対し、都市計画区域・準都市計画区域内の一定の面積（0.5ha）以上の一体的な区域について、都市計画基準その他の法令の規定に基づく都市計画に関する基準に適合すること、および土地所有者等の2/3以上の同意を得ることにより、都市計画の決定・変更をすることを提案できる（21条の2、施行令15条）。

　　① 土地所有者・借地権者（土地所有者等）

　　② まちづくりNPO（まちづくりの推進を図る活動を行う特定非営利活動法人）

　　③ 独立行政法人都市再生機構・地方住宅供給公社・その他

(3) 市町村が定めた都市計画が、都道府県が定めた都市計画と**抵触**するときは、都道府県の定めた都市計画が優先する（15条4項）。

第 **2** 章

建築基準法（一般規定）

❖ Introduction ❖

　建築物は、私たちの生活の場である。ところがこの建築物が危険な構造であったら、私たちの生命・健康そして財産が脅かされる結果となる。また、都市のような住宅密集地では、日照の問題や火災の問題等、建築物がもたらす害をも考える必要がある。

　そこで、建築物についての最低基準を定め、建築物がもたらす危険を防ごうとしているのである。

❶ 建築基準法の目的（1条）

　建築物の敷地、構造、設備および用途に関する**最低の基準**を定めて、国民の生命、健康および財産の保護を図り、もって公共の福祉の増進に資する。

❷ 建築基準法上の用語の意味（2条、施行令1条）

1．建　築

　建築物を新築、増築、改築または移転すること。

2．増　築

　床面積を増加させること。

3．改　築

　既存の建物の全部を除却して新たに建築する場合でも、従来のものと用途、構造、規模が著しく異ならないものを建てること。

4．大規模の修繕

　建築物の**主要構造部**の1種以上について行う**過半の修繕**（同じ材料を用いて、建築した当初と同じ状態に戻す）

5．大規模の模様替え

建築物の**主要構造部**の１種以上について行う**過半の模様替え**（既存の建築物と異なる材料を用いて行う）

6．建築物

土地に定着する工作物のうち、次の１つに該当するもの（**建築設備を「含む」**）

① **屋根**と柱または**壁**を有するもの（これに類する構造のものを含む）

② 上記①に付属する**門、塀**

③ 観覧のための工作物

④ 高架または地下の工作物内の事務所等（鉄道の線路敷地内の運転保安施設・プラットホームの上家等を除く）

7．特殊建築物

学校・体育館・病院・劇場・観覧場・集会場・展示場・百貨店・市場・ダンスホール・遊技場・公衆浴場・旅館・**共同住宅**・寄宿舎・下宿・工場・倉庫・自動車車庫・危険物貯蔵場・と畜場・火葬場・汚物処理場・その他これらに類する用途に供する建築物

8．準用工作物

確認申請手続、構造耐力等の規定が準用される工作物

① 高さ６ｍ超の煙突

② 高さ15ｍ超の柱

③ 高さ４ｍ超の広告塔等

④ 高さ８ｍ超の高架水槽等

⑤ 高さ２ｍ超の擁壁

⑥ 観光のための昇降機

⑦ 遊戯施設（ジェットコースター等)

⑧ 製造施設・貯蔵施設　等

9．建築設備

建築物と一体となって建築物の効用を全うするための設備で、建築物に設ける電気・ガス・給水・排水・換気・暖房・冷房・消火・排煙もしくは汚物処理の設備または煙突・昇降機もしくは避雷針をいう。

10．居　室

居住、執務、作業、集会、娯楽その他これらに類する目的のために継続的に使用する室

11．主要構造部

壁、柱、床、梁、屋根、階段（建築物の構造上重要でない「間仕切壁、間柱、付け柱、揚げ床、最下階の床、屋外階段等」を除く）

12．構造耐力上主要な部分

基礎、基礎ぐい、壁、柱、小屋組、土台、斜材（筋かい、方づえ、火打材その他これらに類するものをいう）、床版、**屋根版**または横架材（梁、けたその他これらに類するものをいう）で、建築物の自重もしくは積載荷重、積雪荷重、風圧、土圧もしくは水圧または地震その他の震動もしくは衝撃を支えるものをいう。

13．延焼のおそれのある部分

①隣地境界線、②道路中心線、③同一敷地内の2以上の建築物（延べ面積の合計が500㎡以内の建築物は、一の建築物とみなされる）**相互の外壁間の中心線**（次の（2）において「隣地境界線等」という）から、**1階にあっては3m以下、2階以上にあっては5m以下の距離にある建築物の部分**をいう。ただし、次の（1）（2）のいずれかに該当する部分を除く。

（1）防火上有効な公園、広場、川その他の空地または水面、耐火構造の壁その他これらに類するものに面する部分

（2）建築物の外壁面と隣地境界線等との角度に応じて、当該建築物の周囲において発生する通常の火災時における火熱により燃焼するおそれのないものとして国土交通大臣が定める部分

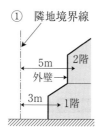
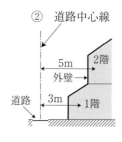
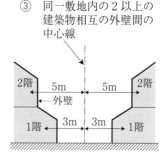

14．耐火構造

　壁、柱、床等の建築物の部分の構造のうち、**耐火性能**（通常の火災が終了するまでの間当該火災による建築物の倒壊および延焼を防止するために当該建築物の部分に必要とされる性能）**に関して政令で定める技術的基準**に適合する鉄筋コンクリート造、れんが造等の構造で、国土交通大臣が定めた構造方法を用いるものまたは国土交通大臣の認定を受けたもの

　次表の建築物の部分では、当該部分に通常の火災による火熱がそれぞれ次表の時間加えられた場合、構造耐力上支障のある変形・溶融・破壊その他の損傷を生じないものであることとしている（施行令107条1号）。

建築物の部分 ＼ 建築物の階	最上階および最上階から数えた階数が2以上で4以内の階	最上階から数えた階数が5以上で9以内の階	最上階から数えた階数が10以上で14以内の階	最上階から数えた階数が15以上で19以内の階	最上階から数えた階数が20以上の階
壁　間仕切壁（耐力壁に限る）	1時間	1.5時間	2時間	2時間	2時間
壁　外壁（耐力壁に限る）	1時間	1.5時間	2時間	2時間	2時間
柱	1時間	1.5時間	2時間	2.5時間	3時間
床	1時間	1.5時間	2時間	2時間	2時間
はり	1時間	1.5時間	2時間	2.5時間	3時間
屋根	30分間				
階段	30分間				

※1　階数に算入されない屋上部分がある建築物の当該屋上部分は、この表の適用については、建築物の最上階に含まれるものとする。

※2　この表における階数の算定については、地階の部分の階数は、すべて算入されるものとする。

15．準耐火構造

　壁、柱、床等の建築物の部分の構造のうち、**準耐火性能**（通常の火災による延焼を抑制するために当該建築物の部分に必要とされる性能。後記の **↑ Step Up** 4.「準耐火建築物」②において同じ）**に関して一定の技術的基準**に適合するもので、国土交通大臣が定めた構造方法を用いるものまたは国土交通大臣の認定を受けたもの

16．防火構造

　建築物の外壁または軒裏の構造のうち、**防火性能**（建築物の周囲において発生する通常の火災による延焼を抑制するために当該外壁または軒裏に必要とされる性能）**に関して一定の技術的基準**に適合する鉄網モルタル塗、しっくい塗等の構造で、国土交通大臣が定めた構造方法を用いるものまたは国土交通大臣の認定を受けたもの

17．耐火建築物

　次の基準に適合する建築物をいう。

(1) 主要構造部のうち、政令で定める部分以外の部分（以下「特定主要構造部」という）が、次の①または②のいずれかに該当すること

① 耐火構造

② 次の性能（外壁以外の主要構造部にあっては、（ア）に掲げる性能に限る）に関して一定の技術的基準に適合するもの

　（ア）当該建築物の構造、建築設備および用途に応じて屋内において発生が予測される火災による火熱に当該火災が終了するまで耐えること

　（イ）当該建築物の周囲において発生する通常の火災による火熱に当該火災が終了するまで耐えること

(2) 外壁の開口部で延焼のおそれのある部分に、防火戸等の一定の防火設備（その構造が遮炎性能〈通常の火災時における火炎を有効にさえぎるために防火設備に必要とされる性能〉に関して一定の技術的基準に適合するもので、国土交通大臣が定めた構造方法を用いるものまたは国土交通大臣の認定を受けたものに限る）を有すること

18．耐水材料

　れんが、石、人造石、コンクリート、アスファルト、陶磁器、ガラスその他これらに類する耐水性の建築材料をいう。

19．設計図書

　建築物、その敷地または一定の工作物に関する工事用の図面（現寸図その他これに類するものを除く）および仕様書をいう。

20．建築面積

　建築物（地階で地盤面①上1m以下にある部分を除く）の**外壁**またはこれに代わる**柱の中心線**（軒・ひさし等（以下「**軒等**」という）で当該**中心線から水平距離1m以上突き出たもの**（**建蔽率の算定の基礎となる建築面積を算定する場合に限り**、倉庫等の用途に供する建築物において専ら貨物の積卸し等の業務のために設ける**軒等**で安全上・防火上・衛生上支障がないものとして一定の軒等（以下「**特例軒等**」という）のうち当該**中心線から突き出た距離が水平距離1m以上5m未満のものであるものを除く**）がある場合、原則として、その端から水平距離1m後退した線（**建蔽率の算定の基礎となる建築面積を算定する場合に限り**、特例軒等のうち当該**中心線から水平距離5m以上突き出たもの**にあっては、**その端から水平距離5m以内**で当該特例軒等の構造に応じて一定距離**後退した線**）で囲まれた部分の水平投影面積による。

【建築面積に算入されない部分】

　①　外壁から1m以上突き
　　　出した軒・ひさし・バル
　　　コニーなどがある場合、
　　　その先端から1m以内の
　　　部分（軒等の場合）

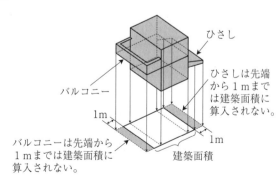

ひさし

ひさしは先端から1mまでは建築面積に算入されない。

バルコニー

1m

1m

建築面積

バルコニーは先端から1mまでは建築面積に算入されない。

② 地階で地盤面上1m以下にある部分

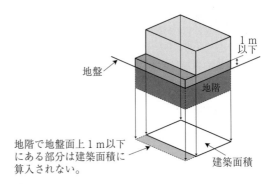

地盤

1m
以下

地階

地階で地盤面上1m以下にある部分は建築面積に算入されない。

建築面積

③ 一定の高い開放性を持つ構造の建築物で、その先端から1m以内の部分

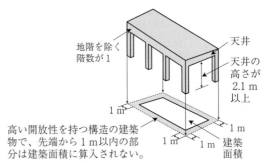

地階を除く階数が1

天井

天井の高さが2.1m以上

高い開放性を持つ構造の建築物で、先端から1m以内の部分は建築面積に算入されない。

1m

1m

1m

1m

1m

建築面積

21．延べ面積

建築物の各階の床面積の合計面積

22．床面積の算定

壁その他の区画の**中心線**で囲まれた部分の水平投影面積による。

＊ 区分所有法における専有部分の床面積は、壁その他の区画の**内側線**で囲まれた部分の水平投影面積により算定することに注意。

23．建築物の高さ

建築物の高さの算定は、**地盤面**[②]**からの高さ**による。ただし、下記の部分は、**高さに算入されない**（施行令2条1項6号ロ・ハ）。

（1）**棟飾り、防火壁の屋上突出部その他これらに類する屋上突出物**

（2）建築物の**屋上に設ける階段室**、昇降機塔、装飾塔、物見塔、屋窓等で、水平投影

面積の合計が当該**建築物の建築面積**の 1/8 以内で、その部分の高さが 12 m までであれば、その部分

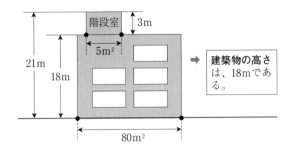

24．建築物の階数

(1) 昇降機塔、装飾塔、物見塔等の建築物の屋上部分または地階の倉庫、機械室等の建築物の部分で、水平投影面積の合計が建築物の建築面積の 1/8 以下のものは、**建築物の階数に算入されない**。

(2) 建築物の階数の算定においては、**建築物の一部が吹抜き**となっている場合、建築物の敷地が斜面または段地である場合で、**建築物の部分によって階数を異にする**場合は、これらの階数のうち**最大のものを当該建築物の階数**とする。

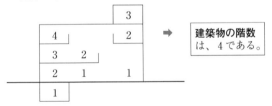

25．軒の高さ

原則として、地盤面[③]から建築物の小屋組またはこれに代わる横架材を支持する壁、敷桁または柱の上端までの高さによる（施行令 2 条 1 項 7 号）。

26．地　階

床が地盤面下にある階で、床面から地盤面までの高さがその階の天井の高さの 1/3 以上のものをいう。

27．敷　地

1の建築物または用途上不可分の関係にある2以上の建築物のある一団の土地をいう。

先生からの
コメント

①～③建築面積、建築物の高さ、軒の高さを算定する際の**「地盤面」**とは、建築物が周囲の地面と接する位置の平均の高さにおける水平面をいい、その接する位置の高低差が**3m**を超える場合は、その高低差**3m以内**ごとの平均の高さにおける水平面をいう（施行令2条2項）。

↑Step Up

1．不燃材料（加熱開始後20分間は耐久）

建築材料のうち、**不燃性能**（通常の火災時における火熱により燃焼しないことその他の政令で定める性能）**に関して政令で定める技術的基準**に適合するもので、通常の火災による火熱が加えられた場合に、加熱開始後20分間、一定の要件を満たしているものとして、国土交通大臣が定めたものまたは国土交通大臣の認定を受けたものをいう。

［**不燃材料**（国土交通省告示1178号）］

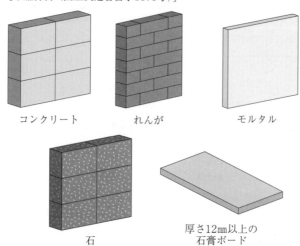

コンクリート　　　れんが　　　　モルタル

石　　　　　厚さ12mm以上の
　　　　　　石膏ボード

2．準不燃材料（加熱開始後 10 分間は耐久）

建築材料のうち、通常の火災による火熱が加えられた場合に、加熱開始後 10 分間、一定の要件を満たしているものとして、国土交通大臣が定めたものまたは国土交通大臣の認定を受けたものをいう。

［**準不燃材料**（建設省告示1401号)］

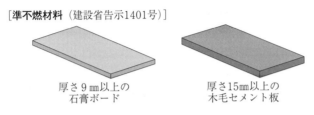

厚さ 9 ㎜以上の
石膏ボード

厚さ15㎜以上の
木毛セメント板

3．難燃材料（加熱開始後 5 分間は耐久）

建築材料のうち、通常の火災による火熱が加えられた場合に、加熱開始後 5 分間、一定の要件を満たしているものとして、国土交通大臣が定めたものまたは国土交通大臣の認定を受けたものをいう。

［**難燃材料**（建設省告示1402号)］

厚さ5.5㎜以上の難燃合板
（合板に難燃処理を施したもの)

厚さ 7 ㎜以上の
石膏ボード

4．準耐火建築物

耐火建築物以外の建築物で、次の①または②のいずれかに該当し、外壁の開口部で延焼のおそれのある部分に前記 **17.**「耐火建築物」(2) に規定する防火設備を有するものをいう。

① 　主要構造部を準耐火構造としたもの

② 　①以外の建築物であって、①と同等の準耐火性能を有するものとして主要構造部の防火の措置等の事項について一定の技術的基準に適合するもの

5．建築主事

確認等事務を行う市町村または都道府県の職員

① 　**都道府県**………建築主事を置く市町村以外のために**設置**する

②　政令で指定する人口 **25 万以上の市**………**必ず設置**する

③　**その他の市町村**……………………………**任意に設置**できる

6．建築監視員

特定行政庁が市町村または都道府県の職員のうちから任命する。

緊急の場合、仮に使用禁止、使用制限または工事施工停止を命ずる。

7．特定行政庁

建築基準法の規定により**建築主事または建築副主事のいる市町村の長、都道府県の知事**をいう。

8．建築主

①　建築物に関する工事の請負契約の**注文者**

②　請負契約によらないで自ら建築物に関する工事をする者

9．工事施工者

①　工事**請負人**

②　請負契約によらないで自ら建築物に関する工事をする者

10．設計者

その者の責任において、設計図書を作成した者

11．工事監理者

工事監理を行う者（建築士法に規定される）

12．建築審査会

建築主事を置く市町村と都道府県に設置される。

特定行政庁が許可を与える場合の同意、審査請求に対する裁決等を行う。

❸　建築基準法の適用除外（3条）

1．制限を一切受けない建築物（1項）

　文化的・歴史的価値の高い建築物に建築基準法を適用すると、その価値が失われることがあるので、次の建築物には建築基準法は適用されない。

> ①　文化財保護法の規定によって、**国宝・重要文化財**・特別史跡名勝天然記念物等として、**指定**されまたは**仮指定**された建築物
>
> ②　旧重要美術品等の保存に関する法律の規定によって重要美術品等の認定を受けた建築物
>
> ③　上記①②の建築物の**原形を再現する建築物**で、**特定行政庁が建築審査会の同意**を得て、その原形の再現がやむをえないと認めたもの

2．既存不適格建築物

　法改正等で法令が新しく施行されたり、または都市計画区域や準都市計画区域に指定されたことにより新たに集団規定（後記）が適用されることとなった場合、すでに建築されている建築物が建築基準法の規定に抵触することとなっても、新しい規定の適用は受けない。このような建築物を**「既存不適格建築物」**といい、次のものをいう。ただし、法改正後または集団規定の適用後に建て直しをしたり、増改築等を行う場合は、原則として、新しい規定に従う。

> ①　法およびこれに基づく命令、条例の**施行の際に現に存する**建築物・敷地等
>
> ②　法およびこれに基づく命令、条例の**適用の際に現に存する**建築物・敷地等
>
> ③　法およびこれに基づく命令、条例の**施行または適用の際、現に工事中**の建築物

❹　建築確認の要否（6条、89条、93条）

　一定の建築物の建築や大規模な修繕・模様替え等を行おうとする場合は、基本的に建築主事の「建築確認」を受けなければ、工事に着手することはできない。建築確認は、建築主が建築主事に「建築確認申請書」を提出し、その建築等の計画が建築基準法等の法令の規定に適合している旨の確認を受ける制度であり、これによって、違反建築物が建てられることを未然に防止しようというものである。

　なお、この制度の実効性をより一層確保すると同時に、建築主のニーズに即した建築確認等のサービスを提供するために、この建築確認等については、民間機関でも行うことができる。

1．工事現場における確認の表示（89条1項）

　建築、大規模の修繕または大規模の模様替えの**工事の施工者**は、**工事現場の見やすい場所**に、建築主、設計者、工事施工者および工事の現場管理者の氏名または名称ならびに当該工事に係る確認があった旨の**表示**をしなければならない。

2．建築確認

(1) 確認の申請（6条）

　建築主は、建築等をする場合、**工事着手「前」**に、原則として、その計画が建築基準法令の規定（建築基準法・命令・条例の規定）その他建築物の敷地、構造または建築設備に関する法律・命令・条例の規定で、一定のもの（「建築基準関係規定」という）に適合することについて、確認の申請書を提出して**建築主事**もしくは**建築副主事**（以下「**建築主事等**」という）または指定確認検査機関**の確認**（建築副主事の確認にあっては、大規模建築物以外の建築物に係るものに限る。以下同じ）を受け、**確認済証の交付**を受ける必要がある（1項本文）。

(2) 消防長または消防署長の同意（93条1項）

　建築物について確認をする場合は、原則として建築主事等または指定確認検査機関は、建築物の工事施工地または所在地を管轄する**消防長または消防署長の同意**を得なければならない。

（○は同意必要、×は同意不要）

	防火地域・ 準防火地域内	左記以外の区域 （防火地域・準防火地域以外）
一般の戸建住宅	○	×
共 同 住 宅 等	○	○

(3)　建築確認の要否（6条1項）

①　全国どこでも、次の表中A～Cの建築物の新築・増築（建築物が増築後におい
てA～Cの規模のものとなる場合も含む）・改築・移転・大規模な修繕・大規模
な模様替えをする場合には、建築確認を受けなければならない。

②　都市計画区域・準都市計画区域・景観法74条1項の準景観地区または知事が
指定する区域内において、次の表中Dの建築物の新築・増築・改築・移転をする
場合には、建築確認を受けなければならない。耐震性の向上を目的とする改修工
事なども対象となる。

　　ただし、次の表の注記「※1」のように、それに係る床面積の合計が10㎡以
内であれば、建築確認は不要である。

【建築確認を必要とする建築物】　　　　　　　　　　　　　　　（○は確認必要）

区域	建築物の種類	規　　　模	新築	増築・改築・移転	大規模修繕・模様替え	用途変更
全国（下段の「一定の区域内」も含む）	A　共同住宅等	・用途に供する床面積の合計が200㎡超	○	○ ※1	○	○ ※2
	B　木造大規模建築物	・階数3以上(地階含む)／・延べ面積500㎡超／・高さ13m超／・軒高9m超　いずれかに該当				
	C　木造以外の大規模建築物	・階数2以上(地階含む)／・延べ面積200㎡超　いずれかに該当				
一定の区域内	D　一般の建築物	・上記A～Cに加え、すべての建築物　防火・準防火地域内	○	○		
		防火・準防火地域外		○ ※1		

※1　防火地域、準防火地域以外において、建築物を増築・改築・移転しようとするときで、それに
　　係る床面積の合計が**10㎡以内**であれば、建築確認は不要である（6条2項）。

※2　用途変更の場合
　　建築物の用途を変更して、共同住宅等にする場合は、建築確認を受けなければならない。
　　（注）共同住宅等　➡　一般建築物への用途変更は、建築確認が不要である。

3．建築確認申請から使用開始まで

【建築主事等によるプロセス（6条～7条の6）】

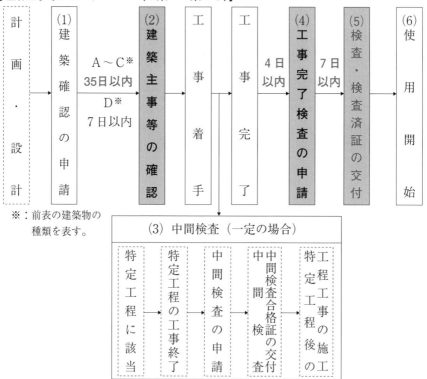

※：前表の建築物の
　　種類を表す。

5 違反建築物等に対する措置（9条、9条の2）

　特定行政庁は、「建築基準法令の規定」またはこの法律の規定に基づく許可に付した条件に違反した建築物または建築物の敷地について、次の者に対し、次のような違反を是正するために必要な措置をとることを命ずることができる（9条1項）。

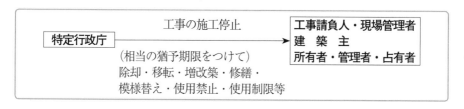

1．原 則

(1) **特定行政庁**は、措置を命じようとする場合は、あらかじめ**違反者に通知**をして意見書等の提出の機会を与えなければならない。

(2) **通知を受けた者**は、通知書の交付を受けた日から**3日以内に特定行政庁**に対し、意見書の提出に代えて公開による**意見の聴取を行うことを請求**できる。

(3) 特定行政庁はこれらの手続を経て、必要な措置をとるべきことを命ずることができる。

(4) 命じた措置について、その者が措置を履行しない場合や不十分な場合等は、特定行政庁は行政代執行を行うことができる。

2．緊急の必要がある場合（9条7項、9条の2）

(1) **特定行政庁または建築監視員**は、緊急の必要がある場合においては、上記原則の手続によらないで、**仮に使用禁止または使用制限の命令**をすることができる。

(2) この場合においても、**違反者**は、命令を受けた日から**3日以内に特定行政庁に対し、公開による意見の聴取を行うことを請求**できる。

3．明らかに法令違反である場合（9条10項、9条の2）

特定行政庁または**建築監視員**は、違反であることが明らかな建築物、工事中の建築物で緊急の必要があり、上記原則の手続を経ることができない建築物については、その**工事の施工の停止を命ずる**ことができる。現場に上記の者がいない場合でも、工事に従事する者に対し作業の停止を命ずることができる。

4．設計者等に対する措置（9条の3）

違反建築物については、その違反者だけでなく、その建築行為に関わった業者に対しても必要な措置がとられる。つまり、特定行政庁から通知を受けた国土交通大臣または知事は、①設計者、②工事監理者、③請負人、④建築物の取引をした宅地建物取引業者等に対して、免許や許可の取消し、または業務の停止等必要な措置を講ずるものとされている。

❻　建築・除却の届出（15条）

次の行為を行おうとする場合は、原則として、建築主事を経由してその旨を**知事に届け出**なければならない。ただし、その行為に係る部分の床面積の合計が**10㎡以内のときは不要**である（1項）。

行為の内容	届出義務者
建築物を建築	建築主
建築物を除却	除却の工事を施工しようとする者

上記の規定にかかわらず、建築物の建築または除却が一定の法律に基づく耐震改修または建替えに該当する場合、その届出は、それぞれ規定された所管行政庁が知事なら直接その知事に、市町村長ならその市町村長を経由して行わなければならない（2項）。

❼　著しく保安上危険な建築物等の所有者等に対する勧告・命令（10条）

1．勧告（1項）

特定行政庁は、違反建築物ではない床面積の合計が200 ㎡を超える共同住宅等その他政令で定める建築物の敷地、構造または建築設備（一定のものに限る）について、損傷、腐食その他の劣化が進み、そのまま放置すれば著しく保安上危険となり、または著しく衛生上有害となるおそれがあると認める場合は、当該建築物またはその敷地の**所有者、管理者または占有者**に対して、**相当の猶予期限を付けて**、当該建築物の除却、移転、改築、増築、修繕、模様替え、使用中止、使用期限その他保安上または衛生上必要な措置をとることを**勧告**できる。

2. 命 令

(1) **特定行政庁**は、勧告を受けた者が正当な理由がなくてその勧告に係る措置をとらなかった場合、特に必要があると認めるときは、その者に対し、相当の猶予期限を付けて、その勧告に係る措置をとることを**命ずる**ことができる（2項）。

(2) (1) による場合のほか、**特定行政庁**は、建築物の敷地、構造または建築設備（一定のものに限る）が著しく保安上危険であり、または著しく衛生上有害であると認める場合は、当該建築物またはその敷地の**所有者、管理者または占有者**に対して、**相当の猶予期限を付けて**、当該建築物の除却、移転、改築、増築、修繕、模様替、使用禁止、使用制限その他保安上または衛生上必要な措置をとることを**命ずる**ことができる（3項）。

❽ 集団規定（後述）に適合しない建築物に対する措置（11条1項）

特定行政庁は、建築物の敷地、構造、建築設備または用途（一定のものに限る）が公益上著しく支障があると認める場合は、当該建築物の所在地の**市町村の議会の同意**を得た場合に限り、当該建築物の**所有者、管理者または占有者**に対して、**相当の猶予期限を付けて**、当該建築物の除却、移転、修繕、模様替え、使用禁止または使用制限を**命ずる**ことができる。この場合、当該建築物の所在地の**市町村**は、**当該命令に基づく措置によって通常生ずべき損害を時価によって補償**しなければならない。

第 **2** 節 | 単体規定

重要度 マ **A** 主 **A**

❖ **Introduction** ❖

単体規定とは、都市計画区域・準都市計画区域の内外を問わず、全国で適用される規定である。

❶ 大規模建築物の壁・柱・はり① （21条）

(1) 主要構造部（床・屋根・階段を除く）に可燃材料（木材・プラスチック等）を用いたものは、その**特定主要構造部を一定の技術的基準に適合**するもので、国土交通大臣が定めた構造方法を用いるものまたは国土交通大臣の認定を受けたものとしなければならず、原則として、次のいずれかに該当する建築物（その周囲に延焼防止上有効な空地で一定の技術的基準に適合するものは除く）とすること

① 地階を除く**階数が4以上**の建築物

② **高さ16 m超**の建築物

③ 倉庫・自動車車庫・自動車修理工場等の用途に供する特殊建築物で、高さが13 mを超えるもの

先生からの
コメント ....

①床・屋根・階段は規制を受けないので、注意のこと。

(2) 主要構造部（床・屋根・階段を除く）に可燃材料（木材・プラスチック等）を用いたものは、その壁・柱・床等の建築物の部分または防火戸等の政令で定める**防火設備を一定の技術的基準に適合**するもので、国土交通大臣が定めた構造方法を用いるものまたは国土交通大臣の認定を受けたものとしなければならず、延べ面積が**3,000 ㎡超**の建築物とすること（2項）。

36

❷ 防火（25条〜27条、別表第一）

（1）防火壁等（26条1項）

延べ面積が**1,000㎡を超える**建築物は、次のような防火措置を講じなければならない。

① 木造建築物等の外壁等（25条）

外壁・軒裏で延焼のおそれのある部分を防火構造とし、屋根を一定の構造としなければならない。

② 耐火・準耐火建築物以外 ➡ 原則として、防火壁または防火床で1,000㎡以内に区画する。

（2）耐火建築物等としなければならない特殊建築物（27条）

共同住宅等（階数が3で延べ面積が200㎡未満の一定のものを除く）は、**特定主要構造部**が、**建築物に存する者の全てが地上までの避難を終了するまでの間、通常の火災による倒壊・延焼を防止するために必要とされる性能を有し**、かつ、**建築物の他の部分から延焼するおそれがある外壁の開口部に一定の防火設備を設ける**[②]ことにより、建築ができる。

> **先生からのコメント**
>
> [②] 3階以上の階に共同住宅の用途に供されているものがある場合は、原則として、その部分とその他の部分とを1時間準耐火基準に適合する準耐火構造とした床や壁または特定防火設備で区画する必要がある（27条1項、施行令112条18項）。

❸ 構造耐力（20条1項）

次の建築物は、自重、積載荷重、積雪荷重、風圧、土圧および水圧ならびに地震その他の震動および衝撃に対して安全な構造のものとして、一定の基準に従った構造計算によって確かめられる安全性を有しなければならない（20条、6条1項2号・3号）。

（1）**木造**の建築物で、**3以上の階数を有し、または延べ面積が500㎡を超えるもの**のうち、**高さが13mまたは軒の高さが9mを超えるもの。**

（2）**木造以外**の建築物で**2以上の階数を有し、または延べ面積が200㎡を超えるもの**のうち、一定のもの。

❹ 避雷設備（33条）

1．避雷設備の設置義務

> **高さが20ｍを超える建築物**には、原則として、有効に避雷設備を設置しなければならない。

① 高さ20ｍを超える建築物でも、周囲の状況によって安全上支障がない場合は、避雷設備を設けなくてもよい（同ただし書）。

② 「有効に」とは、建築物の高さが20ｍを超える部分を雷撃から保護するよう設けなければならないという意味である（施行令129条の14）。

2．避雷設備の構造方法

「建築物等の雷保護」の日本産業規格が2003年に改正されたこと（以下「新JIS」という）に伴い、それ以前の**1992年の日本産業規格**（以下「旧JIS」という）**に適合するものは、現在の告示に適合するものとみなされる**（国土交通省告示650号）。

3．定期検査

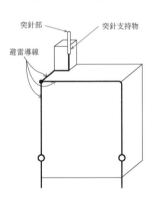

避雷設備は、雷保護システムとして、被保護物の種類および腐食問題に関して決定する周期によって、定期的に検査を行わなければならない（新JIS）。**新JIS**では、**定期的な検査を行うことを基本的条件として求**めているが、その**頻度については示されていない**。

4．保護レベル

新JISでは、保護レベルの考え方が採り入れられ、4段階に分け、次のように、保護レベルをⅠからⅣに区分し、各レベルでの保護効率を明確にしている。

保護レベル	Ⅰ	Ⅱ	Ⅲ	Ⅳ
保護効率	0.98	0.95	0.90	0.80

❺ 居室の採光に関する規定

1．居室の採光（28条1項、施行令19条3項、20条）

(1) 住宅（共同住宅も）・学校・病院等の居室（居住のための居室・学校の教室・病院の病室等に限る）には、その床面積に対して、原則として、「一定の割合」以上の採光のための窓その他の開口部を設けなければならない（28条1項）。

　　採光に有効な部分の面積

　　　① 住宅の居室　　➡　原則1/7以上〜1/10以上

　　　② ①以外の居室（施行令19条2項）　➡　原則1/5〜1/10以上

　　ただし、地階もしくは地下工作物内に設ける居室その他これらに類する居室または温湿度調整を必要とする作業を行う作業室その他用途上やむを得ない居室については、この必要はない（28条1項ただし書）。

(2) 住宅の居室に必要となる採光に有効な窓等の面積のその面積に対する割合は、原則1/7以上とされ、照明設備の設置等の措置が講じられているものにあっては1/10までの範囲内において国土交通大臣が別に定める割合とされる（施行令19条3項）。

(3) **算　定**

　　① 襖、障子など**随時開放できるもので仕切られた2室は1室とみなして計算してよい**（4項）。

　　② 外側に**90cm以上の縁側**（ぬれ縁は除く）**などがある開口部の場合7/10を有効とみなし、天窓は3倍の面積があるものとみなされる**（施行令20条2項）。

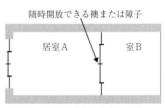

随時開放できる襖または障子

居室A　　　室B

A・Bの2室を1室とみなす

2．有効採光面積の算定（施行令20条）

(1) 有効採光面積

　　居室の窓などの開口部が、他の建築物やその建築物の他の部分に接近しすぎていると、その開口部からはもはや自然光が入らなくなってしまうように、採光のための窓等の開口部は、外面に面した開口部がすべて該当するというものではなく、開口部のうち、採光に有効な開口部の面積だけが法規上有効となる。この面積を一般的に**「有効採光面積」**という。

（2）有効採光面積の算定方法

　その居室の開口部ごとの面積に、それぞれの**採光補正係数**を乗じた面積の合計となっている。ただし、国土交通大臣が別に算定方法を定めた建築物の開口部は**この限りではない**。

❻　換気設備

　マンションの高断熱・高気密化が進んだことにより、換気不足による「結露」や「カビ」の発生という被害も起きている。対策として、自然または機械的手段で室内空気の清浄度、温湿度等を正常に保つ必要がある。

1．換気設備（28 条 2 項・3 項、施行令 20 条の 2）

　1 時間に室内の空気の入れ替わる回数を換気回数といい、居室に**必要な換気量**は、居室の容積に換気回数を乗じて**計画**[3]する必要がある。

先生からのコメント

[3]必要換気量は、**換気回数**に**居室の床面積**と**天井高さ**を**乗じて算出**される。住宅の居室に設けられる機械換気設備の**換気回数**は、**0.5 回／時以上**が必要となるので、**居室の床面積に天井高さを乗じたもの**の 0.5 倍となる（28 条の 2 第 3 号、施行令 20 条の 7 第 1 項 2 号、20 条の 8 第 1 項 1 号イ）。

【有効換気量】

①　煙突、排気フードなどを設けず、排気口または排気筒に換気扇等を設けた場合に必要となる**有効換気量**は、**（燃料の単位燃焼量当たりの理論廃ガス量）×（火を使用する設備または器具の実況に応じた燃料消費量）**の 40 倍以上である（建設省告示 2465 号）。

②　火を使用する設備または器具の通常の使用状態において、当該**室内の酸素の含有率**をおおむね **20.5 ％以上**に保つ換気ができるものとして、国土交通大臣の認定を受けたものは、有効換気量の**規制は受けない**（20 条の 3 第 2 項 1 号ロ）。

③　建築物の**調理室**、浴室、その他の室でかまど、こんろその他火を使用する設備・

器具を設けたものに**換気設備を設ける**場合に、火を使用する設備・器具の近くに**排気フードを有する排気筒を設ける**ときは、排気フードは、**不燃材料で造らなければならない**（20 条の 3 第 2 項 4 号）。

2．自然換気設備（施行令 129 条の 2 の 5 第 1 項）

建築物（換気設備を設けるべき調理室等を除く）に設ける自然換気設備は、換気上有効な給気口および排気筒を有する構造とし、温度差（気圧差）によって自然に換気を行うものである。

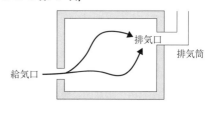

自然換気とは、自然に発生する①**温度差による換気**と、②**外気圧による換気**をいう。前者の室内外の温度差による**自然換気の換気量**は、**開口面積**のほか、給気口と排気口の高さの差の平方根と、内外の**温度差の平方根に比例**する。

（1）給気口

> 居室の**天井の高さ**の 1/2 以下の高さの位置に設け、常時外気に開放された構造とする。

（2）排気筒

① **排気口**（排気筒の居室に面する開口部をいう。以下同じ）は、**給気口より高い位置**に設け、常時開放された構造とし、かつ、排気筒の立上り部分に直結させる。

② 排気筒は、排気上有効な立上り部分を有し、その頂部は、外気の流れによって排気が妨げられない構造とし、かつ、直接外気に開放させる。

③ 排気筒には、その頂部および排気口を除き、開口部を設けない。

3．機械換気設備（施行令 129 条の 2 の 5 第 2 項）

機械換気設備は、「換気上有効な給気機および排気機」、「換気上有効な給気機および排気口」、「換気上有効な給気口および排気機」を有する構造としなければならないと定められ、この順番に、**第一種**［給気機＋排気機］**換気設備**[4]、**第二種**［給気機＋排気口（正圧）］**換気設備**、**第三種**［給気口＋排気機（負圧）］**換気設備**[5]という。

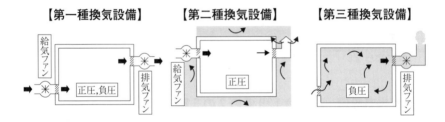

【第一種換気設備】　　【第二種換気設備】　　【第三種換気設備】

先生からの
コメント

④給気・排気共に機械を用いるこれに該当するものとして、**全熱交換型の換気**が
あり、これは、**排気時に奪われる空気の熱**を、**給気する空気に移す**ことで、換
気による温度変化を押さえることができる方式である。

⑤これは、浴室や便所等の換気に用いられ、**必要換気量を確保する**ために、換気扇
の運転時に給気を確保できるよう十分な大きさの**給気口を設ける**必要がある。

4．居室の換気（28条2項・3項）

(1) 共同住宅の居室には、換気のための窓その他の開口部を設け、その換気に有効
な部分の面積は、その居室の床面積に対して、次の割合以上としなければならな
い（28条2項）。

　　換気に有効な部分の面積 ➡ **1/20以上**

　　ただし、政令で定める技術的基準に従って**換気設備を設けた場合**においては、
この必要はない（同ただし書）。

(2) 一定の用途に供する特殊建築物の居室または建築物の調理室・浴室その他の室
で、コンロその他火を使用する設備や器具を設けたものには、原則として、換気
設備を設けなければならない（3項）。

5．空気齢

　窓や給気口などの開口部から室内に入ってきた空気が、**室内のある場所に到達するま
でにかかる時間**のことをいう。室内の換気の状況を表わすために用いられ、**空気齢が小
さいほど空気が新鮮**であり、**空気齢が大きいほど空気が汚染**されている可能性があるこ
とを表わす。

❼　アスベスト・シックハウス対策

1. 石綿その他の物質の飛散または発散に対する衛生上の措置（28 条の 2）

　建築物の内外装の仕上げに用いられる建築用仕上げ塗材について、過去に石綿を含有するものが製造されたことがあったため、石綿その他の物質の建築材料からの飛散または発散による衛生上の支障がないよう、次の基準に適合するものとしなければならない。

(1) 建築材料に石綿（アスベスト[⑥]）その他の著しく衛生上有害なものとして政令で定める物質※（以下、「石綿等」という）を**添加しない**。

　　※　石綿のみが対象となる（施行令 20 条の 4）。

(2) 石綿等をあらかじめ添加した建築材料（石綿等を飛散または発散させるおそれがないものとして国土交通大臣が定めたものまたは国土交通大臣の認定を受けたものを除く）を**使用しない**[⑦]。

先生からの
コメント

⑥石綿は、天然に産する鉱物繊維であり、結晶質で発癌性がある。事業者は、健康診断の結果に基づき、石綿健康診断個人票を作成し、これを当該労働者が当該事業場において常時石綿等を取り扱う業務に従事しないこととなった日から 40 年間保存しなければならない（石綿障害予防規則 41 条）。

【種類】

　（ア）クリソタイル（白石綿・温石綿）…平成 16 年 10 月に使用禁止

　（イ）クロシドライト（青石綿）…平成 7 年から使用・製造とも全面禁止

　（ウ）アモサイト（茶石綿）…平成 7 年から使用・製造とも全面禁止

⑦次の石綿の製造や使用は全面的に禁止されている。

　（ア）吹付けアスベスト

　（イ）**吹付けロックウール**でその含有するアスベストの重量が当該建築材料の重量の **0.1%** を超えるもの

　　　ロックウール（岩綿）とは、工場で製造された人造の鉱物繊維である。非結晶で、発癌性はない（お茶と同程度）と考えられている。

(3) 居室※1 を有する建築物にあっては、前記 (1) (2) のほか、石綿等以外の物質で その居室内において、衛生上の支障を生ずるおそれがあるものとして政令で定める物質※2 の区分に応じ、**建築材料**※3 および**換気設備**について、**一定の技術的基準に適合するものでなければならない。**

※1　共同住宅の居室には、月に数回しか使用されない**集会室も含まれる。**
※2　クロルピリホスとホルムアルデヒドが対象となる（施行令 20 条の 5）。
※3　この建築材料には、保温材および断熱材等も含まれる。

2．居室内の空気汚染対策 （28 条の 2 第 3 号、施行令 20 条の 5）

建築基準法で規制対象となる石綿等以外の物質は、**クロルピリホス**※1 および**ホルムアルデヒド**※2 であり、内装仕上げ材や建材などへの使用制限、換気設備の設置の義務化による方法で、その発散量を抑えている。

※1　シロアリ駆除剤に含まれる有機リン系農薬で、毒性が強く分解されにくいため、環境への残留性が強い化学物質であり、散布された床下から床の隙間を通って室内に入り、呼吸により人体に摂取される。
※2　現代建築物で多用されている壁紙・パーティクルボード・合板・塗料・仕上塗材等の製造時に使われた接着剤に含まれる化学物質であり、空気中に揮発することが多い。その空気中の濃度が 0.1 ppm 程度を超えると刺激臭があり、0.5 ppm 程度になると目を刺激するようになる。

3．クロルピリホス （施行令 20 条の 6、国土交通省告示 1169 号）

(1) 添加禁止

建築材料に**クロルピリホスを添加してはならない。**これは、クロルピリホスが毒性、環境への残留度が高く、人体へ与える影響度も高いためである。

(2) 添加材料使用禁止

クロルピリホスをあらかじめ添加した建築材料を用いてはならない。ただし、その添加から **5 年以上使用された建材**で、クロルピリホスを発散するおそれがないものとして国土交通大臣が認めたものについては、**用いることができる。**これは、5 年以上使用されたような建材（古材）であれば、時間の経過によりクロルピリホスが揮発（蒸発）していくことで、人体への影響がほとんどなくなるためである。

4．ホルムアルデヒド（施行令 20 条の 7、国土交通省告示 700 号）

居室を有する建築物の建築材料[1]は、含まれるホルムアルデヒドの発散速度に応じて、次のように 4 つのランクに区分けされる。この中で、第一種ホルムアルデヒド発散建築材料の毎時の発散量が他と比較して多いことがわかる。

夏季における発散速度（指針値：温度 28℃、相対湿度 50 %、濃度 0.1 mg/㎡）	内装仕上げにおける制限
(1) 最低ランク；「第一種ホルムアルデヒド発散建築材料」 ➡ ホルムアルデヒド発散速度が夏季において 0.12mg/㎡h 超	使用禁止
(2) 「第二種ホルムアルデヒド発散建築材料」 ➡ 同 0.02 mg/㎡h 超 0.12 mg/㎡h 以下	（原則） 使用面積制限[2] （例外） **中央管理方式の空気調和設備を設ける**等の場合、面積制限は除外
(3) 「第三種ホルムアルデヒド発散建築材料」 ➡ 同 0.005 mg/㎡h 超 0.02 mg/㎡h 以下	
(4) 最高ランク ➡ 同 0.005 mg/㎡h 以下	面積制限なし

※1　居室には、常時開放された開口部を通じてこれと相互に通気が確保される廊下その他の建築物の部分も含まれるので（20 条の 7 第 1 号）、居室と一体的に換気を行う廊下は、シックハウス対策に関わる内装仕上げ制限の対象となる。

※2　「住宅等の居室」と「それ以外の居室」での使用面積制限は、換気回数が等しいときでも、それぞれ異なる。

5．居室に機械換気設備を設ける場合の対応

天井裏、床裏などから居室へのホルムアルデヒドの流入を抑制するための措置を講ずるなど、衛生上の支障がないようにしなければならない（施行令 20 条の 8）。

6．機械換気設備の義務化

マンションのように気密性の高い建築物においては、内装仕上げ材にホルムアルデヒドの発散のおそれのある建材を使用しなくても、家具などからホルムアルデヒドが発散することもある。そこで、次の(1)のような設置義務がある。

(1) 設置義務

原則として、すべての居室にシックハウス対策としての**機械換気設備を設置**しなければならない（建築基準法 28 条の 2 第 3 号、施行令 20 条の 8）。

　　たとえば**第三種換気設備を設置**する場合は、台所レンジフードファンまたは浴室・洗面所・便所などのサニタリーファンに常時換気用の**低風量モードを用いる方式**を利用するのがよい。従来のものだと、風量が大きすぎてしまうためである。

（2）**例　外**

　　主に次のいずれかの条件を満たす場合は、**機械設備を設置しなくてもよい**。

①　常時外気に開放された開口部と隙間の面積の合計が、**床面積 1 ㎡当たり 15 ㎠以上確保されている居室**（国土交通省告示 1169 号）。

②　外壁、天井、床などに合板などを用いない**真壁造**（特に和室などの伝統的な室内に使用される居室など）**の建築物の居室**や、真壁造の建築物の木製建具を使用した**居室**（国土交通省告示 1169 号）。

（3）**換気性能の確保**

①　設置する機械換気設備は、一般的な技術的基準（施行令 129 条の 2 の 5）に適合しなければならず、**居室においては 0.5 回/時以上の換気性能を確保**しなければならない（施行令 20 条の 7）。

②　吹抜けなど天井を高くとった居室は、天井高に応じて換気回数が緩和される。ただし、**一部だけ天井高が違う場合は、平均天井高とする**（国土交通省告示 1169 号）。

❽　地階における住宅等の居室・技術的基準（ 29 条・施行令 22 条の 2 ）

　　住宅の**居室**等の寝室で**地階**に設けるものは、壁・床の防湿の措置その他の事項について衛生上必要な一定の**技術的基準に適合**する必要がある（29 条）。

【技術的基準】次のものが必要とされている（施行令 22 条の 2）。

（1）**居室**が、次の①～③のいずれかに該当すること。

①　国土交通大臣が定めるところにより、からぼりその他の**空地に面する開口部が設けられている**。

②　一定（施行令 20 条の 2）の技術的基準に適合する換気設備が設けられている。

③　居室内の湿度を調節する設備が設けられている。

(2) **直接土に接する外壁・床・屋根**またはこれらの部分（**外壁等**）の構造が、次の ①②のいずれかに適合すること。

① 　外壁等の構造が、次の（ア）（イ）のいずれか（屋根・屋根の部分では（ア））に適合するもの。ただし、外壁等のうち常水面以上の部分では、耐水材料で造り、かつ、材料の接合部およびコンクリートの打継ぎをする部分に防水の措置を講ずる場合、この必要はない。

　（ア）**外壁等**にあっては、国土交通大臣が定めるところにより、**直接土に接する部分に、水の浸透を防止するための防水層を設ける**。

　（イ）外壁・床では、直接土に接する部分を耐水材料で造り、かつ、直接土に接する部分と居室に面する部分の間に居室内への水の浸透を防止するための空隙（当該空隙に浸透した水を有効に排出するための設備が設けられているものに限る）を設ける。

② 　外壁等の構造が、外壁等の直接土に接する部分から居室内に水が浸透しないものとして、国土交通大臣の認定を受けたもの。

❾　共同住宅等の各戸の界壁（30 条）

(1) 共同住宅等の各戸の界壁は、次の基準に適合するものとしなければならない。

① 　その構造が、隣接する住戸からの日常生活に伴い生ずる音を衛生上支障がないように低減するために界壁に必要とされる性能に関して一定の技術的基準に適合するもので、国土交通大臣が定めた構造方法を用いるものまたは国土交通大臣の認定を受けたものであること

② 　**小屋裏または天井裏に達する**ものであること（原則）

(2) 上記②は、共同住宅等の天井の構造が、隣接する住戸からの日常生活に伴い生ずる音を衛生上支障がないように低減するために天井に必要とされる性能に関して一定の技術的基準に適合するもので、国土交通大臣が定めた構造方法を用いるものまたは国土交通大臣の認定を受けたものである場合は、適用されない。

(3) 共同住宅等の各戸の界壁は、**準耐火構造**としなければならない（施行令114 条1 項）。

(4) 界壁の遮音性能に関する技術的基準では、振動数（単位ヘルツ）が**低い音ほど、小さい数値**の透過損失（単位デシベル）が、逆に、振動数（単位ヘルツ）が**高い音ほど、大きい数値**の透過損失（単位デシベル）が求められている（施行令22条の3）。

振動数（Hz）	透過損失（dB）
125	25
500	40
2,000	50

(5) 遮音性能を有する構造方法として認められるために必要な壁厚は、鉄筋コンクリート造、鉄骨鉄筋コンクリート造、鉄骨コンクリート造とも10cm以上であり、それぞれ**異なることはない**（国土交通省告示1170号）。

(6) **気泡コンクリート**（厚さ10cm以上）**を用いた界壁**（コンクリート両面に厚さ1.5cm以上のモルタル等を塗ったもの）は、遮音性能を有する構造方法として認められている（国土交通省告示1170号）。

(7) 窓サッシの遮音性能については、**T値が大きいほど、遮音性能が**高い。

(8) 共同住宅の界壁は、防火区画の一つである。この役割は、マンション内で発生した火災や煙が拡大するのを防ぐためのもので、防火上有効な壁などで区画して、火災を局部的なものにとどめ、避難を円滑に行おうとするものである。

　防火区画を貫通する配管や風道（ダクト）があると、その周辺のすき間から防火区画の反対側に火が回ってしまうおそれがあるので、防火区画を貫通する場合は、防火区画とのすき間をモルタルなどの不燃材料で埋める必要がある。

① **給水管、配電管その他の管が共同住宅の各戸の界壁を貫通**する場合
　➡当該管と界壁とのすき間をモルタルその他の不燃材料で埋めなければならない（施行令112条20項）。

② **給水管、配電管その他の管が共同住宅の各戸の界壁を貫通**する場合
　➡当該管の貫通する部分および当該貫通する部分からそれぞれ**両側に1m以内の距離にある部分を不燃材料で造らなければならない**（施行令129条の2の4第1項7号イ）。

③ 換気、暖房または冷房の設備のダクトが共同住宅の各戸の界壁を**貫通**する場合
➡**防火区画**の近くに煙感知器、または熱感知器と連動して自動的に閉鎖する
防火ダンパーを設けなければならない（建設省告示1376号）。

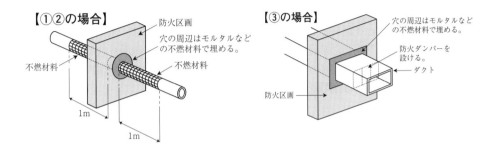

【①②の場合】
防火区画
穴の周辺はモルタルなどの不燃材料で埋める。
不燃材料
不燃材料
1m
1m

【③の場合】
穴の周辺はモルタルなどの不燃材料で埋める。
防火ダンパーを設ける。
ダクト
防火区画

❿ 居室の天井の高さ（施行令21条）

居室の天井の高さは、2.1 m以上でなければならない。その高さは、室の床面から測り、一室で天井の高さの異なる部分がある場合においては、その**平均の高さ**によるものとする。

⓫ 災害危険区域（39条）

(1) **地方公共団体**は、条例で、津波・高潮・出水等による危険の著しい区域を**災害危険区域**として指定できる（1項）。

(2) 災害危険区域内における**住居の用**に供する建築物の建築の禁止その他建築物の建築に関する制限で災害防止上必要なものは、(1) の**条例**で定める（2項）。

第**3**節　集団規定

重要度　マ **B** 主 **C**

❖ Introduction ❖

　　集団規定は、市街地における建築物を規制することによって、良好な環境を促進することを目的としている。したがって、この規定は、原則として都市計画区域、準都市計画区域および準景観地区内において適用される。

　　これらの区域外で知事が関係市町村の意見を聴いて指定する区域内においても、条例で必要な制限を定めることができる。

❶ 建蔽率（53条）

　敷地をぎりぎりいっぱい使って建物を建てることは、防火上または住環境といった点から望ましくないので、建蔽率の制限が課せられている。

1．建蔽率とは

　建蔽率とは、建築面積を敷地面積で割った割合である。

$$建蔽率 = \frac{建築面積}{敷地面積}　右図の建蔽率 = \frac{B}{A}$$

この制限によって、敷地内にとるべき空地が決まる。

　　最大建築面積＝敷地面積×建蔽率

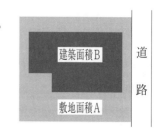

2．建蔽率の制限（53条）

(1) 地域別の建蔽率（1項・3項〜5項）

各用途地域における建蔽率については、次の表に示すような制限がある。

	用途地域等	原　則	⑦防火地域内の 耐火建築物等※1	⑦特定行政庁 指定の角地等	⑦かつ⑦
①	第一種低層住居専用地域 第二種低層住居専用地域 田園住居地域 第一種中高層住居専用地域 第二種中高層住居専用地域 工業専用地域	3/10、4/10、 5/10、6/10 のうちで都市計 画で定める割合	原則＋1/10	原則＋1/10	原則＋2/10
②	第一種住居地域 第二種住居地域 準住居地域 準工業地域	5/10、6/10、 8/10のうちで 都市計画で定め る割合	原則＋1/10 （原則8/10 の場合 ➡ 10/10）	原則＋1/10	原則＋2/10
③	近隣商業地域	6/10、8/10 のうちで都市計 画で定める割合	原則＋1/10 （原則8/10の 場合➡10/10）	原則＋1/10	原則＋2/10
④	**商業地域**	**8/10**	**10/10**	9/10	10/10
⑤	工業地域	5/10、6/10のうちで 都市計画で定める割合	原則＋1/10	原則＋1/10	原則＋2/10
⑥	用途地域の 指定のない区域	3/10、4/10、5/10、 6/10、7/10のうち で特定行政庁が定 める割合※2	原則＋1/10	原則＋1/10	原則＋2/10

※1　建蔽率が緩和される耐火建築物等
　　① 耐火建築物等〔耐火建築物またはこれと同等以上の延焼防止性能（通常の火災による周囲への延焼を防止するために壁・柱・床その他の建築物の部分および防火戸その他の一定の防火設備に必要とされる性能をいう）を有するものとして政令で定める建築物〕のことである。
　　② 準防火地域内にある耐火建築物等、または準耐火建築物等〔準耐火建築物またはこれと同等以上の延焼防止性能を有するものとして政令で定める建築物（耐火建築物等を除く）〕のことである。
※2　特定行政庁が都道府県都市計画審議会または市町村都市計画審議会（以下「都市計画審議会」という）の議を経て定める。

(2) 地域の内外にわたる場合

① 建築物の敷地が建蔽率の制限を受ける地域の2以上にわたる場合（2項）

各地域の建蔽率の限度に、その敷地の当該地域にある各部分の面積の敷地面積に対する割合を乗じて得たものの合計以下でなければならない。

【**例**】加重平均をとるということである。敷地の 7 割が 60 ％、3 割が 80 ％のときは、0.7 × 60 ％＋ 0.3 × 80 ％＝ 42 ％＋ 24 ％＝ 66 ％となる。

② **防火地域の内外にわたる場合（7 項）**

建築物の敷地が**防火地域の内外**にわたる場合、その敷地内の建築物の**全部が耐火建築物等**であるときは、その敷地は**すべて防火地域内にあるものとみなして**、前記(1)の表の㋐の特例が適用される。

③ **準防火地域の内外にわたる場合（8 項）**

建築物の敷地が**準防火地域と防火地域および準防火地域以外の区域とにわたる場合、その敷地内の建築物の全部が耐火建築物等または準耐火建築物等**であるときは、その敷地は**すべて準防火地域内にあるものとみなして**、前記(1)の表の㋐の特例が適用される。

(3) **建蔽率の緩和（4 項）**

隣地境界線から後退して壁面線の指定等がある場合、原則として当該壁面線等をこえない建築物で、特定行政庁が安全上、防火上および衛生上支障がないと認めて許可したものの建蔽率は、その許可の範囲内で、前記(1)や(2)①の建蔽率の限度を超えることができる。

(4) **建蔽率の適用除外（6 項・3 項）**

前記(1)の表②〜④で、原則建蔽率の限度が 8/10 とされている地域内の防火地域内に耐火建築物等を建築する場合は、建蔽率制限が適用されない（10/10 という数値は制限がないということである）ほか、次の建築物についても適用されない。

① 巡査派出所、公衆便所、公共用歩廊その他これらに類するもの

② 公園、広場、道路、川その他これらに類するもののうちにある建築物で特定行政庁が安全上、防火上および衛生上支障がないと認めて建築審査会の同意を得て許可したもの

❷　容積率（52条）

市街地の環境の保護を図るため、建築物の容積を制限する目的で、建築物の延べ面積の敷地面積に対する割合（容積率）を定めている。

1．容積率とは

容積率とは、延べ面積（各階の床面積の合計）を敷地面積で割った割合をいう。

$$容積率 = \frac{延べ面積}{敷地面積}$$

この容積率の大小によって、延べ面積の限度（土地の利用率）が決まる。この容積率の制限は、都市計画の場合だけでなく、道路の幅による場合もある。

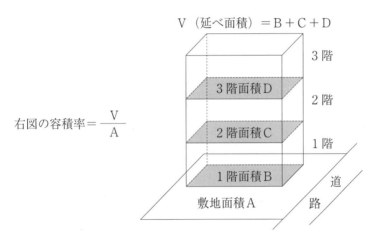

最大延べ面積＝敷地面積×容積率

2．容積率の制限（52条）

（1）地域別の容積率（1項）

地域別の容積率は、次の表のA欄に定めるそれぞれの数値から、B欄で定められる。つまり、①〜⑥であれば都市計画で定められる。

	用途地域等	A　　　　　　　欄	B欄
①	第一種低層住居専用地域 第二種低層住居専用地域 田　園　住　居　地　域	5/10、6/10、8/10、10/10、15/10、20/10 のいずれか	都 市 計 画
②	第一種中高層住居専用地域 第二種中高層住居専用地域	10/10、15/10、20/10、30/10、40/10、 50/10　のいずれか	
③	第　一　種　住　居　地　域 第　二　種　住　居　地　域 準　住　居　地　域 近　隣　商　業　地　域 準　工　業　地　域		
④	商　　業　　地　　域	20/10、30/10、40/10、50/10、60/10、70/10、80/10、 90/10、100/10、110/10、120/10、130/10　のいずれか	
⑤	工　　業　　地　　域	10/10、15/10、20/10、30/10、40/10　の いずれか	
⑥	工　業　専　用　地　域		
⑦	用　途　地　域　の 指　定　の　な　い　区　域	5/10、8/10、10/10、20/10、30/10、40/10 のいずれか	※

※　特定行政庁が都市計画審議会の議を経て定める。

(2) 前面道路の幅員による容積率（2項）

前面道路（2つ以上に面する場合は**幅の広いもの**）の幅員が**12 m未満の場合**は、次の①②のうち小さいほうが限度となる。

> ①　用途地域では、都市計画で定められた容積率
> ②　道路の幅員　×　法定乗数※

> ※　住居系地域：（原則）4/10、その他地域：（原則）6/10

(3) 地域の内外にわたる場合（7項）

建築物の敷地が容積率の制限を受ける地域または区域の2以上にわたる場合、各地域内の容積率の限度に、その敷地の当該地域にある各部分の面積の敷地面積に対する割合を乗じて得たものの合計以下でなければならない。

3．容積率の特例（52条、施行令135条の16）

【延べ面積に算入されないもの】（52条3項・6項）

(1) **建築物の地階**でその天井が地盤面からの高さ**1 m以下**にあるものの**住宅**または**老人ホーム等**の**用途に供する部分**の床面積は、延べ面積に算入されない（ただし、当該床面積が当該建築物の住宅および老人ホーム等の用途に供する部分

の床面積の合計の1/3を超える場合には、当該建築物の住宅および老人ホーム等の用途に供する部分の床面積の**合計の1/3を限度として延べ面積に算入されない**）。

(2) 次の建築物の部分の床面積は、一定の場合を除き、**延べ面積に算入されない**。

① **エレベーターの昇降路の部分**

② **共同住宅または老人ホーム等の共用の廊下または階段の用に供する部分**

③ 住宅または老人ホーム等に設ける**機械室**等の部分（**給湯設備**等の一定の建築設備を設置するためのものであって、市街地の環境を害するおそれがないものとして**一定の基準に適合**するものに限る）で、特定行政庁が交通上、安全上、防火上および衛生上支障がないと認めるもの

住戸	住戸	住戸	住戸	エレベーター エレベーターホール	階段
廊　　　　　　下					
住戸	住戸	住戸	住戸	エントランスホール	管理人室 集会室

延べ面積不算入とする部分

❸　斜線制限

斜線制限には、①道路斜線制限、②隣地斜線制限、③北側斜線制限がある。なお、敷地が、2以上の斜線制限の異なる地域にまたがるときは、建築物の各部分で**それぞれの地域の斜線制限が適用**される（56条5項）。

用途地域等	道路斜線	隣地斜線	北側斜線
第一種低層住居専用地域 第二種低層住居専用地域 田　園　住　居　地　域		×	○（5 m）
第一種中高層住居専用地域 第二種中高層住居専用地域		○（20 m）	○（10 m）
第　一　種　住　居　地　域 第　二　種　住　居　地　域 準　　居　　住　　地　　域	○	○（20 m）	×
近　隣　商　業　地　域 商　　業　　地　　域 準　工　業　地　域 工　　業　　地　　域 工　業　専　用　地　域		○（31 m）	
用途地域の**指定のない**地域		○（20 mまたは30 m）	

※（　）内は立上りの高さ

❹　日影規制

日影規制は、次の地域のうち、**地方公共団体の条例で指定された区域で適用**される。

用途地域等	制限を受ける建築物
第一種低層住居専用地域 第二種低層住居専用地域 田　園　住　居　地　域	①**軒高7 m超**または**地上階数3以上**の建築物
第一種中高層住居専用地域 第二種中高層住居専用地域 第　一　種　住　居　地　域 第　二　種　住　居　地　域 準　住　居　地　域 近　隣　商　業　地　域 準　工　業　地　域	②**高さ10 m超**の建築物
用途地域の**指定のない**区域	上記①②のいずれかを地方公共団体が条例で指定する。

※　商業地域・工業地域・工業専用地域は、**日影規制の対象外**

❺　防火地域・準防火地域

　都市の住宅密集地では、1 軒の火災が燃え広がって大災害につながるおそれがある。そこで、防火地域、準防火地域に指定された区域内では、さまざまな防火に関する規定が適用される。

1．建築物の規制（61 条 1 項）

　防火地域または準防火地域内にある建築物は、次のものとしなければならない。

（1）その**外壁の開口部で延焼のおそれのある部分に防火戸**等の一定の**防火設備を設け**たもの。

（2）壁・柱・床等の**建築物の部分**および当該**防火設備**を通常の火災による周囲への延焼を防止するためにこれらに**必要とされる性能に関して防火地域および準防火地域の別ならびに建築物の規模に応じて一定の技術的基準に適合**するもので、国土交通大臣が定めた構造方法を用いるものまたは国土交通大臣の認定を受けたもの。

　ただし、①**防火地域・準防火地域内にある門または塀**で、**高さ 2 m 以下のもの**、または②**準防火地域内にある建築物**（木造建築物等を除く）**に附属**するものについては、**この必要はない**。

①	防火・準防火地域
	2 m 以下の門・塀

②	準防火地域
	非木造に附属の 2 m 超の門・塀

2．その他の制限（62条〜64条）

屋根	防火地域または準防火地域内の建築物の屋根の構造は、市街地における火災を想定した火の粉による建築物の火災の発生を防止するために屋根に必要とされる性能に関して建築物の構造および用途の区分に応じて一定の技術的基準に適合するもので、国土交通大臣が定めた構造方法を用いるものまたは国土交通大臣の認定を受けたものとしなければならない（62条）。
外壁	外壁が耐火構造のものについては、その外壁を**隣地境界線に接して設けることができる**（63条）。
個別の制限	〈防火地域内における看板等の規制〉 　看板、広告塔等で下記の**いずれかに該当する**工作物は、その主要な部分を不燃材料で造り、またはおおわなければならない（64条）。 　① 建築物の**屋上**に設けるもの 　② 高さ**3m**を超えるもの

3．建築物が防火地域等の内外にわたる場合（65条）

　建築物が、防火地域、準防火地域、防火・準防火地域に指定されていない区域にわたる場合は、原則としてその建築物全部について、**最も厳しい地域の規定が適用**される。

　ただし、防火壁でその建築物が有効に区画されているときは、その防火壁外の部分については、その区域の制限に従う。

❻　主な用途制限（48条・別表第二〜51条、68条の3、91条）

　都市計画法において、用途地域の定義を学習したが、それぞれの用途地域等の目的を達成するため、建築基準法では用途の制限を行っている。

用 途 地 域／主 な 用 途	①一低住専	二低住専	田園住居	②一中高住専	二中高住専	③一住居	二住居	準住居	④近商	⑤商業	⑥準工業	⑦工業	⑧工専
㋐住宅、共同住宅、寄宿舎、下宿	○	○	○	○	○	○	○	○	○	○	○	○	×
㋑幼稚園、小学校、中学校、高等学校	○	○	○	○	○	○	○	○	○	○	○	×	×
㋒図書館等	○	○	○	○	○	○	○	○	○	○	○	○	×
㋓老人ホーム、福祉ホーム	○	○	○	○	○	○	○	○	○	○	○	○	×
㋔保育所等、公衆浴場、診療所^(※1)	○	○	○	○	○	○	○	○	○	○	○	○	○
㋕大学、高等専門学校、専修学校等	×	×	×	○	○	○	○	○	○	○	○	×	×
㋖病院^(※1)	×	×	×	○	○	○	○	○	○	○	○	×	×
㋗ホテル、旅館	×	×	×	×	×	☆^(※2)	○	○	○	○	○	×	×
㋘倉庫業倉庫、3階以上または床面積の合計が 300㎡ を超える自動車車庫（一定規模以下の附属車庫を除く）	×	×	×	×	×	×	×	○	○	○	○	○	○

※1　診療所と病院の違い
　　① 診療所→患者の収容施設を有しないものまたは 19 人以下の施設を有するもの。
　　② 病　院→患者 20 人以上の収容施設を有するもの。
※2　☆→当該用途に供する部分が3,000㎡以下の場合に限り建築可能。

❼ 建築物の敷地と道路との関係

1．建築基準法上の道路（42条）

（1）道路の定義

42条1項	幅　員4 m以上※1〜3	①	道路法による道路（国道、都道府県道、市区町村道）
		②	都市計画法、土地区画整理法、旧住宅地造成事業に関する法律、新都市基盤整備法、都市再開発法、大都市法、密集市街地整備法による道路
		③	都市計画区域・準都市計画区域の指定や変更等により適用されるに至った際現に存在する道
		④	都市計画法、道路法、土地区画整理法、都市再開発法、密集市街地整備法などで2年以内に道路をつくる事業が予定され、かつ特定行政庁が指定したもの
		⑤	①〜④以外の私道でかつ一定の基準に適合するもので特定行政庁からその道路の位置指定を受けたもの

42条 2項	幅　　員 4m未満	⑥	③の場合ですでに建築物が立ち並んでいるもので**特定行政庁が指定したもの** **道路中心線から2m**[※4]**の線が道路境界線とみなされる**（→後述(2)参照）

※1　特定行政庁がその地方の気候もしくは風土の特殊性または土地の状況により必要と認めて都道府県都市計画審議会の議を経て指定する区域内においては、**6m以上**となる。

※2　地下道は除かれる。

※3　※1の区域内の**幅員6m未満の道**（①または②に該当する道にあっては、**幅員4m以上の**ものに限る）で、特定行政庁が次のいずれかに該当すると認めて指定したものは、同項の道路とみなす。
　　（ア）周囲の状況により避難および通行の安全上支障がないと認められる道
　　（イ）地区計画等に定められた道の配置および規模に即して築造される道
　　（ウ）※1の区域が指定された際、現に道路とされていた道

※4　※1により指定された区域内においては、**3m**（特定行政庁が周囲の状況により避難および通行の安全上支障がないと認める場合は**2m**）となる。

(2) 42条2項に該当する道路

　42条2項に該当する道路は、原則としてその中心線から水平距離2mの線がその道路の境界線とみなされる（ただし、反対側が川等の場合は反対側から4mの線がその道路の境界線とみなされる）。　➡　**セットバック**という。

　なお、この場合には、道路の幅員は4mとして容積率の計算をすることになる。

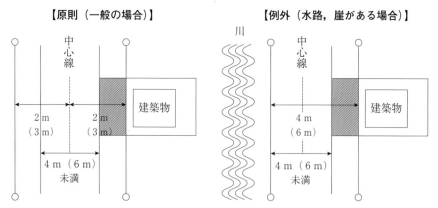

【原則（一般の場合）】　　　　　【例外（水路，崖がある場合）】

　＊　斜線の部分は建物の建築、塀の築造は認められず、かつ建蔽率、容積率上の敷地面積に算入しない。

2．道路と建築制限

【接道義務①】（43条）

　建築物の敷地が道路に通じていないと、災害があった場合に避難できなくなってしまう。そこで、建築物の敷地は前記 1. に規定される**建築基準法上の道路（自動車専用道路を除く）**に、原則として**2 m以上接**しなければならない。

　ただし、その敷地の周囲に広い空地を有する建築物その他の一定基準に適合する建築物で、特定行政庁が交通上、安全上、防火上および衛生上支障がないと認めて建築審査会の同意を得て許可したものについては、接道義務は適用されない。

先生からの
コメント

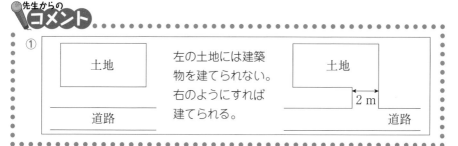

①

| 土地 | 左の土地には建築物を建てられない。右のようにすれば建てられる。 | 土地 |
| 道路 | | 2 m　道路 |

　また、**地方公共団体**は、次の建築物について、**条例**で制限を**付加**（たとえば3 m以上接する等）することができる。

① **特殊建築物**

② 階数が3以上の建築物

③ 政令で定める窓等の開口部がない居室を有する建築物

④ 延べ面積（同一敷地内に2以上の建築物がある場合には、その延べ面積の合計）が1,000 ㎡超の建築物

⑤ その敷地が袋路状道路（その一端のみが他の道路に接続したもの）にのみ接する建築物で、延べ面積が**150 ㎡超**のもの（**一戸建ての住宅を除く**）

第 3 章

維持・保全等

建築物および建築設備の維持・保全

重要度 マ **C** 主 **B**

❖ Introduction ❖

　第2章で学習した建築基準法では、建築物の設計・工事施工、工作物の設計・工事施工、竣工後の「維持・保全」についても規定している。

　ここでは、主に建築基準法の適用がある建築物・建築設備の「維持・保全」について学習していく。

❶ 建築物・建築設備の維持・保全

　建築主は、一定の建築物を建築する場合、建築確認を受ける必要がある。その後、当該建築物は、竣工後所有者に引き渡される。それから、建築物の所有者・管理者は、**「維持・保全①計画」**を作成し、所要の点検・検査を行う必要がある。

先生からのコメント

・①不具合や故障が発生する前に対策をとることを「予防保全」という。この「予防保全」の考え方にたち、計画的に建物・設備の点検、調査・診断、補修・修繕等を行い、不具合や故障の発生を未然に防止することが適切である。

❷ 維持・保全計画（建築基準法8条）

(1) **「建築物（マンション等も含まれる）の所有者、管理者または占有者」**は、建築物の敷地、構造および建築設備を常時適法な状態に維持するよう努めなければならない（1項）。

(2) 次のいずれかに該当する建築物の所有者または管理者は、その建築物の敷地、構造および建築設備を常時適法必要な状態に維持するため、必要に応じ、その建築物の維持保全に関する準則・計画を作成し、その他適切な措置を講じなければならない。ただし、**国・都道府県・建築主事を置く市町村**が所有し、または管理する建築物については、この必要はない（2項）。

① 特殊建築物で安全上・防火上・衛生上特に重要である一定②のもの

② 上記①の特殊建築物以外の特殊建築物その他一定[3]の建築物で、特定行政庁が指定するもの

(3) **国土交通大臣**は、上記（2）①②のいずれかに該当する建築物の所有者または管理者による準則・計画の適確な作成に資するため、**必要な指針を定めること**ができる（3項）。

先生からの コメント

②一定の共同住宅等の用途に供する部分の床面積の合計が **100 ㎡を超える**もの（当該床面積の合計が 200 ㎡以下のものにあっては、階数が 3 以上のものに限る）（施行令 13 条の 3 第 1 項 1 号）

一定の倉庫・自動車車庫等の用途に供する部分の床面積の合計が 3,000 ㎡を超えるもの（同 1 項 2 号）

③事務所等の用途に供する建築物（特殊建築物を除く）のうち階数が 3 以上で延べ面積が 200 ㎡を超えるもの（同 2 項）

❸ 保安上危険な建築物等の所有者等に対する指導・助言（9 条の 4）

特定行政庁は、建築物の敷地、構造または建築設備（単体規定またはこれに基づく命令・条例の規定の適用を受けないものに限る）について、損傷、腐食その他の劣化が生じ、そのまま放置すれば**保安上危険**となり、または**衛生上有害**となるおそれがあると認める場合は、当該建築物またはその敷地の所有者、**管理者**または**占有者**に対して、修繕、防腐措置その他当該建築物またはその敷地の維持保全に関し必要な**指導・助言**ができる。

❹ 準則・計画の作成に必要な指針（国土交通省告示 199 号）

建築基準法 12 条 1 項に規定する建築物の維持・保全に関する「準則」または建築物の維持・保全に関する「計画」は、建築物の敷地、構造および建築設備を常時適法な状態に維持するため、この指針に従って作成するものとする。

1．総　則

(1) 準　則

　建築物について計画を作成する権限を有する者が複数ある場合、計画相互の整合性を確保する必要があると認められるときに、それらの者の合意により当該建築物について作成するものとする。**複数の建築物が一団地を形成している**場合、当該**一団地について作成**できる。

(2) 計　画

　建築物の維持・保全を行ううえでとるべき措置を定める必要があると認められる場合、当該建築物の所有者・管理者が、当該建築物・その部分について作成する。**複数の建築物が一団地を形成している**場合、当該**一団地について作成**できる。

2．準則・計画に定めるべき事項

　「準則」には、次のうち、計画相互の整合性を確保するうえで必要であると認められる「事項」を定め、「計画」には、次の項目につき、それぞれ「該当事項」を定める。

項　目	該　当　事　項
① **建築物の利用計画**	建築物またはその部分の用途等、将来の増改築の予定等に関する事項
② **維持・保全の実施体制**	維持・保全を行うための組織、維持・保全業務の委託、建築士その他専門技術者の関与等に関する事項
③ **維持・保全の責任範囲**	計画作成者の維持・保全の責任範囲に関する事項
④ **占有者に対する指導等**	建築物の破損時等における通報、使用制限の遵守等に関する事項
⑤ **点　検**	点検箇所、点検時期、点検者、点検にあたっての判断基準、結果の報告等に関する事項
⑥ **修　繕**	修繕計画の作成、修繕工事の実施等に関する事項
⑦ **図書の作成、保管等**	維持・保全計画書、確認通知書、竣工図、設備仕様書等の作成、保管、廃棄等に関する事項
⑧ **資金計画**	点検、修繕等の資金の確保、保険等に関する事項
⑨ **計画の変更**	計画の変更の手続等に関する事項
⑩ その他	前①〜⑨に掲げるもののほか、維持・保全を行うため必要な事項

❺ 特定建築物等「定期調査」・特定建築設備等「定期検査」

1. 定期調査・検査等（建築基準法12条）

　頻発するエレベーター等の事故や、多数の犠牲者を出す大規模な火災等に対応するため、建築物の安全性を確保する必要が出てきた。そのため、国が自ら法に基づき、必要な調査を迅速、確実に実施できるよう、**調査権限を法定化**することになった。

　そこで、「就寝の用途に供する建築物（病院等）や不特定多数の者が利用する建築物（百貨店等）で一定規模以上の特殊建築物等」や「一定の建築設備・防火設備（特定建築設備等）」については、法令により一律に定期調査・検査の対象となっている。

　また、「それら以外の一定の**特定建築物・特定建築設備等**」については、**特定行政庁が地域の実情に応じた指定**を行うことができ、**定期調査・検査の対象**となる。特に、防火戸等の防火設備に関する検査は、建築物の定期調査から独立し、専門的知識および能力を有する者が行う。

（1）特定建築物等の定期調査（1項）

　「一定の特定建築物（共同住宅では床面積が200㎡を超える場合で、特定行政庁が指定するもの、なお、国等の建築物を除く）等で、特定行政庁が指定するもの」の**所有者**（所有者と管理者が異なる場合は**管理者**）は、次の義務を負う。

➡ 当該建築物の敷地・構造・建築設備について、定期に、一級建築士・二級建築士・建築物調査員資格者証の交付を受けている者（建築物調査員）にその状況の調査[1・2・④〜⑥]をさせて、その結果を特定行政庁に報告[3]しなければならない（1項）。

※1　当該建築物の敷地・構造についての損傷・腐食等の劣化の状況の点検を含む。
※2　この調査は、建築物の敷地・構造・建築設備の状況について安全上、防火上または衛生上支障がないことを確認するために十分なものとして行うものとし、当該調査の項目・方法・結果の判定基準は、国土交通大臣が定める（施行規則5条2項）。たとえば、定期調査報告の対象となる「塀」についての劣化・損傷の状況は、目視・下げ振り（鉛直を調べる道具）等により確認する（国土交通省告示703号）。
※3　**定期報告時期**➡原則、おおむね6ヵ月〜3年の間隔をおいて、特定行政庁が定める（施行規則5条1項）。

（2）特定建築物の点検（2項）

特定建築物の管理者である国・都道府県・市町村の機関の長等（国の機関の長等）は、当該**特定建築物**の**敷地・構造**について、定期に、**一級建築士・二級建築士・建築物調査員**に、損傷・腐食等の劣化の状況の**点検**（当該特定建築物の防火戸等の政令で定める**防火設備**についての点検を**除く**）をさせなければならない。ただし、当該**特定建築物**（一定のものを除く）のうち**特定行政庁**が建築審査会の同意を得て**指定**したものは、その点検が**不要**となる。

（3）特定建築設備等の定期検査（3項）

次の**特定建築設備等**（国等の建築物に設けるものを除く）の**所有者**（所有者と管理者が異なる場合は**管理者**）は、次の**義務を負う**。

（ア）建築設備（機械換気設備・排煙設備・非常用の照明装置・給排水設備等）

（イ）防火設備（防火戸・防火シャッター等）

（ウ）昇降機等

➡当該建築設備等について、定期に、**一級建築士・二級建築士・各検査員資格者証の交付を受けている者**（建築設備・防火設備・昇降機等検査員）に検査[※1・2・⑦・⑧]をさせて、その結果を**特定行政庁に報告**[※3]しなければならない（3項）。

※1　これらの特定建築設備等についての損傷・腐食等の劣化の状況の点検を含む。

※2　この検査は、特定建築設備等の状況について安全上、防火上または衛生上支障がないことを確認するために十分なものとして行うものとし、当該検査の項目・事項・方法・結果の判定基準は、国土交通大臣が定める（施行規則6条2項）。

※3　**定期報告時期**➡原則、おおむね6ヵ月〜1年（国土交通大臣が定める検査項目については1年〜3年）の間隔をおいて、特定行政庁が定める（施行規則6条1項）。

【例】

①　**建築設備**または**防火設備**の定期報告の時期は、原則として、おおむね6ヵ月から1年までの間隔をおいて特定行政庁が定めるものとなる。

②　**排煙設備の排煙風量測定**は、「国土交通大臣が定める検査の項目」に該当するため、定期報告の時期は、1年から3年までの間隔をおいて特定行政庁が定めるものとなる（国土交通省告示508号）。

④具体的な調査・検査の項目や、項目ごとの調査・検査の方法、結果の判定基準は、建築基準法施行規則に基づき、特殊建築物等・特定建築設備等ごとに、**告示**で定められている（国土交通省告示258号）。

⑤建築物定期調査は、**目視・打診、設計図書等の確認**が主となる。

⑥定期調査の調査項目には、①擁壁の劣化および損傷の状況、②サッシ等の劣化および損傷の状況、③避雷針、避雷導線等の劣化および損傷の状況を含み、機械式駐車場の劣化および損傷の状況は含まない。

⑦定期検査の項目には、①換気設備の風量測定、②非常用の照明装置の照度測定を含み、検査結果の報告の際には、測定表等を添付する（同告示285号）。

⑧昇降機定期検査においては、ロープ式・油圧式等それぞれに検査結果表の様式が**告示**で定められており、定期検査報告書および定期検査報告概要書に調査結果・関係写真を添えて提出する（同告示283号）。

（4）特定建築設備等の点検（4項）

　国の機関の長等は、国・都道府県・建築主事を置く市町村が所有し、または管理する建築物の**特定建築設備等**について、定期に、**一級建築士・二級建築士・建築設備等検査員**に、損傷・腐食等の劣化の状況の**点検**をさせなければならない。ただし、当該特定建築設備等（一定のものを除く）のうち**特定行政庁**が安全上・防火上・衛生上支障がないと認めて建築審査会の同意を得て**指定**したものは、その点検が**不要**となる。

（5）報告の要求

➡特定行政庁・建築主事・建築監視員は、次の者に対して、**建築物の敷地、構造、建築設備・用途、建築物に関する工事の計画・施工の状況に関する報告**を求めることができる（12条5項）。

① 　建築物や建築物の敷地の所有者・管理者・占有者・建築主・設計者・建築材料等を製造した者・工事監理者・工事施工者

② 　建築物に関する調査をした者

③ 　指定確認検査機関

④ 　指定構造計算適合性判定機関

（6）台帳の整備・保存

　➡特定行政庁は、確認その他の建築基準法令の規定による処分・報告に係る建築物の敷地、構造、建築設備・用途に関する台帳を整備し、当該台帳（当該処分および当該報告に関する書類で国土交通省令で定めるものを含む）を保存しなければならない（12条8項）。

2．定期調査等の規模・時期の指定方針（昭和59年4月通達）

（1）共同住宅の定期調査

　調査の対象となる共同住宅の規模・期間は、原則として、次のとおりである。

用　　　　　途	規　　　　　模※1〜3	期間※4
共　同　住　宅	地階、F≧3またはA≧300㎡	3年間隔

※1　「地階、F≧3」は、地階または3階以上の階でその用途に供する部分（100㎡以下のものは除く）を有するものを、「A」はその用途に供する部分の床面積の合計をそれぞれに示す。

※2　複数の用途に供する建築物にあっては、それぞれの用途に供する部分の床面積の合計をもってその主要な用途に供する部分の床面積の合計とする。

※3　東京都の対象規模は、F≧5またはA≧1,000㎡である。

※4　高さ31mを超える建築物その他、防火避難上の安全性の確保が極めて重要なものについては、上表にかかわらず、「期間」を0.5年間隔までとするよう配慮する。

（2）昇降機および特定建築物の昇降機以外の建築設備等の定期検査

　①　原則として、定期検査の期間は**1年間隔**とする。

　②　用途・規模または構造上・安全性の確保が極めて重要なもの、その他必要がある場合、定期検査の期間を「**0.5年間隔**」まで短縮できる。

3．資格者証

　定期調査・検査を行う者は、**一級建築士、二級建築士、建築物調査員資格者証・建築設備等検査員資格者証**の交付を受けている者である。

　資格者証の交付を受けている者には、「交付を受ける要件」「欠格事由」「定期調査・検査に関して不誠実な行為をした者等に対する資格者証の返納命令」等の「**処分基準**」が定められている。

　なお、資格者証は、一定の講習の過程を修了した上で、**国土交通大臣から資格者証の交付**を受ける必要がある。

---

(1) 建築物調査員資格者証（12条の２、施行規則６条の５第１項）

① **国土交通大臣**は、次のいずれかに該当する者に対し、建築物調査員資格者証を交付する。

（ア）調査と点検に関する講習で、国土交通省令で定めるものの課程を修了した者

（イ）（ア）と同等以上の専門的知識・能力を有すると国土交通大臣が認定した者

② 国土交通大臣は、次のいずれかに該当する者に対しては、建築物調査員資格者証の交付を行わないことができる。

（ア）**未成年者**　　（イ）**成年被後見人又は被保佐人**

（ウ）建築基準法令の規定により刑に処せられ、その執行を終わり、またはその執行を受けることがなくなった日から**2年**を経過しない者

（エ）次の③（イを除く）により建築物調査員資格者証の**返納**を命ぜられ、その日から**1年**を経過しない者

③ 国土交通大臣は、建築物調査員が次のいずれかに該当するときは、その建築物調査員資格者証の**返納**を命ずることができる。

（ア）この法律・これに基づく命令の規定に違反したとき

（イ）前記②（イ）（エ）のいずれかに該当するに至ったとき

（ウ）調査と点検に関して不誠実な行為をしたとき

（エ）偽りその他不正の手段により建築物調査員資格者証の交付を受けたとき

---

(2) 建築設備等検査員資格者証（12条の３、施行規則６条の５第２項）

① **建築設備等検査員資格者証の種類（施行規則６条の５第２項）**

（ア）建築設備検査員資格者証

（イ）防火設備検査員資格者証

（ウ）昇降機等検査員資格者証

② **国土交通大臣**は、次のいずれかに該当する者に対し、建築設備等検査員資格者証を交付する。

（ア）検査と点検に関する講習で建築設備等検査員資格者証の種類ごとに一定の課程を修了した者

（イ）（ア）の者と同等以上の専門的知識および能力を有すると国土交通大臣が認定した者

③ 前記(1)②～③の規定は、建築設備等検査員資格者証についても準用する。

4．定期調査・検査における点検項目・方法

　定期調査と定期検査における点検の項目・方法等は、次のように定められている（国土交通省告示282～285号）。

なかでも、**定期調査における点検の項目と方法**には、主に次のようなものがある。

調　査　項　目		調　査　方　法
擁壁	擁壁の劣化・損傷の状況	必要に応じて**双眼鏡等を使用**し、**目視により確認**する
	擁壁の水抜きパイプの維持保全の状況	必要に応じて**双眼鏡等を使用**し、**目視により確認**するとともに、手の届く範囲は必要に応じて鉄筋棒等を挿入し確認する
外装仕上げ材等	タイル、石貼り等（**乾式工法**によるものを**除く**）、モルタル等の劣化・損傷の状況	開口隅部、水平打継部、斜壁部等のうち**手の届く範囲をテストハンマーによる打診等により確認**し、その他の部分は必要に応じて**双眼鏡等を使用**し、**目視により確認**し、異常が認められた場合は、落下により歩行者等に危害を加えるおそれのある部分を全面的にテストハンマーによる打診等により確認する。ただし、竣工後、外壁改修後もしくは落下により歩行者等に危害を加えるおそれのある部分の全面的なテストハンマーによる打診等を実施した後10年を超え、かつ3年以内に落下により歩行者等に危害を加えるおそれのある部分の全面的なテストハンマーによる打診等を実施していない場合は、落下により歩行者等に危害を加えるおそれのある部分を全面的に**テストハンマーによる打診等により確認**する（**3年以内に外壁改修等**が行われることが確実である場合または別途歩行者等の安全を確保するための対策を講じている場合を**除く**）
	乾式工法によるタイル、石貼り等の劣化・損傷の状況	必要に応じて**双眼鏡等を使用**し、**目視により確認**する
窓サッシ等	サッシ等の劣化・損傷の状況	必要に応じて**双眼鏡等を使用**し、**目視により確認**または**開閉により確認**する
	はめ殺し窓のガラスの固定の状況	**触診により確認**する
防火設備（防火扉、防火シャッター等）	常閉防火設備の閉鎖・作動の状況	**各階の主要な常閉防火設備の閉鎖**または**作動を確認**する。ただし、**3年以内に実施した点検の記録**がある場合は、当該**記録により確認**することで足りる
照明器具等	照明器具等の落下防止対策の状況	必要に応じて**双眼鏡等を使用**し、**目視により確認**または**触診により確認**する

非常用エレベーター	非常用エレベーターの作動の状況	非常用エレベーターの作動を確認する。ただし、**3年以内**に実施した定期検査等の記録がある場合は、当該記録により確認することで足りる
非常用の照明装置	非常用の照明装置の設置の状況	**目視および設計図書等により確認**する
	非常用の照明装置の作動の状況	**各階の主要な非常用の照明装置の作動を確認**する。ただし、**3年以内**に実施した定期検査等の記録がある場合は、当該記録により確認することで足りる
免震構造建築物の免震層・免震装置	免震装置の劣化・損傷の状況（免震装置が可視状態にある場合に限る）	**目視により確認**するとともに、**3年以内**に実施した点検の記録がある場合は、当該記録により確認する
	上部構造の可動の状況	**目視により確認**する。ただし、**3年以内**に実施した点検の記録がある場合は、当該記録により確認することで足りる
避雷設備	避雷針、避雷導線等の劣化・損傷の状況	必要に応じて**双眼鏡等を使用**し、**目視により確認**する

整理　定期調査・検査等

	特定建築物等定期調査	建築設備定期検査	防火設備定期検査	昇降機等定期検査
定期報告（原則）	おおむね6ヵ月～3年間隔	おおむね6ヵ月～1年間隔		
一級・二級建築士	○			
建築物調査員	○		×	
建築設備検査員	×	○		×
防火設備検査員	×		○	×
昇降機等検査員		×		○

マンション関連の主な法令

❖ **Introduction** ❖

　ここでは、マンションに関わる主な各種法令を学習していく。特に、「建築物の耐震改修の促進に関する法律」「警備業法」「省エネ法」の出題頻度は高いので、しっかり押さえておこう。

❶ 建築物の耐震改修の促進に関する法律

１．法の目的

　平成7年1月に発生した阪神・淡路大震災の被害にかんがみ建築物の地震に対する安全性を確保するため、建築物の耐震改修（地震に対する安全性の向上を目的に、増築・改築・修繕・模様替等を行うこと）を促進することを目的に「建築物の耐震改修の促進に関する法律（以下「耐震改修法」という）」が制定された。

２．基本方針（4条）

　国土交通大臣は、建築物の耐震診断・耐震改修の促進を図るための基本的な方針を定めなければならない。そして、基本方針を定め、またはこれを変更したときは、遅滞なく、これを**公表**しなければならない。

↑Step Up 建築物の耐震診断および耐震改修の促進を図るための基本的な方針（国土交通省告示 529 号）

(1)「各階の構造耐震指標」（Is）が 0.6 以上、かつ、「各階の保有水平耐力に係る指標」（q）が 1.0 以上の場合は、**地震の震動・衝撃に対して倒壊・崩壊する危険性が低い**（建築物の耐震診断の指針別表第六（三））。

(2) 建築物の**耐震診断**は、構造耐力上主要な部分の配置、形状、寸法、接合の緊結の度、材料強度等に関する実地調査、敷地の状況に関する実地調査等の結果に基づき、構造等によって規定された**計算式により地震に対する安全性を評価**する。ただし、国土交通大臣がこの指針の一部または全部と同等以上の効力を有すると認める方法によって

耐震診断を行う場合、当該方法によることができる（指針第一）。

3．要安全確認計画記載建築物の所有者の耐震診断の義務（7条）

次の「要安全確認計画記載建築物」の所有者は、当該建築物について、耐震診断（地震に対する安全性を評価すること）を行い、その結果を、次の区分に応じ、それぞれに定める期限までに所管行政庁に**報告**しなければならない。

(1) **都道府県**耐震改修促進計画に記載された**建築物**

➤都道府県耐震改修促進計画に記載された期限

(2) その敷地が**都道府県耐震改修促進計画に記載された道路**に接する**通行障害既存耐震不適格建築物**（耐震不明建築物であるものに限る）

➤都道府県耐震改修促進計画に記載された期限

(3) その敷地が**市町村耐震改修促進計画に記載された道路**に接する**通行障害既存耐震不適格建築物**（耐震不明建築物であるものに限り、(2) の建築物であるものを除く）

➤**市町村**耐震改修促進計画に記載された期限

4．要安全確認計画記載建築物の所有者の耐震改修の努力義務（11条）

「要安全確認計画記載建築物」の**所有者**は、耐震診断の結果、地震に対する安全性の向上を図る必要がある場合、当該建築物について**耐震改修を行う**よう**努めなければならない**。

5．特定既存耐震不適格建築物所有者の努力義務（14条）

次の「**特定既存耐震不適格建築物**」（要安全確認計画記載建築物を除く）の**所有者**は、当該建築物について**耐震診断を行い**、その結果、地震に対する安全性の向上を図る必要がある場合、当該建築物について**耐震改修を行う**よう**努めなければならない**。

(1) 集会場その他多数の者が利用する建築物であり（14条1号）、階数3以上で、かつ、床面積合計1,000㎡以上の一定のもの（施行令6条2項3号）。賃貸住宅（共同住宅に限る）は含まれるが、**分譲マンションは含まれない**。

(2) その敷地が、**都道府県耐震改修促進計画に記載された道路**または**市町村耐震改修促進計画**※1に記載された道路に接する**通行障害建築物**※2・3

※1　市町村が、都道府県耐震改修促進計画に基づき、当該市町村の区域内の建築物の耐震診断および耐震改修の促進を図るために定めた計画をいう（6条1項）。

※2　地震によって倒壊した場合に、その敷地に接する道路の通行を妨げ、多数の者の円滑な避難を困難とするおそれがある一定の建築物をいう（5条3項2号）。

※3　そのいずれかの部分の高さが、当該部分から前面道路の境界線までの水平距離に、（ア）当該前面道路の幅員が**12m以下なら6m**、（イ）当該前面道路の幅員が**12m超なら前面道路の幅員の1/2に相当する距離**を、それぞれ加えたものを超える建築物

【例】当該道路（幅員12m）の境界線から水平距離が10mの地点で建築物の部分の高さが22mのものは該当する。

ア．12m以下の道路に面した建物の場合

高さが［6m＋建物から道路境界線までの長さ］を超える建物

イ．12mを超える道路に面した建物の場合

高さが［道路幅の1/2＋建物から道路境界線までの長さ］を超える建物

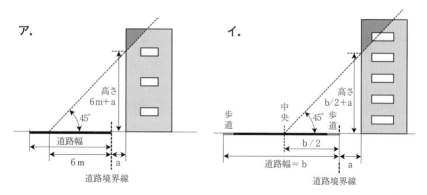

※　建物の規模・用途にかかわらず、上図に該当する建築物は特定建築物となる。
※　対象となる道路は、都道府県耐震改修促進計画において指定されたもの。
※　「道路境界線」とは、建物の敷地と道路の境界線のことで、道路幅には歩道の幅も含まれる。

6．区分所有建築物の耐震改修の必要性に係る認定（25条）

（1）耐震診断が行われた区分所有建築物（2以上の区分所有者が存する建築物をいう。以下同じ）の**管理者等**〔管理者（管理者がなければ集会において指定された区分所有者）または理事〕は、所管行政庁に対し、当該区分所有建築物について耐震改修を行う必要がある旨の**認定を申請**できる（1項）。

(2) 所管行政庁は、申請に係る区分所有建築物が地震に対する安全上耐震関係規定に準ずるものとして国土交通大臣が定める基準に適合していない場合、その旨の認定ができ（2項）、認定を受けた区分所有建築物を「**要耐震改修認定建築物**」という。

7．要耐震改修認定建築物の区分所有者の耐震改修の努力義務（26条）

「要耐震改修認定建築物」の区分所有者は、当該建築物について**耐震改修を行うよう努めなければならない**。

8．特定既存耐震不適格建築物に係る指導・助言（15条1項）

所管行政庁は、特定既存耐震不適格建築物の耐震診断および耐震改修の適確な実施を確保するため必要があると認められる場合、特定既存耐震不適格建築物の所有者に対し、技術指針事項を勘案して、**特定既存耐震不適格建築物の耐震診断・耐震改修について必要な指導・助言ができる**。

9．一定の既存耐震不適格建築物の所有者の努力等（16条）

(1) **要安全確認計画記載建築物**および**特定既存耐震不適格建築物以外の既存耐震不適格建築物の所有者**は、当該既存耐震不適格建築物について耐震診断を行い、必要に応じ、当該既存耐震不適格建築物について耐震改修を行うよう**努めなければならない**（1項）。

(2) 所管行政庁は、既存耐震不適格建築物の耐震診断および耐震改修の適確な実施を確保するため必要がある場合、当該既存耐震不適格建築物の所有者に対し、技術指針事項を勘案して、当該既存耐震不適格建築物の耐震診断および耐震改修について必要な指導および助言ができる（2項）。

10．耐震改修計画（17条）

特定既存耐震不適格建築物に限らず、耐震改修をしようとする者は、国土交通省令で定めるところにより、建築物の耐震改修の計画を作成し、所管行政庁（建築主事を置く市町村は当該市町村長、その他の市町村は知事）に認定を申請できる。

そして、**所管行政庁**は、当該計画が耐震関係規定やこれに準ずる基準に適合する等、

要件に該当する場合、**耐震改修計画**（建築設備も含まれる）**の認定**ができる（1項・3項）。

その際、耐震改修計画には、①建築物の位置、②階数、延べ面積、構造方法・用途、③耐震改修の事業の内容とその資金計画、④その他の事項を記載する必要がある（2項）。

11．耐震改修計画の認定に係る建築物の特例

耐震改修法に基づく建築物の耐震改修計画の認定を受けた場合、次の特例がある。

① 既存不適格建築物について、耐震改修計画の認定を受けて当該計画に基づき大規模な修繕等を行う場合、当該工事後になお**耐震関係規定以外の建築基準法等の規定に適合しない場合にも**、**引き続き既存不適格建築物と認められる**（17条6項、建築基準法3条2項・3項3号）。

② 次の建築基準法の規定は適用されない（耐震改修法17条7項）。

（ア）耐火建築物・準耐火建築物としなければならない特殊建築物（建築基準法27条1項）

（イ）防火地域内の建築物（61条）　（ウ）準防火地域内の建築物（62条1項）

③ 所管行政庁が計画の認定をした場合、その計画の認定に係る建築物が既存耐震不適格建築物で、当該建築物に増築することにより当該建築物が**容積率関係規定に適合しない**ときは、容積率関係規定は**適用しない**（耐震改修法17条8項）。

④ 所管行政庁が計画の認定をした場合、その計画の認定に係る建築物が既存耐震不適格建築物で、当該建築物に増築することにより当該建築物が**建ぺい率関係規定に適合しない**ときは、建ぺい率関係規定は**適用しない**（17条9項）。

⑤ 耐震改修計画の認定をもって、建築基準法の**確認済証の交付があったものとみなされる**（17条10項）。

12．基準適合認定建築物の認定表示

建築物の地震に対する安全性に係る**認定を受けた者**は、この認定を受けた**基準適合認定建築物**、その敷地又はその利用に関する広告等に、当該基準適合認定建築物が認定を受けている旨の**表示を付することができる**（22条3項）。そして、何人も、この規定による場合を除くほか、建築物、その敷地またはその利用に関する広告等に、この表示またはこれと紛らわしい表示を付してはならない（同4項）。

13．区分所有建築物の耐震改修の必要性に係る認定

　共用部分の重大変更に該当する場合、区分所有者および議決権の各4分の3以上の多数による集会の決議で決するが（区分所有法17条1項）、**所管行政庁から耐震改修の必要性に係る認定を受けた区分所有建物（要耐震改修認定建築物）**では、規約に別段の定めのない限り、区分所有者および議決権の**各過半数**による集会の決議を経て耐震改修を行うことができる（耐震改修法25条3項）。

❷　警備業法

1．目的（1条）

　警備業について必要な規制を定め、警備業務の実施の適正を図ることである。

2．定義（2条）

警 備 業 務	次のいずれかに該当する業務であって、他人の需要に応じて行うものをいう（1項）。 ①　事務所・住宅・興行場・駐車場・遊園地等（以下「警備業務対象施設」という）における盗難等の事故の発生を警戒・防止する業務（1号） ②　人・車両の雑踏する場所またはこれらの通行に危険のある場所における負傷等の事故の発生を警戒・防止する業務（2号） ③　運搬中の現金・貴金属・美術品等に係る盗難等の事故の発生を警戒・防止する業務（3号） ④　人の身体に対する危害の発生を、その身辺において警戒・防止する業務（4号）
警 備 業	警備業務を行う営業をいう（2項）。
警 備 業 者	**都道府県公安委員会**（以下「公安委員会」という）**の認定を受けて**警備業を営む者をいう（3項）。
警 備 員	警備業者の使用人その他の従業者で警備業務に従事する者をいう（4項）。
機械警備業務	警備業務用機械装置（警備業務対象施設に設置する機器により感知した盗難等の事故の発生に関する情報を当該**警備業務対象施設以外の**施設に設置する機器に送信・受信するための装置で内閣府令で定めるものをいう）を使用して行う上記①の警備業務をいう（5項、施行規則2条）。
機 械 警 備 業	機械警備業務を行う警備業をいう（6項）。

3．警備業の要件と認定

(1) 主に次のいずれかに該当する者は、警備業を営んではならない（3条）。

① 破産手続開始の決定を受けて復権を得ない者

② 禁錮以上の刑に処せられ、または警備業法の規定に違反して罰金の刑に処せられ、その執行を終わり、または執行を受けることがなくなった日から起算して5年を経過しない者

③ 暴力団員による不当な行為の防止等に関する法律の規定による一定の命令または指示を受けた者であって、当該命令または指示を受けた日から起算して3年を経過しないもの

④ 心身の障害により警備業務を適正に行うことができない者として国家公安委員会規則で定めるもの　等

(2) 警備業を営もうとする者は、上記(1)のいずれにも該当しないことについて、**公安委員会の認定**を受けなければならない（4条）。

(3) **手続（5条）**

① **書類の提出（1項）**

警備業の認定を受けようとする者は、その主たる営業所の所在地を管轄する公安委員会に、(ア)氏名・名称、住所および法人なら代表者の氏名、(イ)主たる営業所等の名称、所在地および当該営業所で取り扱う警備業務の区分、(ウ)営業所ごとおよび当該営業所で取り扱う警備業務の区分ごとに、選任する警備員指導教育責任者の氏名・住所、(エ)法人なら役員の氏名・住所を記載した認定申請書を提出しなければならない。

② **認定証の交付（2項）**

公安委員会は、認定申請書を提出した者が上記(1)のいずれにも該当しないと認定したときは、その者に対し、その旨を通知するとともに、速やかに認定証を交付する。

③ **認定証の有効期間（4項）**

有効期間は、認定日から5年とする。

4．営業所・廃止・変更の届出等（9条〜11条）

(1) 営業所の届出等（9条）

　警備業者は、その主たる営業所の所在する都道府県以外の都道府県の区域内に営業所を設け、または当該区域内で警備業務（内閣府令で定めるものを除く）を行おうとする場合、当該都道府県の区域を管轄する公安委員会に、一定事項を記載した届出書を提出しなければならない。

(2) 廃止の届出（10条）

① 廃止の届出（1項）

　警備業者は、**警備業を廃止**した場合、**公安委員会**に、廃止の年月日その他内閣府令で定める事項を記載した**届出書を提出**しなければならない。

② 認定の効力喪失（2項）

　廃止の届出があったときは、**認定は、その効力を失う。**

(3) 変更の届出（11条）

　警備業者は、**3．**(3) ① (ア)〜(エ)の事項に変更があったときは、**主たる営業所の所在地を管轄する公安委員会**に、変更に係る事項等を記載した届出書を提出しなければならない。

(4) 名義貸しの禁止（13条）

　警備業者は、自己の名義をもって、他人に警備業を営ませてはならない。この規定に**違反**して他人に警備業を営ませた者は、**100万円以下の罰金**に処せられる（57条3号）。

5．警備業務実施上の義務

(1) 警備員の制限（14条）

　18歳未満の者または前記**3．**(1)のいずれかに該当する者は、**警備員となってはならない**（1項）。警備業者は、これらの者を警備業務に**従事させてはならない**（2項）。

(2) 警備業務実施の基本原則（15条）

警備業者および警備員は、警備業務を行うにあたっては、警備業法により特別に権限を与えられているものでないことに留意するとともに、他人の権利・自由を侵害し、または個人・団体の正当な活動に干渉してはならない。

(3) 服装（16条）

警備業者および警備員は、警備業務を行うにあたっては、内閣府令で定める公務員の法令に基づいて定められた**制服**と、**色・型式・標章**により、**明確に識別**することができる服装を用いなければならず（1項）、警備業者は、警備業務を行おうとする都道府県の区域を管轄する公安委員会に、当該公安委員会の管轄区域内において警備業務を行うに当たって用いようとする**服装の色・型式**等**を記載した届出書を提出**しなければならない（2項）。

(4) 護身用具の届出

警備業者は、原則として、警備業務を行おうとする都道府県の区域を管轄する**公安委員会**に、当該公安委員会の管轄区域内において警備業務を行うに当たって**携帯しようとする護身用具**の種類・規格を記載した**届出書を提出**しなければならない（17条2項、16条2項）。したがって、仮に、警備業務の委託を受けた警備業者が、委託者から犯罪に対する警戒強化の強い要望があった場合でも、その警備業務に従事する警備員に公安委員会に届けていない護身用具を携帯させることはできない。

(5) 書面の交付（19条）

① 契約概要についての記載書面の交付（1項）

警備業者は、警備業務の依頼者と**警備業務を行う契約を締結**しようとする場合、当該契約をするまでに、当該契約の概要について記載した書面をその者に**交付**しなければならない。

② 契約内容を明らかにする書面の交付（2項）

警備業者は、**警備業務を行う契約を締結**した場合、**遅滞なく**、当該契約の内容を明らかにする書面を当該警備業務の依頼者に**交付**しなければならない。

(6) 苦情の解決（20条）

警備業者は、常に、その行う**警備業務**について、依頼者等からの苦情の適切な解決に努めなければならない。

6．教育等

(1) 教育等

① 警備業者等の責務（21条1項）

　警備業者および警備員は、警備業務を適正に行うようにするため、警備業務に関する知識・能力の向上に努めなければならない。

② 指導・監督（21条2項）

　警備業者は、その警備員に対し、警備業務を適正に実施させるため、内閣府令で定めるところにより教育を行うとともに、必要な指導・監督をしなければならない。

(2) 検定（23条）

　公安委員会は、警備業務の実施の適正を図るため、その種別に応じ、警備員または警備員になろうとする者について、その知識・能力に関する検定を行う。

(3) 警備員指導教育責任者の選任（22条1項）

　警備業者は、**営業所**（警備員の属しないものを除く）**ごと**および当該営業所において取り扱う警備業務の区分ごとに、警備員の指導・教育に関する計画を作成し、その計画に基づき警備員を指導・教育する業務で一定のものを行う**警備員指導教育責任者**を、警備員指導教育責任者資格者証の交付を受けている者のうちから、原則として**選任**しなければならない。

7．機械警備業

(1) 機械警備業務の届出（40条）

　機械警備業を営む警備業者（以下「機械警備業者」という）は、機械警備業務を行おうとするときは、当該機械警備業務に係る受信機器を設置する施設（以下「**基地局**」という）または送信機器を設置する警備業務対象施設の所在する都道府県の区域ごとに、当該区域を管轄する**公安委員会**に、次の事項を記載した**届出書を提出**しなければならない。

　この場合、当該届出書には、一定の書類を添付しなければならない。

① 　氏名・名称、住所および法人にあっては、その代表者の氏名（1号）

② 　当該機械警備業務に係る基地局の名称・所在地・後述 (2) により選任する機械警備業務管理者の氏名・住所（2号）

③　①②のほか、一定の事項（3号）

(2) 機械警備業務管理者の選任（42条1項）

機械警備業者は、**基地局ごとに、**警備業務用機械装置の運用を監督し、警備員に対する指令業務を統制し、その他機械警備業務を管理する業務で一定のものを行う**機械警備業務管理者**を、機械警備業務管理者資格者証の交付を受けている者のうちから、原則として**選任**しなければならない。

(3) 即応体制の警備（43条）

機械警備業者は、都道府県公安委員会規則で定める基準に従い、基地局で盗難等の事故の発生に関する情報を受信した場合、**速やかに、**現場における警備員による事実の確認等必要な措置が講じられるようにするため、必要な数の警備員・待機所（警備員の待機する施設をいう）・車両等の装備を**適正に配置**しておかなければならない。

❸　自動車の保管場所の確保等に関する法律

1．目的（1条）

自動車の保有者等に自動車の保管場所を確保し、道路を自動車の保管場所として使用しないよう義務づけるとともに、自動車の駐車に関する規制を強化することにより、道路使用の適正化、道路における危険の防止および道路交通の円滑化を図ることである。

2．保管場所の確保（3条、施行令1条1号）

自動車[※1]の保有者は、**道路上の場所以外の場所**において、当該自動車の保管場所（自動車の使用の本拠の位置との間の直線距離[※2]が2kmを超えないもの）を確保しなければならない。

※1　二輪の小型自動車・二輪の軽自動車・二輪の小型特殊自動車を除く。
※2　自動車の保管場所証明等事務取扱要領の制定について（第6条1）

3．保管場所の確保を証する書面の提出等（4条1項本文）

道路運送車両法4条の規定[※]による処分等を受けようとする者は、原則として、当該行政庁に対して、警察署長の交付する道路上の場所以外の場所に当該**自動車の保管場所を確保していることを証する書面を提出**しなければならない。

※　「**自動車**（軽自動車・小型特殊自動車・二輪の小型自動車を除く）は、自動車登録ファイルに**登録を受けたもの**でなければ、運行の用に供してはならない」という規定。

4．軽自動車の場合（5条）

軽自動車[1]である自動車を新規に運行の用に供しようとする場合、当該自動車の保有者は、当該自動車の保管場所の位置を管轄する警察署長に、当該自動車の使用の本拠の位置、保管場所の位置等一定の事項を**届け出**なければならない[2]。

※1　自動二輪車は含まれない。
※2　保管場所証明書交付申請不要。

5．保管場所としての道路の使用の禁止（11条）

① 何人も道路上の場所を自動車の保管場所として使用してはならない（1項）。

② 何人も、自動車が道路上の同一の場所に引き続き **12時間以上**駐車することとなるような行為（**夜間**においては**8時間以上**）は、してはならない（2項）。

③ 上記①②は、一定の特別用務を遂行するため必要がある場合等については、適用しない（3項）。

6．両罰規定（18条）

法人の代表者または法人・人の代理人、使用人その他の従業者がその法人・人の業務に関し、本法に定める違反行為をしたときは、行為者を罰するほか、その法人・人に対しても、罰金刑を科する。

❹ 長期優良住宅の普及の促進に関する法律

1．法の目的（1条）

現在・将来の国民の生活の基盤となる良質な住宅が建築され、および長期にわたり良好な状態で使用されることが住生活の向上・環境への負荷の低減を図る上で重要となっていることに鑑み、**長期にわたり良好な状態で使用するための措置がその構造・設備について講じられた優良な住宅の普及を促進**するため、国土交通大臣が策定する基本方針について定めるとともに、所管行政庁による長期優良住宅建築等計画の認定、当該認定を受けた長期優良住宅建築等計画に基づき建築・維持保全が行われている住宅について

の住宅性能評価に関する措置その他の措置を講じ、もって豊かな国民生活の実現と我が国の経済の持続的かつ健全な発展に寄与することである。

2．建築の定義（2条2項）

「建築」とは、住宅を新築・増築・改築することをいう。

3．共同住宅1戸の床面積の基準（6条1項、施行規則4条2号）

所管行政庁は、長期優良住宅建築等計画の**認定の申請**があった場合、当該申請に係る長期優良住宅建築等計画または長期優良住宅維持保全計画が所定の基準に適合すると認めるときは、その認定ができる（6条1項）。この場合の認定基準は、**共同住宅**では、原則として、**1戸の床面積の合計**（共用部分の床面積を除く）が**40 m²以上**とされている（同項2号、施行規則4条2号）。

4．記録の作成・保存

所管行政庁から長期優良住宅建築等計画または長期優良住宅維持保全計画の認定を受けた者（**認定計画実施者**）は、国土交通省令で定めるところにより、認定長期優良住宅の**建築・維持保全の状況に関する記録**を作成し、これを**保存**しなければならない（長期優良住宅の普及の促進に関する法律11条1項）。

❺ 郵便法

1．秘密の確保（8条）

郵便事業株式会社（以下「会社」という）の取扱中に係る信書の秘密は、これを侵してはならない（1項）。郵便の業務に従事する者は、在職中郵便物に関して知り得た他人の秘密を守らなければならない。その職を退いた後においても同様である（2項）。

2．高層建築物に係る郵便受箱の設置（43条）

階数が**3以上**であり、かつ、その全部または一部を住宅、事務所または事業所（以下「住宅等」という）の用に供する建築物で省令で定めるもの※には、その建築物の出入口またはその付近に郵便受箱を設置するものとする。
※　次の①②以外のものとする（施行規則10条）。

① 当該建築物の出入口またはその付近に当該建築物内の住宅等にあて、またはこれらを肩書した郵便物であって特殊取扱としないものを受取人に代わって受け取ることができる当該建築物の管理者の事務所または受付（当該事務所または受付のある階以外の階にある住宅等にあて、またはこれらを肩書した郵便物であって特殊取扱としないものの受取りを拒むものを除く）があるもの

② 住宅等の出入口の全部が、直接地上に通ずる出入口のある階およびその直上階またはその直下階のいずれか一方の階にのみあるもの

3. 罰 則

郵便物を開く等の場合（77条）
会社の取扱中に係る郵便物を正当の事由なく開き、き損し、隠匿し、放棄し、または受取人でない者に交付した者は、3年以下の懲役または50万円以下の罰金に処せられる。 ＊ 刑法に該当する場合でも、重い郵便法の刑罰で処分される。

信書の秘密を侵す場合（80条）
① 会社の取扱中に係る信書の秘密を侵した者は、1年以下の懲役または50万円以下の罰金に処せられる。 ② 郵便の業務に従事する者がこの行為をしたときは、2年以下の懲役または100万円以下の罰金に処せられる。

❻ 高齢者、障害者等の移動等の円滑化の促進に関する法律（バリアフリー法）

1. 目的（1条）

高齢者・障害者等の自立した日常生活や社会生活を確保することの重要性に鑑み、①公共交通機関の旅客施設・車両等、道路、路外駐車場、公園施設および建築物の構造・設備を改善するための措置、②一定の地区における旅客施設、建築物等・これらの間の経路を構成する道路、駅前広場、通路等の一体的な整備を推進するための措置、③移動等円滑化に関する国民の理解の増進および協力の確保を図るための措置等を講ずることにより、高齢者・障害者等の移動上・施設の利用上の利便性や安全性の向上の促進を図り、もって公共の福祉の増進に資することである。

2. 基本理念（1条の2）

この法に基づく措置は、高齢者・障害者等にとって日常生活や社会生活を営む上で障壁となるような社会における事物・制度・慣行・観念その他一切のものの除去に資する

ことおよび全ての国民が年齢・障害の有無その他の事情によって分け隔てられることなく共生する社会の実現に資することを旨として、行われなければならない。

3．主な定義（2条）

高齢者・障害者等 （1号）	高齢者・障害者等で日常生活・社会生活に身体の機能上の制限を受ける者をいう。
施設設置管理者 （3号）	公共交通事業者等・道路管理者・路外駐車場管理者等・公園管理者等・建築主等をいう。
高齢者障害者等用施設（4号）	**高齢者障害者等用施設等**とは、高齢者・障害者等が円滑に利用することができる**施設**や**設備**であって、主としてこれらの者の利用のために設けられたものであること等の理由により、これらの者の円滑な利用が確保されるために**適正な配慮**が必要となる一定のものをいう。
特定建築物（18号）	**共同住宅**・学校・病院・劇場・観覧場・**集会場**・展示場・百貨店・ホテル・事務所・老人ホーム等の多数の者が利用する一定の建築物やその部分をいい、これらに附属する**建築物特定施設を含む**。
特別特定建築物 （19号）	不特定かつ多数の者が利用し、または主として高齢者・障害者等が利用する特定建築物であって、移動等円滑化が特に必要な一定のものをいう。
建築物特定施設 （20号）	出入口・廊下・階段・エレベーター・便所・敷地内の通路・駐車場その他の建築物やその敷地に設けられる施設で一定のものをいう。
所管行政庁（22号）	原則として、建築主事を置く市町村・特別区の区域については当該これらの長をいい、その他の市町村・特別区の区域については知事をいう。
移動等円滑化促進地区（23号）	次の**要件**に該当する地区をいう。 ①　生活関連施設（高齢者・障害者等が日常生活・社会生活において利用する旅客施設・官公庁施設・福祉施設等）の所在地を含み、かつ、生活関連施設相互間の移動が通常徒歩で行われる地区であること。 ②　生活関連施設および生活関連経路（生活関連施設相互間の経路）を構成する一般交通用施設（道路・駅前広場・通路等の一般交通の用に供する施設）について移動等円滑化を促進することが特に必要であると認められる地区であること。 ③　当該地区において移動等円滑化を促進することが、総合的な都市機能の増進を図る上で有効かつ適切であると認められる地区であること。

4．関係者の責務（4条〜7条）

(1) 国の責務（4条）

① 国は、高齢者・障害者等、地方公共団体、施設設置管理者等の関係者と協力して、基本方針およびこれに基づく施設設置管理者の講ずべき措置の内容等の移動等円滑化の促進のための施策の内容について、適時適切な方法により検討を加え、その結果に基づいて必要な措置を講ずるよう努めなければならない（1項）。

② 国は、移動等円滑化の促進に関する国民の理解を深めるとともに、高齢者・障害者等が公共交通機関を利用して移動するために必要となる支援、これらの者の高齢者障害者等用施設等の円滑な利用を確保する上で必要となる適正な配慮その他の移動等円滑化の実施に関する国民の協力を求めるよう努めなければならない（2項）。

(2) 地方公共団体の責務（5条）

地方公共団体は、移動等円滑化を促進するために必要な措置を講ずるよう努めなければならない。

(3) 施設設置管理者等の責務（6条）

施設設置管理者等は、移動等円滑化のために必要な措置を講ずるよう努めなければならない。

(4) 国民の責務（7条）

国民は、高齢者・障害者等の自立した日常生活・社会生活を確保することの重要性について理解を深めるとともに、これらの者が公共交通機関を利用して移動するために必要となる支援、これらの者の高齢者障害者等用施設等の円滑な利用を確保する上で必要となる適正な配慮その他のこれらの者の**円滑な移動・施設の利用を確保するために必要な協力**をするよう努めなければならない。

5．特別特定建築物の建築主等の基準適合義務等（14条）

(1) **建築主等**は、特別特定建築物の一定規模（2,000㎡）以上の建築（用途の変更をして特別特定建築物にすることを含む）をしようとする場合、当該特別特定建築物を、移動等円滑化のために必要な建築物特定施設の構造・配置に関する**建築物移動等円滑化基準**に適合させなければならない（1項）。

(2) **建築主等**は、その所有・管理・占有する新築特別特定建築物を**建築物移動等円滑化基準に適合**するように維持しなければならない（2項）。

(3) 地方公共団体は、その地方の自然的社会的条件の特殊性により、高齢者・障害者等が特定建築物を円滑に利用できるようにする目的を十分に達成できない場合は、特別特定建築物に条例で定める特定建築物を追加し、上記(1)の建築の規模を条例により一定規模未満で別に定め、または建築物移動等円滑化基準に条例で必要な事項を付加できる（3項）。

6．特別特定建築物に係る基準適合命令等（15条）

(1) 所管行政庁は、上記**5.**(1)〜(3)に違反している場合、建築主等に対し、当該違反を是正するために必要な措置をとるよう命令できる（1項）。

(2) 国・都道府県・建築主事を置く市町村の特別特定建築物については、上記(1)の命令はできない。この場合、所管行政庁は、国・都道府県・建築主事を置く市町村の特別特定建築物が上記**5.**(1)〜(3)に違反している場合、直ちに、その旨を当該特別特定建築物を管理する機関の長に通知し、是正措置をとるよう要請しなければならない（2項）。

7．特定建築物の建築主等の努力義務等（16条）

(1) **建築主等**は、特定建築物（特別特定建築物を除く）の建築（用途の変更をして特定建築物にすることを含む）をしようとする場合、当該特定建築物を**建築物移動等円滑化基準**①〜④に**適合**させるために必要な措置を講ずるよう**努めなければならない**（1項）。

先生からのコメント

①特定かつ多数の者が利用し、または主として高齢者、障害者等が利用する**廊下等**について、その表面は、粗面とし、または滑りにくい材料で仕上げなければならない（施行令11条1号）。また、**共用廊下の床は、段差のない構造**としなければならない（国土交通省告示1108号）。

②不特定かつ多数の者が利用し、または主として高齢者、障害者等が利用する**階段**は、次のものでなければならない（12条）。

① **踊場を除き、手すりを設ける**こと。

② 表面は、粗面とし、または滑りにくい材料で仕上げること。

③ 踏面の端部とその周囲の部分との色の明度、色相または彩度の差が大きいことにより段を容易に識別できるものとすること。

④ 段鼻の突き出しその他のつまずきの原因となるものを設けない構造とすること。

⑤ 段がある部分の上端に近接する踊場の部分（不特定かつ多数の者が利用し、または主として視覚障害者が利用するものに限る）には、視覚障害者に対し警告を行うために、点状ブロック等を敷設すること。ただし、視覚障害者の利用上支障がないものとして国土交通大臣が定める場合は、この必要はない。

⑥ **主たる階段**は、**回り階段でない**こと。ただし、**回り階段以外の階段を設ける空間を確保することが困難**であるときは、この必要はない。

③不特定かつ多数の者が利用し、または主として高齢者、障害者等が利用する**傾斜路**（階段に代わり、またはこれに併設するものに限る）は、**勾配が 1/12 を超え**、または**高さが 16 cm を超える**傾斜がある部分には、**手すりを設ける**必要がある（13条1号）。そして、手すりを設ける場合は、手すりが1本の場合は 75 ～ 85 cm 程度の高さとし、2本の場合は、60 ～ 65 cm 程度の高さの手すりを加えるとされている（高齢者、障害者等の円滑な移動等に配慮した建築設計標準 2.14 A. 手すり）。

④不特定かつ多数の者が利用し、または主として高齢者、障害者等が利用する**駐車場**を設ける場合、そのうち1以上に、車いす使用者が円滑に利用することができる駐車施設を**1以上設けなければならない**（17条1項）。

(2) **建築主等は、特定建築物の建築物特定施設の修繕・模様替え**をしようとする場合、当該建築物特定施設を**建築物移動等円滑化基準に適合**させるために必要な措置を講ずるよう努めなければならない（2項）。

8．特定建築物の建築等および維持保全の計画の認定（17条）

(1) **建築主等**は、**特定建築物の建築、修繕・模様替え**（修繕・模様替えは、建築物特定施設に係るものに限る。以下「建築等」という）をしようとする場合、特定建築物の建築等および維持保全の計画を作成し、所管行政庁の認定を申請できる（1項）。

(2) 上記(1)の計画には、次の事項を記載しなければならない（2項）。

> ① 特定建築物の位置
> ② 特定建築物の延べ面積、構造方法・用途・敷地面積
> ③ 計画に係る建築物特定施設の構造・配置・維持保全に関する事項
> ④ 特定建築物の建築等の事業に関する資金計画
> ⑤ その他の事項

　なお、所管行政庁は、認定の申請を受けた場合、当該申請に係る特定建築物の建築等および維持保全の計画が次の基準に適合するときは、認定ができる（3項）。

（ア）③の事項が、建築物移動等円滑化基準を超え、かつ、高齢者・障害者等が円滑に利用できるようにするために誘導すべき一定の建築物特定施設の構造・配置に関する基準に適合すること。

（イ）④の資金計画が、特定建築物の建築等の事業を確実に遂行するため適切なものであること。

9．特定建築物の建築等および維持保全の計画の変更（18条）

　計画の認定を受けた者（以下「認定建築主等」という）は、当該認定を受けた計画の変更（一定の軽微な変更を除く）をしようとする場合にも、所管行政庁の認定を受けなければならない（1項）。

10．認定特定建築物の容積率の特例（19条）

> 　容積率の算定の基礎となる延べ面積には、原則として、認定を受けた計画（変更の認定があったときは、その変更後のもの）に係る認定特定建築物の建築物特定施設の床面積のうち、移動等円滑化の措置をとることにより通常の建築物の建築物特定施設の床面積を超えることとなる場合の一定の床面積は、算入されない。

11．認定特定建築物の表示等（20条）

(1) 認定建築主等は、認定特定建築物の建築等をした場合、当該認定特定建築物、その敷地またはその利用に関する広告等に、当該認定特定建築物が計画の認定を受けている旨の表示を付することができる（1項）。

(2) 何人も、上記(1)の場合を除くほか、建築物・その敷地・その利用に関する広告等に、この表示またはこれと紛らわしい表示を付してはならない（2項）。

12．認定建築主等に対する改善命令（21条）

所管行政庁は、認定建築主等が計画の認定を受けた計画に従って認定特定建築物の建築等または維持保全を行っていないと認める場合、当該認定建築主等に対し、その改善に必要な措置をとるよう命ずることができる。

13．既存の特定建築物に設けるエレベーターについての建築基準法の特例（23条）

バリアフリー法の施行の際、現に存する特定建築物に**専ら車椅子を使用している者の利用に供するエレベーター⑤**を設置する場合、当該エレベーターが次の基準に適合し、所管行政庁が防火上・避難上支障がないと認めたときは、当該特定建築物に対する耐火建築物等としなければならない特殊建築物（建築基準法27条2項）の規定の適用については、当該**エレベーターの構造は耐火構造**とみなされる（1項）。

①　エレベーターおよび当該エレベーターの設置に係る特定建築物の主要構造部の部分の構造が一定の安全上・防火上の基準に適合していること。

②　エレベーターの制御方法およびその作動状態の監視方法が一定の安全上の基準に適合していること。

先生からのコメント

⑤バリアフリー法による移動等円滑化経路を構成するエレベーターおよびその乗降ロビーは、原則として次のとおり。

かごおよび昇降路の出入口の幅は 80 cm以上、かごの奥行きは 135 cm以上、乗降ロビーの幅および奥行は 150 cm以上としなければならない。

14．高齢者・障害者等が円滑に利用できる建築物の容積率の特例（24条）

建築物特定施設（建築基準法52条6項に規定する昇降機ならびに共同住宅および老人ホーム等の共用の廊下および階段を除く）の床面積が、高齢者、障害者等の円滑な利用を確保するため**通常の床面積よりも著しく大きい建築物**で、主務大臣が高齢者・障害

者等の円滑な利用を確保するうえで有効と認めて定める**基準に適合**するものは、**容積率の特例**が認められている。

❼　住生活基本法

１．法の目的（１条）

　住生活の安定の確保および向上の促進に関する施策について、基本理念を定め、ならびに国および地方公共団体ならびに住宅関連事業者の責務を明らかにするとともに、基本理念の実現を図るための基本的施策、住生活基本計画その他の基本となる事項を定めることにより、住生活の安定の確保および向上の促進に関する施策を総合的かつ計画的に推進し、もって国民生活の安定向上と社会福祉の増進を図るとともに、国民経済の健全な発展に寄与することである。

２．定義（２条１項）

　「**住生活基本計画**」とは、全国計画および都道府県計画をいう。

（1）全国計画（15条1項）⑥

　　政府は、基本理念にのっとり、基本的施策その他の住生活の安定の確保および向上の促進に関する施策の総合的かつ計画的な推進を図るため、国民の住生活の安定の確保および向上の促進に関する基本的な計画（全国計画）を定めなければならない。

先生からのコメント

⑥住生活基本計画では、**住宅内テレワークスペース**、**地域内のコワーキングスペース**、**サテライトオフィス**等を確保し、**職住一体・近接**、在宅学習の環境整備を推進するとともに、**宅配ボックス**や**自動水栓の設置**等を進め、**非接触型の環境整備**を推進することを基本的な施策としている（「住生活基本計画」第2の1.目標1（1））。

（2）都道府県計画（17条1項）

　　都道府県は、全国計画に即して、当該都道府県の区域内における住民の住生活の安定の確保および向上の促進に関する基本的な計画（都道府県計画）を定めるものとする。

⑧　動物の愛護および管理に関する法律

1．動物の所有者・占有者の努力義務

(1) **動物の所有者・占有者**は、その所有し、または占有する**動物の逸走を防止する**ために必要な措置を講ずるよう努めなければならない（7条3項）。

(2) **動物の所有者**は、その**所有する動物が自己の所有に係るものであることを明らか**にするための措置として環境大臣が定めるものを講ずるように努めなければならない（7条6項）。

※　これらの規定は努力義務であり、違反しても罰則は課せられない（44～50条参照）。

2．都道府県等の引取義務

都道府県等〔都道府県および指定都市、中核市その他政令で定める市（特別区を含む）をいう〕は、**犬・猫の引取り**をその所有者から求められた場合、原則としてこれを**引き取らなければならない**（35条1項）。

⑨　身体障害者補助犬法

(1) **住宅における身体障害者補助犬の使用**（11条）

住宅を管理する者（国等を除く）は、その管理する住宅に居住する身体障害者が当該住宅において身体障害者補助犬を使用することを拒まないよう、努めなければならない。

(2) **国等が管理する施設における身体障害者補助犬の同伴等**（7条1項）

国等は、その管理する施設を身体障害者が利用する場合、原則として、身体障害者補助犬を同伴することを拒んではならない。

⑩　エネルギーの使用の合理化等に関する法律（省エネ法）

石油などの燃料資源の有効な利用の確保を第一義的な目標とし、エネルギーの消費面において大きな比重を占める工場・建築物・機械器具について、エネルギー使用の合理化等を総合的に進めるための必要な措置を定めたものである。

1．法の目的（1条）

内外におけるエネルギーをめぐる経済的社会的環境に応じた燃料資源の有効な利用の確保に資するため、工場等・輸送・建築物・機械器具等についてのエネルギー使用の合理化等に関する所要の措置、電気の需要の平準化に関する所要の措置その他エネルギー使用の合理化等を総合的に進めるために必要な措置等を講ずることとし、もって国民経済の健全な発展に寄与することである。

2．用語の定義（2条）

（1）エネルギー

　①燃料、②燃料を熱源とする熱、③電気をいう。

（2）燃　料

　①原油・揮発油、②重油、③その他通商産業省令で定める石油・石炭製品等であって、燃焼の用に供するものをいう。

（3）電気の需要の平準化

　電気の需要量の季節または時間帯による変動を縮小させることをいう。

3．建築物に係る措置（72条）

次の者は、基本方針の定めるところに留意して、建築物の外壁・窓等を通しての熱の損失の防止および空気調和設備等に係るエネルギーの効率的利用のための措置を適確に実施することにより、エネルギー使用の合理化に資するよう**努める**とともに、電気を消費する機械器具に係る電気の需要の平準化に資する電気の利用のための措置を適確に実施することにより、電気の需要の平準化に資するよう**努めなければならない**。

① **建築物の建築をしようとする者**

② 建築物の**所有者**（所有者と管理者が異なる場合は、**管理者**）

③ 建築物の直接外気に接する**屋根・壁・床**（これらに設ける窓その他の開口部を含む）の**修繕**または**模様替**をしようとする者

④ 建築物への**空気調和設備等の設置**または建築物に設けた**空気調和設備等の改修**をしようとする者

⓫　建築物のエネルギー消費性能の向上等に関する法律（建築物省エネ法）

1．法の目的（1条）

　社会経済情勢の変化に伴い建築物におけるエネルギーの消費量が著しく増加していることに鑑み、建築物のエネルギー消費性能の向上および建築物への再生可能エネルギー利用設備の設置の促進（以下「建築物のエネルギー消費性能の向上等」という）に関する基本的な方針の策定について定めるとともに、①一定規模以上の建築物の建築物エネルギー消費性能基準（省エネ基準）[7][8]への適合性を確保するための措置、②建築物エネルギー消費性能向上計画の認定その他の措置を講ずることにより、省エネ法と相まって、建築物のエネルギー消費性能の向上等を図り、もって国民経済の健全な発展と国民生活の安定向上に寄与することである。

> **先生からのコメント**
>
> [7] **住宅の省エネ性能の評価**には、「住宅の窓や外壁等の**外皮性能を評価する基準**」と「冷暖房・換気・給湯・照明等の設備機器等の**一次エネルギー消費量**を評価する基準」の2つを用いる（建築物エネルギー消費性能基準等を定める省令1条2号イ・ロ）。
>
> [8] **住宅に適用される基準**には、「**建築物エネルギー消費性能基準**」「**住宅事業建築主基準**」「**誘導基準**」の3つがある。

2．建築主等の努力（6条）

（1）建築主（一定の規定が適用される者を除く）は、その建築（**新築・増築・改築**）をしようとする建築物について、建築物エネルギー消費**性能基準に適合させるために必要な措置を講ずるよう努めなければならない**（1項）。

（2）①建築主は、その修繕等（**修繕・模様替、建築物への空気調和設備等の設置**または建築物に設けた**空気調和設備等の改修**）をしようとする建築物について、②建築物の**所有者・管理者・占有者**は、その所有し、管理し、または占有する建築物について、エネルギー消費**性能の向上を図るよう努めなければならない**（2項）。

3．特定建築物の建築主の基準適合義務（11条、施行令4条）

(1) **建築主**は、次の「**特定建築行為**」をする場合は、当該特定建築物（居住のために継続的に使用する室等の一定の住宅部分「**以外**」の「**非住宅部分**」に限る）を**省エネ基準に適合**させなければならない（11条1項）。

　① 　大規模な**特定建築物**の**新築・増改築**の床面積（内部に間仕切壁または戸を有しない階またはその一部であって、その床面積に対する常時外気に開放された開口部の面積の合計の割合が20分の1以上であるものの床面積を除く）の合計が**2,000㎡以上であること**

　② 　**特定建築物**の**非住宅部分**の**増改築**に係る部分の床面積の合計が**300㎡以上であること**

　③ 　**特定建築物**「**以外**」の建築物の**非住宅部分**の**増築**に係る部分の床面積の合計が**300㎡以上であること**

(2) 上記(1)は、建築基準法6条1項に規定する**建築基準関係規定とみなされる**ので、建築基準法の建築確認および完了検査の対象となり、基準に適合しなければ、建築の着工や建物の使用はできない（2項）。

4．建築物エネルギー消費性能適合性判定（12条）

(1) **建築主**は、「**特定建築行為**」をする場合は、その工事の着手前に、建築物エネルギー消費性能確保計画（特定建築行為に係る特定建築物のエネルギー消費性能の確保のための構造・設備に関する計画をいう）を提出して所管行政庁の**建築物エネルギー消費性能適合性判定**※を受けなければならない（1項）。

　※　建築物エネルギー消費性能確保計画（「**非住宅部分**」に限る）について、省エネ基準に適合するかどうかの判定のこと。

(2) ①**建築主事**は、建築基準法6条1項の規定による確認の申請書を受理した場合、②**指定確認検査機関**については、同6条の2第1項の規定による確認の申請を受けた場合、建築物の計画が「**特定建築行為**」に係るものであるときは、**建築主**から**適合判定通知書またはその写しの提出**を受けた場合に限り、**建築確認ができる**（8項）。

5．建築物の建築に関する届出等（19条1項）

　建築主は、次の行為をする場合、その工事着手日の21日前までに、当該行為に係る建築物のエネルギー消費性能の確保のための構造・設備に関する計画を所管行政庁に**届け出る必要がある**。その**変更**(軽微な変更を除く)をするときも、**届け出る必要がある**（1項）。

①　**新築**に係る**特定建築物「以外」**の建築物の床面積の合計が300㎡以上であること（1号、施行令8条1項）

②　**増改築**に係る部分の床面積の合計が300㎡以上であること（「特定建築行為」を除く）（2号、施行令8条2項）

【建築物省エネ法　特定建築物】

規　模　＼　種　類	非住宅部分	住宅部分
大規模建築物（床面積が2,000㎡以上）	適合義務	届出義務
中規模建築物（床面積が300㎡以上2,000㎡未満）		
小規模建築物（床面積が300㎡未満）	説明義務	

⑫ 景観法

1．目的（1条）

　我が国の都市、農山漁村等における良好な景観の形成を促進するため、景観計画の策定その他の施策を総合的に講ずることにより、美しく風格のある国土の形成、潤いのある豊かな生活環境の創造および個性的で活力ある地域社会の実現を図り、もって国民生活の向上並びに国民経済および地域社会の健全な発展に寄与することである。

2．行為等の届出（16条1項1号）

　景観計画区域内において、建築物の新築、増築、改築もしくは移転、外観を変更することとなる修繕もしくは模様替または色彩の変更等をしようとする者は、あらかじめ、行為の種類、場所、設計または施行方法、着手予定日その他一定の事項を**景観行政団体の長に届け出**なければならない。

エレベーター設備

重要度 マ **B** 主 **B**

❖ **Introduction** ❖

　ここでは、「エレベーターの分類」「保守契約の種類」「定期検査および報告」を確実に押さえておこう。

❶ エレベーターの分類

1．用途による主な分類

(1) **乗用エレベーター**：人の輸送を目的にした最も一般的なエレベーター。機械室レスタイプ（ロープ式）等もある。

(2) **中低層共同住宅用乗用エレベーター**：中低層共同住宅用で、毎日をサポートするエレベーター。高齢化社会をみすえたワイドな設計で、車いすもスムーズに利用できる。

(3) **人荷共用エレベーター**：人と荷物の運搬を目的としたエレベーター。非常用エレベーターとして兼用している場合もある。

(4) **非常用エレベーター**：火災時に、消防隊が消火作業・救出作業に使用するエレベーター。高さ31m超の建築物に設置が義務づけられている。

2．駆動方式による分類

①ロープ式	ワイヤーロープとつな車との摩擦力でかごと重りをつるべ式にしてロープで駆動する方式。エレベーターとしては一般的である。**機械室を最上階に設置することが多いが、機械室を設けないタイプ**（高速運転には不向き）もある。
②リニアモーター式	一般に、モーターを昇降路内の重り側に配置しているので、機械室は不要。消費電力の低減はしにくい。
③油圧式	機械室に設置してある油圧パワーユニットと昇降路に設置する油圧ジャッキを油圧配管で連結し、油圧パワーユニットで油を油圧ジャッキに注入、抽出することで油圧ジャッキに連結しているかごを昇降させる方式。昇降行程が20m程度までで、エレベーターとしては例外的なものである。

【ロープ式エレベーター（基本タイプ）】

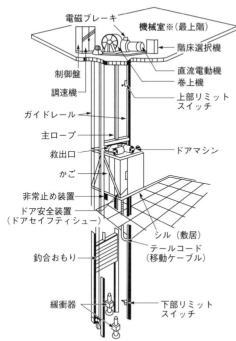

電磁ブレーキ
機械室※（最上階）
階床選択機
制御盤
直流電動機
調速機
巻上機
上部リミット
スイッチ
ガイドレール
主ロープ
ドアマシン
救出口
かご
非常止め装置
ドア安全装置
（ドアセイフティシュー）
シル（敷居）
テールコード
（移動ケーブル）
釣合おもり
緩衝器
下部リミット
スイッチ

※　機械室なしのタイプもある。

【油圧式エレベーター（直接式)】

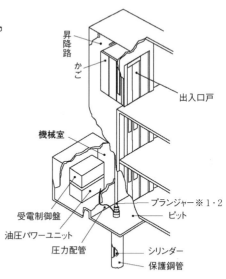

昇降路
かご
機械室
出入口戸
プランジャー※1・2
受電制御盤
ピット
油圧パワーユニット
圧力配管
シリンダー
保護鋼管

※1　直接式：プランジャー（上下する部分）
にエレベーターのかごを直結したもの。
※2　間接式：プランジャーの動きをロープや
鎖を介して間接的にエレベーターのかごに
伝えるもの。

3．マシンルームレス型エレベーター

　最近の新築マンションでは、塔屋機械室に収納されていた電動機や巻上機、制御盤をエレベーターシャフト（昇降路）内等に設置し、機械室を必要としない**マシンルームレス型エレベーターが主流**となっている。

❷　エレベーター設備の維持管理

1．維持管理

（1）点検・整備等

　エレベーター機能を発揮させるためには、十分な点検・整備を行い、利用者に正しい使用方法を理解してもらう必要がある。また、故障を未然に防止するためには、予防保全が必要である。

(2) **保守契約の種類**

エレベーターは、メーカーによって使用部品が異なるので、その保守点検については、メーカー、系列のサービス会社または専門のメンテナンス会社と「保守契約」を結び、これを行わせる必要がある。保守会社は、各部位の点検を、日本産業規格（ＪＩＳ）の昇降機の検査標準に基づいて行うことになる。

① **ＦＭ（フルメンテナンス）契約**

（ア）少額の消耗品、経年劣化した電気、機械部品の取替えや修理

（イ）点検・調整・修理・部品取替え等の整備

（ウ）ＰＯＧ契約（後述②参照）と比べて**割高**

（エ）月々一定の保守料金には**高額な部品の取替え等も含まれている**ので、ＰＯＧ契約と比べて、突然の高額の出費は要しない。

（オ）所有者側の不注意等による損傷や故障の修理、かご室パネル・天井・扉・床パネル・各階出入口・三方枠・敷居等の意匠部品の塗装・メッキ直し・修理・取替え・清掃・巻上機・電動機等その他機器の一式取替えに係る費用は契約外であり[①]、有償となる。

・・
①フルメンテナンス契約では、部品のみの取替えが契約内容となる。
・・

② **ＰＯＧ（パーツ・オイル・グリース）契約**

（ア）少額の消耗品の交換等管理仕様範囲内のものや潤滑油の補給等は含まれるが、**高額の部品は含まれない**。

（イ）ＦＭ契約と比べて**割安**となるが、高額部品の取替え等については別途予算措置を講じておかなければならない。

【フルメンテナンス契約とＰＯＧ契約の相違点[②]】

契約・点検項目	ＦＭ契約	ＰＯＧ契約
点 検・調 整・給 油	行う	行う
消 耗 品 交 換		
部 品 交 換		行わない
本 体 交 換	行わない	

❸　非常用の昇降機（建築基準法34条2項）

高さが**31mを超える建築物**には、原則として、非常用の昇降機を設置しなければ
ならない。

1．非常用エレベーターの設置を要しない建築物（34条、施行令129条の13の2）

次のいずれかに該当する建築物には、これを**設置しなくてもよい**。

(1) 高さ31m超の部分を**階段室、昇降機**その他の建築設備の機械室、装飾塔、物
見塔、屋窓その他これらに類する用途に供する建築物

(2) 高さ31m超の部分の各階の床面積の合計が500㎡以下の建築物

(3) 高さ31m超の部分の階数が4以下の主要構造部を耐火構造とした建築物で、
当該部分が床面積の合計100㎡以内ごとに耐火構造の床・壁または特定防火設備
で一定のもので区画されているもの　等

2．非常用エレベーターの設置・構造（施行令129条の13の3）

(1) 非常用エレベーターの数

高さ31m超の**部分**の床面積に応じて、次の表に定める数以上とし、2以上の非常
用エレベーターを設置する場合には、避難上・消火上有効な間隔を保って配置しなけ
ればならない。

高さ31m超の部分の床面積が 最大の階の床面積	非常用エレベーターの数
①1,500㎡以下の場合	1
②1,500㎡を超える場合	3,000㎡以内を増すごとに上記①の数に1を加えた数

(2) **乗降ロビー**

主に、次に定める構造としなければならない。

① **各階**（避難階等を除く）において**屋内と連絡**すること

② 予備電源を有する照明設備を設けること

③ 床面積は、**非常用エレベーター 1 基**について 10 ㎡以上とすること

(3) **非常用エレベーターの昇降路**

非常用エレベーター 2 基以内ごとに、乗降ロビーに通じる出入口および機械室に通じる鋼索（ワイヤーロープ）、電線その他のものの周囲を除き、耐火構造の床・壁で囲まなければならない。

(4) **避難階における歩行距離**

非常用エレベーターの昇降路の出入口から屋外への一定の出口のひとつに至る**歩行距離**は、**30 m 以下**としなければならない。

➡ 第 3 章「第 9 節　その他の設備等」❹参照

(5) **非常用エレベーターの装置**

① **かごを呼び戻す装置**を設け、かつ、当該**装置の作動**は、避難階またはその直上階・直下階の乗降ロビーおよび中央管理室において行うことができるものとしなければならない。

② 非常用エレベーターには、**予備電源を設けなければならない。**

(6) **非常用エレベーターのかごの定格速度**

定格速度は、**毎分 60 m 以上**としなければならない。

3．かごの積載荷重（施行令 129 条の 5）

(1) エレベーターの**実況に応じて**定めなければならない。ただし、かごの種類に応じて、次に定める数値を下回ってはならない。かごの積載荷重（単位：ニュートン、1 kgf ＝ 9.8 N）の最小値は、単位床面積当たりでは、床面積が小さいものほど小さくしなければならない。

かごの種類		積載荷重（単位N）
乗用エレベーター（人荷共用エレベーターを含み、寝台用エレベーターを除く）のかご	床面積が1.5㎡以下	床面積が1㎡につき3,600として計算した数値
	床面積が1.5㎡を超え3㎡以下のもの	床面積の1.5㎡を超える面積に対して1㎡につき4,900として計算した数値に5,400を加えた数値
	床面積が3㎡を超えるもの	床面積の3㎡を超える面積に対して1㎡につき5,900として計算した数値に13,000を加えた数値
乗用エレベーター以外のエレベーターのかご		床面積1㎡につき2,500（自動車運搬用エレベーターにあっては、1,500）として計算した数値

(2) **特殊エレベーターのかごの積載荷重（国土交通省告示1274号）**

　昇降行程（最上階乗場と最下階乗場の床面垂直距離のこと）が20m以下で、かつ、かごの床面積が1.3㎡以下の共同住宅のエレベーターの積載荷重は、**床面積1㎡につき2,500として計算した数値**で、かつ、**1,300以上の数値**となる。

4．かごの構造（施行令129条の6）

主に、次に定める構造としなければならない。

(1) 構造上軽微な部分を除き、**難燃材料で造り**、または**覆う**こと。ただし、地階または3階以上の階に居室を有さない建築物に設けるエレベーターのかご、その他防火上支障のないものとして国土交通大臣が定めるエレベーターのかごにあっては、この必要はない。

(2) **乗用エレベーターの最大定員の算定**

　重力加速度を$9.8\,\text{m/s}^2$（毎秒毎秒）として、**1人当たりの荷重を65kg**として計算した最大定員を明示した標識をかご内の見やすい場所に掲示すること

5．昇降路の構造（施行令129条の7）

エレベーターの昇降路は、主に、次に定める構造としなければならない。

(1) 構造上軽微な部分を除き、昇降路の壁・囲いおよび出入口の戸は、難燃材料で造り、または覆うこと。ただし、**地階または3階以上の階に居室を有さない建築物に設けるエレベーターの昇降路、その他防火上支障のないものとして国土交通大臣が定めるエレベーターの昇降路にあっては、この必要はない**。

(2) **出入口の床先とかごの床先との水平距離**は、**4 cm以下**とし、乗用エレベーター等にあっては、かごの床先と昇降路との水平距離は、**12.5 cm以下**とすること

(3) 昇降路内には、レールブラケットその他のエレベーターの構造上、昇降路内に設けることが**やむを得ないものを除き**、**突出物を設けない**こと。突出物を設ける場合、地震時に鋼索、電線その他のものの機能に支障が生じないような措置を講じること

6．エレベーターの機械室（施行令129条の9）

エレベーターの機械室は、必ずしも必要ではない。マシンルームレス型エレベーターの場合は、電動機、巻上機、制御盤等の機器が昇降路内に設置されるため、専用機械室は不要である。

設置する場合は、主に、次に定める構造としなければならない。

(1) 床面から天井またははりの下端までの**垂直距離**

かごの定格速度（積載荷重を作用させて上昇する場合の毎分の最高速度をいう）に応じて、次の表に定める数値以上とする。

定格速度	垂直距離（単位m）
60 m以下の場合	2.0以上
60 mを超え、150 m以下の場合	2.2以上
150 mを超え、210 m以下の場合	2.5以上
210 mを超える場合	2.8以上

(2) 機械室に通じる階段の**けあげ**および**踏面**は、それぞれ、**23 cm以下**および**15 cm以上**とし、かつ、当該階段の両側に側壁またはこれに代わるものがない場合、手すりを設けること。

7．エレベーターの安全装置（施行令129条の10第3項）

エレベーターには、制動装置のほか、次の安全装置を設けなければならない。

(1) 戸開走行保護装置（1号）

「①駆動装置または制御器に故障が生じ、かごの停止位置が著しく移動した場合」、および「②駆動装置または制御器に**故障**が生じ、かごおよび昇降路の**すべての出入口の戸が閉じる前にかごが昇降**した場合」に、**自動的にかごを制止する装置**をいう。

(2) 地震時管制運転装置（2号）

地震その他の衝撃により生じた国土交通大臣が定める加速度を検知し、自動的にかごを「**昇降路の出入口の戸**」の位置に**停止**させ、かつ、当該かごの出入口の戸および昇降路の出入口の**戸を開き**、またはかご内の人がこれらの戸を開くことができる装置をいう。これは、「**最寄り階**」※で**停止して開扉する**ものをいう。

> ※　「避難階」まで移動して開扉するものではないことに注意。なお、避難階とは、直接地上に通ずる出入口のある階をいい（13条1号）、通常は1階がこれに該当する。

新設する乗用エレベーターに設置する地震時等管制運転装置には、**予備電源を設ける必要がある**（国土交通省告示1536号）。

(3) 火災時管制運転装置

防災センター等の火災管制スイッチの操作や自動火災報知器からの信号により、エレベーターを一斉に**避難階に呼び戻す装置**をいう。これは、(2) と異なり、「避難階」で開扉する安全装置であることに注意。

↑ Step Up　‥‥‥‥‥‥‥‥‥‥‥‥‥‥‥‥‥‥‥‥‥‥‥‥‥‥‥‥‥‥‥

運行管理

エレベーターの運行管理について、建築基準法では、特別に規定していない。しかし、規定当時の想定に反し、かなりの建物でエレベーターの設置数が追加されており、事故等の発生を未然に防止するためには、より日常の運行管理面の安全性を確保する必要がある。このような要請に応えるため、次のような「昇降機の適切な維持管理に関する指針」が策定されている。

昇降機の適切な維持管理に関する指針

1．目　的

　所有者が昇降機を常時適法な状態に維持することができるよう、建築基準法8条1項の規定の趣旨に鑑み、また、同2項の規定により国土交通大臣が定める指針に規定された事項の具体的方策を示すものとして、昇降機の適切な維持管理に関して必要な事項を定め、もって昇降機の安全性の確保に資することを目的とする。

2．用語の定義

　この指針において、次の用語の定義は、それぞれに定めるところによる。

① 昇降機	建築基準法施行令129条の3第1項各号に規定するエレベーター、エスカレーターまたは小荷物専用昇降機をいう。
② 所有者	昇降機の所有者をいう。
③ 管理者	昇降機の保守・点検を含む建築物の管理を行う者（ただし、昇降機の保守・点検を業として行う者を除く）をいう。
④ 保　守	昇降機の清掃、注油、調整、部品交換、消耗品の補充・交換等を行うことをいう。
⑤ 点　検	昇降機の損傷、変形、摩耗、腐食、発生音等に関する異常・不具合の有無を調査し、保守その他の措置が必要かどうかの判断を行うことをいう。
⑥ 保守点検業者	所有者からの委託により保守・点検を業として行う者をいう。
⑦ 製造業者	昇降機の製造を業として行う者をいう。ただし、製造業者が製造、供給または指定した部品を保守点検業者がそれ以外の部品に交換した場合は、当該保守点検業者を含む。

3．定期的な保守・点検

(1) 所有者は、自ら適切に保守・点検を行う場合を除き、保守点検契約に基づき、昇降機の使用頻度等に応じて、定期的に、保守・点検を保守点検業者に行わせる。

(2) 所有者は、保守点検業者に保守・点検を委託する場合は、保守点検業者が昇降機の保守・点検を適切に行うことができるよう、製造業者が作成した保守・点検に関する文書等、昇降機に係る建築確認・検査の関係図書、その他保守点検業者が適切に保守・点検を行うために必要な文書等を、保守点検業者に閲覧させ、または貸与する。

(3) 所有者は、保守点検業者に保守・点検に関する作業報告書を提出させる。なお、所有者が自ら保守・点検を行う場合は、所有者が保守・点検に関する作業記録を作成する。

4．不具合の発生時の対応

(1) **所有者**は、昇降機に不具合が発生したことを確知した場合は、**速やかに当該昇降機
の使用中止**その他の必要な措置を講じ、または保守点検業者に対して当該措置を講じ
させる。

(2) **所有者**は、**保守点検業者**に不具合に関する作業報告書を提出させる。なお、所有者
が自ら保守を行う場合は、所有者が不具合に関する作業記録を作成する。

(3) **所有者**は、不具合情報を公益性の観点から製造業者等に提供するなど有効活用する
ことに協力するよう努める。

5．事故・災害の発生時の対応

(1) **所有者**は、人身事故が発生した場合は、応急手当その他必要な措置を速やかに講じ
るとともに、**消防および警察に連絡**する。

(2) **所有者**は、前記①の人身事故が昇降機における死亡・重傷または機器の異常等が原
因である可能性のある人身事故に相当する場合は、「**昇降機事故報告書**」により**速やか
に特定行政庁に対して報告**するものとし、当該報告書の作成に当たって、必要に応じ
て保守点検業者の協力を求める。

(3) **所有者**は、警察・消防・特定行政庁等の公的機関または保守点検業者等が行う現場
調査に協力するとともに、現場調査の結果を公益性の観点から製造業者等に提供する
など、有効活用することに協力する。

(4) **所有者**は、事故・災害が原因で昇降機の運行に影響を及ぼすような故障が発生した
場合は、当該**昇降機の使用を中止**し、点検および必要な修理によりその安全性が確認
されるまで、使用を再開しない。

(5) **所有者**は、**保守点検業者**に事故・災害に関する作業報告書を提出させる。なお、所有
者が自ら保守を行う場合は、所有者が、事故・災害に関する作業記録を作成する。

6．定期検査等

(1) **所有者**は、定期検査等（建築基準法12条3項の規定に基づく定期検査または同4項
の規定に基づく定期点検をいう）を行う資格者（一級建築士・二級建築士・昇降機検
査資格者）の求めに応じて、製造業者が作成した保守・点検に関する文書等、昇降機
に係る建築確認・検査の関係図書、その他保守点検業者が適切に保守・点検を行うた
めに必要な文書等を、定期検査等を行う資格者に**閲覧**させ、または**貸与**する。

(2) **所有者**は、**定期検査報告済証の掲示**など定期検査等を行った旨の表示その他昇降機の安全性に関する必要な情報提供（戸開走行保護装置または地震時管制運転装置を設置した場合は、その旨の表示を含む）に努めるものとする。

7. 文書等の保存・引継ぎ等

(1) **所有者**は、製造業者が作成した保守・点検に関する文書等および昇降機に係る建築確認・検査の関係図書等を当該**昇降機の廃止**まで**保存**する。

(2) **所有者**は、過去の作業報告書等、定期検査報告書等の写しその他保守点検業者が適切に保守・点検を行うために必要な文書等を**3年以上保存**するものとする。

(3) **所有者**は、所有者が変更となる場合は、前記(1)(2)の文書等を保守点検業者に閲覧させ、または貸与することができるようにし、**次の所有者に引き継ぐ。**

(4) **所有者**は、建築物の維持管理に関する計画、共同住宅の長期修繕計画等において、昇降機に関する事項を盛り込むとともに、その使用頻度、劣化の状況等を踏まえ、必要に応じて**見直し**を行う。この場合、**所有者**は、必要に応じて製造業者または保守点検業者の助言その他の協力を求める。

(5) **所有者**は、自らまたは保守点検業者に依頼して、エレベーターの機械室および昇降路の出入口の戸等のかぎ、モーターハンドル、ブレーキ開放レバーその他の非常用器具ならびに維持管理用の器具を、場所を定めて第三者が容易に触ることができないよう**厳重に保管**するとともに、使用に当たって支障がないよう**適切に管理**する。

消防法・消防用設備等

重要度 ▼**A** ㊦**A**

❖ Introduction ❖

「防火管理者」に関する内容が重要である。また、「消防用設備等の種類」についても、具体的なイメージをつかみながら理解しよう。

❶ 法の目的（1条）

火災を予防・警戒・鎮圧し、国民の生命・身体・財産を火災から保護するとともに、**火災・地震等の災害による被害を軽減**するほか、**災害等による傷病者の搬送**を適切に行い、もって安寧秩序を保持し、社会公共の福祉の増進に資することである。

❷ 用語の定義（2条）

(1) 防火対象物（2項）

建築物その他の工作物・これらに属する「物等」をいう。この対象物は、次の(2)の「消防対象物」より定義の範囲が狭い。ここでは、「建築物等」を指している。

(2) 消防対象物（3項）

建築物その他の工作物・「物件等」をいう。この対象物は、「防火対象物」より定義の範囲が広く、建築物等に無関係なものも含まれる。つまり、燃えるものすべてが含まれる。

(3) 関係者（4項）

防火対象物・消防対象物の所有者・管理者・占有者をいう。

(4) 関係のある場所（5項）

防火対象物・消防対象物のある場所をいう。

❸ 火災の予防（3条～9条）

1．一定行為者等に対する命令（3条）

(1) **消防長**（消防本部を置かない市町村では市町村長。以下同じ）、**消防署長その他**

の消防職員は、屋外において火災の予防に危険であると認める行為者または火災の予防に危険であると認める物件もしくは、避難その他の消防の活動に支障になると認める物件の所有者・管理者・占有者で権原を有する者に対して、一定の必要な措置をとるべきことを命ずることができる。

(2) 消防長または消防署長

① 上記(1)の者を確知できず、これらの者に対し、一定の必要な措置をとるべきことを**命ずることができない**場合、それらの者の負担において、当該消防職員（消防本部を置かない市町村では消防団員）に、火災の予防に危険であると認める等の物件について、一定の措置を**とらせる**ことができる。

② 必要な措置を**命じた**場合、(ア)その措置を命ぜられた者がその措置を履行しないとき、(イ)履行しても十分でないとき、(ウ)その措置の履行について期限が付されている場合で履行しても当該期限までに完了する見込みがないときは、**行政代執行法**の定めるところに従い、当該消防職員または第三者にその措置を**とらせる**ことができる。

2．立入りおよび検査・質問（4条）

(1) **消防長または消防署長**は、火災予防のために必要がある場合、関係者に対して資料の提出を命じ、報告を求め、または当該消防職員（消防本部を置かない市町村では、当該市町村の消防事務に従事する職員・常勤の消防団員）にあらゆる仕事場・工場・公衆の出入りする場所等の関係のある場所に立ち入って、消防対象物の位置・構造・設備・管理の状況を**検査させ**、関係のある者に**質問させる**ことができる。

ただし、**個人の住居**は、①関係者の承諾を得た場合、②火災発生のおそれが著しく大であるため**特に緊急の必要がある**場合でなければ、**立ち入らせてはならない**。

(2) 消防職員は、関係のある場所に立ち入る場合、市町村長の定める証票を携帯し、関係のある者の請求があるときは、これを示さなければならない。

3．消防長・消防署長の同意（7条）

「建築物の新築・増築・改築・移転・修繕・模様替え・用途の変更・使用について許可・確認等をする権限を有する行政庁等または建築基準法の規定による確認を行う指定確認

検査機関」は、当該許可・確認等に係る建築物の工事施工地・所在地を管轄する消防長または消防署長の同意を得なければ、当該許可・確認等ができない。

ただし、確認に係る建築物が都市計画法に掲げる**防火地域および準防火地域「以外」の区域内における住宅**（共同住宅を除く）である場合等においては、この限りでない。

4．防火管理者（8条）

(1) 防火管理者の業務※（1項）

多数の者が出入り・勤務・居住する防火対象物で一定の管理について権原を有する者（以下「**管理権原者**」という）は、一定の資格者のうちから**防火管理者**を定め、次のような業務を行わせなければならない。

① **防火対象物についての消防計画の作成**

② **消防計画に基づく消火・通報・避難訓練の実施**

③ **消防の用に供する設備・消防用水・消火活動上必要な施設の点検と整備**

④ **火気の使用・取扱いに関する監督**

⑤ **避難または防火上必要な構造・設備の維持管理、収容人員の管理**

⑥ **その他防火管理上必要な業務**

※ 「防火管理者の業務」の外部委託等に関する事項
　共同住宅等の管理的・監督的な地位にある者は、防火管理上必要な業務を適切に遂行することが困難な防火対象物については、一定の条件を満たして、消防長または消防署長から認められることにより、防火管理者の**業務を外部に委託**等ができる。

(2) 資格（施行令3条）

防火管理者とは、防火対象物において、防火管理上必要な業務を適切に遂行することができる管理的・監督的地位にある者で、一定の資格を有した者をいう。

防火管理者の選任基準は、次のとおりである。

【防火管理者の区分・業務（建物全体の防火管理をする場合)】

	収容人員※1	延べ面積	区　分	防火管理講習※2
特定防火対象物①	30人以上	300 ㎡以上	甲種防火対象物	甲種
		300 ㎡未満	乙種防火対象物	乙種
	30人未満	——	選任不要	——
非特定防火対象物②	50人以上	500 ㎡以上	甲種防火対象物	甲種
		500 ㎡未満	乙種防火対象物	乙種
	50人未満	——	選任不要	——

※1　収容人員は、共同住宅の場合、居住者の数で割り出す。
※2　甲種防火管理講習の課程を修了した者は、乙種防火対象物の管理にもあたることができる。

　防火管理者の選任義務がある場合の防火管理者の資格は、次に定めるいずれかに該当する者で、防火対象物（以下「甲種防火対象物」という）において防火管理上必要な業務を適切に遂行することができる管理的または監督的な地位にあるものでなければならない（3条1項1号）。

① 　知事、消防本部および消防署を置く市町村の消防長または法人であって総務大臣の登録を受けたものが行う「甲種防火管理講習」の課程を修了した者

② 　学校教育法による大学・高等専門学校において総務大臣の指定する防災に関する学科・課程を修めて卒業した者等で、1年以上防火管理の実務経験を有するもの

③ 　市町村の消防職員で、管理的・監督的な職に1年以上あった者

④ 　①～③に準ずる者で、防火管理者として必要な学識経験を有すると認められるもの

先生からの コメント

・①映画館・ホテル・病院・デパートなど不特定多数の人が出入りする建物をいう。

・②マンション・オフィス・事務所・工場・学校などをいう。マンションは、非特定防火対象物にあたるので、こちらを押さえておこう。

(3) 防火管理者の選任・解任の届出（8条2項）

　管理権原者は、防火管理者を定めた場合や解任した場合、遅滞なく、その旨を所轄消防長または消防署長に届け出なければならない。

(4) 防火管理者の選任命令（8条3項）

　消防長または消防署長は、防火管理者が定められていない場合、管理権原者に対し、防火管理者を定めるよう命ずることができる。

(5) 法令規定・消防計画に従っていない管理権原者に対する措置命令（8条4項）

　消防長または消防署長は、防火対象物について防火管理者の行うべき防火管理上必要な業務が法令の規定や消防計画に従って行われていない場合、管理権原者に対し、当該業務が当該法令の規定や消防計画に従って行われるように、必要な措置を講ずるよう命ずることができる。

5．統括防火管理者（8条の2）

(1) ①高さ31 m超の**高層建築物**等政令で定める防火対象物で、その管理について権原が分かれているもの、②地下街（地下の工作物内に設けられた店舗・事務所等これらに類する施設で、連続して地下道に面して設けられたものと当該地下道とをあわせたものをいう）でその管理について権原が分かれているもののうち、消防長または消防署長が指定するものの**管理権原者**は、政令で定める資格者のうちからこれらの防火対象物の全体について防火管理上必要な業務を統括する防火管理者（以下「統括防火管理者」という）**を協議して定め**、政令で定めるところにより、当該防火対象物の全体についての**消防計画の作成**、当該**消防計画に基づく消火・通報・避難の訓練の実施**、当該**防火対象物の廊下・階段・避難**その他の避難上必要な施設の**管理**その他当該防火対象物の全体についての**防火管理上必要な業務**を行わせなければならない（1項）。

(2) 統括防火管理者

防火対象物の全体についての防火管理上必要な業務を行う場合に必要があるときは、管理権原者がその権原に属する当該防火対象物の部分ごとに定めた**防火管理者**に対し、当該業務実施のために**必要な措置を講ずるよう指示**できる（2項）。

(3) **防火管理者が作成する消防計画**

統括防火管理者が作成する防火対象物の全体についての**消防計画に適合**する必要がある（3項）。

(4) **管理権原者**

統括防火管理者を定めたときや解任したしたときは、**遅滞なく**、その旨を所轄消防長または消防署長に届け出なければならない（4項）。

(5) **消防長または消防署長**

① 防火対象物について**統括防火管理者が定められていない場合**、**管理権原者**に対し、**統括防火管理者を定めるよう命ずることができる**（5項）。

② 防火対象物の全体について**統括防火管理者の行うべき防火管理上必要な業務が法令の規定または消防計画に従って行われていない場合**、**管理権原者**に対し、当該業務が当該法令の規定または消防計画に従って行われるように、**必要な措置を講ずるよう命ずる**ことができる（6項）。

6．管理権原者（8条の2の4）

　防火対象物（共同住宅等）の廊下・階段・避難口その他の**避難上必要な施設**について**避難の支障になる物件が放置**され、または**みだりに存置されない**ように管理し、かつ、**防火戸についてその閉鎖の支障になる物件が放置**され、または**みだりに存置されない**ように管理しなければならない。

7．防炎対象物品

（1）防炎対象物品

　高層建築物（高さ31m超の建築物）等で一定の防火対象物において使用する**防炎対象物品**（どん帳・カーテン・展示用合板その他これらに類する物品で、政令で定めるもの※をいう）は、**一定基準以上の防炎性能を有する**ものでなければならない（8条の3第1項）。

　　※「政令で定めるもの」とは
　　　カーテン・布製のブラインド・暗幕・じゅうたん等（人工芝・合成樹脂製床シート等）・展示用の合板・どん帳その他舞台において使用する幕及び舞台において使用する大道具用の合板並びに工事用シートをいう（施行令4条の3第3項、施行規則4条の3第2項）。しかし、「寝具」は当該防炎対象物品に含まれないので、防炎性能を有する必要はない。

（2）防炎性能を有するものである旨の表示

　防炎対象物品またはその材料で防炎性能を有するもの（防炎物品）には、一定基準以上の**防炎性能を有するものである旨の表示**を付することができる（8条の3第2項）。

（3）防火対象物の関係者の明示義務

　防火対象物の関係者は、当該防火対象物において使用する防炎対象物品について、当該防炎対象物品・その材料に**防炎性能を与えるための処理**をさせ、または防炎性能を有するものである旨の表示がある生地その他の材料からカーテンその他の**防炎対象物品を作製**させた場合、その旨を**明らかに**しておかなければならない（8条の3第5項）。

　　※販売店の名称等を明らかにすることは規定されていない。

8．住宅用防災機器

(1) 設置義務（9条の2第1項）

　住宅の用途に供される**防火対象物**（その一部が住宅の用途以外の用途に供される防火対象物では、住宅の用途以外の用途に供される部分を除く）**の関係者**は、一定の基準に従って、**住宅用防災機器**〔住宅における火災の発生を未然にまたは早期に感知して報知する警報器をいう（施行令5条の6第1号）〕**を設置・維持**しなければならない。なお、この設置は、新築住宅・既存住宅を問わず義務化されている。

　① 　**住宅用防災警報器**または住宅用防災報知設備の感知器 → 就寝の用に供する居室等に**設置**する必要がある（施行令5条の7第1項1号）。

　② 　スプリンクラー設備（一定の閉鎖型スプリンクラーヘッドを備えているものに限る）または自動火災報知設備を、技術上の基準に従い設置したときその他の当該設備と同等以上の性能を有する設備を設置した場合で総務省令で定めるとき → 当該設備の有効範囲内の住宅の部分について住宅用防災警報器または住宅用防災報知設備を設置しないことができる（5条の7第1項3号）。

(2) 設置場所（施行令5条の7第1項2号）

　① 　住宅用防災警報器または住宅用防災報知設備の感知器は、**天井や壁の屋内に面する部分**（天井のない場合は、屋根や壁の屋内に面する部分）に、火災の発生を未然・早期に、かつ、有効に感知することができるように設置する。天井面だけではなく、壁面にも設置できる。

　② 　住宅用防災警報器は、天井や壁の屋内に面する部分（天井のない場合は、屋根や壁の屋内に面する部分）について、次のいずれかの位置に設置しなければならない（住宅用防災機器の設置及び維持に関する条例の制定に関する基準を定める省令7条2号）。

　（ア）壁またははりから0.6 m以上離れた天井の屋内に面する部分

　（イ）天井から下方0.15 m以上0.5 m以内の位置にある壁の屋内に面する部分

❹ 消防用設備等の設置・維持

1．消防用設備等の必要性

消防用設備等は、①火災を初期の段階で消火すること、②火災の発生を速やかに報知・避難させること、③消防隊の活動に利便を供すること等のためにも不可欠である。

2．消防用設備等についての従前の規定の適用

(1) 消防用設備等の技術上の基準に関する政令・これに基づく命令・条例の規定の施行・適用の際、①現に存する防火対象物における**消防用設備等（消火器・避難器具その他政令で定めるものを除く）**または②現に新築・増築・改築・修繕・模様替えの工事中の防火対象物に係る**消防用設備等**がこれらの規定に適合しない場合、当該消防用設備等（スプリンクラー設備・屋内消火栓設備・屋外消火栓設備等）については、この**規定は適用されない**（遡及適用を受けない）。つまり、当該消防用設備等の技術上の基準に関する「従前の規定が適用」される（17条の2の5第1項）。

(2) 消火器・避難器具以外にも、次の消防用設備等は、**「遡及適用を受ける」**（施行令34条）。つまり、新しい規定に適合する設備を必ず使用しなければならない。

① **簡易消火用具**

② **自動火災報知設備（共同住宅に設けるものは対象「外」）**

③ **ガス漏れ火災警報設備（共同住宅に設けるものは対象「外」）**

④ **漏電火災警報器**

⑤ **非常警報器具および非常警報設備**

⑥ **誘導灯・誘導標識　等**

❺　消防用設備等の分類・種類（17条1項、施行令7条1項）

1．消防の用に供する設備

（1）消火設備

種　　　　　　類
①　消火器・簡易消火用具（水槽・乾燥砂等） 　消火器で対応する火災の種類 　（ア）普通火災：木材・紙・布などが燃える火災で「**A火災**」という。 　（イ）油火災：灯油・ガソリンなどが燃える火災で「**B火災**」という。 　（ウ）電気火災：電気設備・器具などが燃える火災で「**C火災**」という。 　　**消火器**には、**いずれの種類の火災にも有効なものがある**。消火器には適応 する火災の種類を示すラベルが貼ってあり、上記（ア）➡ **白**、（イ）➡ **黄**、（ウ） ➡ **青**で表示されている。
②　屋内消火栓設備 　（ア）種　類（施行令11条） 　　　1号消火栓・易操作性1号消火栓と2号（イ）（ロ）消火栓とがあり、初 　　期火災の際に、居住者等の一般人が消火するために設置されるものであ 　　る。それぞれ、次のような特徴がある。

項　　目 ＼ 消火栓の区分	1号消火栓	易操作性1号消火栓	2号（イ）消火栓	2号（ロ）消火栓
操　作　性	2人以上が必要	1人で操作可能		
放　水　量（ℓ/分）	130以上		60以上	80以上
放水圧力（MPa） ※メガパスカル （1MPa＝約10.2kg/cm²）	0.17〜0.7		0.25〜0.7	0.17〜0.7
水　平　距　離（m）	25以下		15以下	25以下
防　火　対　象　物	①　工場・作業所 ②　倉庫 ③　指定可燃物（可燃性液体類に係るものを除く）を貯蔵し、または取り扱うもの ④　①〜③以外の防火対象物		左欄の①〜③以外の防火対象物	
使　用　方　法	①　発信機のボタンを押す。 　（ポンプが始動し、表示灯が点滅・ベルが鳴る） ②　ノズルを持ちホースを延長し、放水体勢をとる。 ③　開閉弁を開き放水する。		①　開閉弁を開放する。 　（ポンプが始動し、表示灯が点滅・ベルが鳴る） ②　ノズルを持ちホースを延長し、ノズルのコックを開き放水する。	

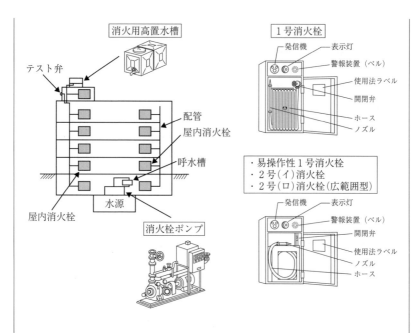

（イ）**停電時の非常電源として自家発電設備を用いる場合**

　　有効に**30分間以上作動**できるものでなければならない（防災設備に関する指針）。

③　**スプリンクラー設備**

　火災を自動的に感知して散水し、消火をする。

（ア）**種　類**

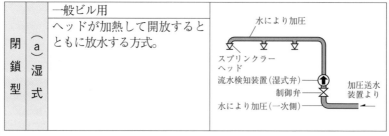

			一般ビル用	
閉鎖型	（a）湿式		ヘッドが加熱して開放するとともに放水する方式。	

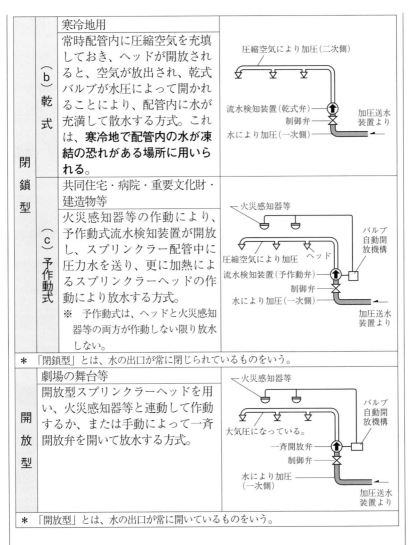

		寒冷地用
閉鎖型	（b）乾式	常時配管内に圧縮空気を充填しておき、ヘッドが開放されると、空気が放出され、乾式バルブが水圧によって開かれることにより、配管内に水が充満して散水する方式。これは、**寒冷地で配管内の水が凍結の恐れがある場所に用いられる。**
		共同住宅・病院・重要文化財・建造物等
	（c）予作動式	火災感知器等の作動により、予作動式流水検知装置が開放し、スプリンクラー配管中に圧力水を送り、更に加熱によるスプリンクラーヘッドの作動により放水する方式。 ※　予作動式は、ヘッドと火災感知器等の両方が作動しない限り放水しない。
＊	「閉鎖型」とは、水の出口が常に閉じられているものをいう。	
開放型		劇場の舞台等
		開放型スプリンクラーヘッドを用い、火災感知器等と連動して作動するか、または手動によって一斉開放弁を開いて放水する方式。
＊	「開放型」とは、水の出口が常に開いているものをいう。	

（イ）**スプリンクラーの制御弁**は、**パイプシャフトその他これらに類するもの**（設備用の管等を収納するスペース）**の中に設ける**とともに、その外部から容易に操作でき、かつ、みだりに閉止できない措置が講じられている必要がある（消防庁告示 17 号）。

（ウ）**スプリンクラーヘッド**は、閉鎖型スプリンクラーヘッドの技術上の規格を定める総務（自治）省令に規定する**小区画型ヘッド**（標準型ヘッドのうち、加圧された水を一定の範囲内および一定の壁面の部分に分散す

　　　るヘッドをいう）のうち、**感度種別が一種**であるものに限る（同告示
　　　17号）。
　　　　　＊　ヘッドの試験で、一定温度の気流を流したとき、気流の速度が、二種より一
　　　　　　種の方が感度がよい。
　（エ）**4個のスプリンクラーヘッドを同時に使用**した場合の**放水量**は、それ
　　　ぞれの先端において、**50ℓ/分以上**である（同告示17号）。
　（オ）**スプリンクラーの水源の水量**は、**4㎥以上**でなければならない（同告
　　　示17号）。
　（カ）**閉鎖型予作動式スプリンクラーヘッドのスプリンクラー設備**は、**火災
　　　感知器等の作動とスプリンクラーヘッドの作動**により放水を開始する。
④　水噴霧消火設備
⑤　**泡消火設備**
　　泡消火設備の主な内容は、次のとおりである。

　（ア）**泡原液と水を泡発生器で混合し生成した泡**により、燃焼物の表面をお
　　　おって、燃焼に必要な空気の供給を断ち**消火する**。
　（イ）水による通常の消火方法では効果が少ないか、またはかえって火災の
　　　拡大する油脂関係の火災に使用される。
　（ウ）**屋内駐車場などに設置**することが多い。
　（エ）移動式の泡消火設備の泡放射用器具を格納する箱とホース接続口との
　　　距離は、**3m以内**とする。

⑥　不活性ガス消火設備
⑦　**ハロゲン化物消火設備**
⑧　粉末消火設備
⑨　**屋外消火栓設備**
⑩　動力消防ポンプ設備

（2）警報設備

①　**自動火災報知設備**
　（ア）熱感知方式（定温式・差動式等）や煙感知方式（イオン化式・光電式）
　　　等がある。
　（イ）**停電時の非常電源として蓄電池を用いる場合**
　　　　有効に**10分間以上作動**できるものでなければならない（防災設備に関
　　　　する指針）。
②　ガス漏れ火災警報設備（ホームセキュリティーとして、組み込まれている
　　ケースがある）
③　漏電火災警報器（ホームセキュリティーとして、組み込まれているケース
　　がある）
④　消防機関へ通報する火災報知設備（電話対応）
⑤　警鐘、携帯用拡声器、手動式サイレンその他非常警報器具、および非常警
　　報設備（非常ベル・自動式サイレン・放送設備等）

(3)　避難設備
① 避難器具
すべり台・避難はしご・救助袋・緩降機・避難橋・その他の避難器具
② 誘導灯・誘導標識

2．消防用水

防火水槽・貯水池・その他の用水

3．消火活動上必要な施設

① 排煙設備
② 連結散水設備
　地下階における消火のため、地下階・地下街の天井などに散水ヘッドを設けておき、**消防ポンプ自動車からの送水**により、**水を放射**させる設備である。

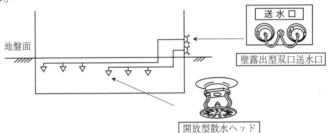

③ 連結送水管
（ア）消防隊によって使用される**消防隊専用の設備である**。
（イ）一般に、配管は屋内消火栓設備の配管と兼用されるが、建物の外部に**消防ポンプ自動車から圧力水を送水する送水口を設け、屋内に消防隊のホースを接続する放水口を設置する**。
（ウ）**設置後10年を経過した連結送水管**については、原則として、**3年ごとに耐圧性能試験を行わなければならない**（消防庁告示14号）。
④ 非常コンセント設備
⑤ 無線通信補助設備

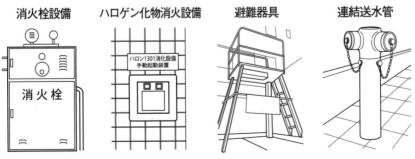

消火栓設備　　ハロゲン化物消火設備　　避難器具　　連結送水管

❻　共同住宅における消防用設備等の設置基準

種　　類	規　　模　　等
消火器・簡易消火用具 （施行令 10 条 1 項 2 号）	延べ面積≧ 150 ㎡
屋内消火栓設備 （11 条 1 項 2 号・6 号）	①（原則）延べ面積≧ 700 ㎡（**準耐火で内装不燃** 1,400 ㎡、**耐火で内装不燃** 2,100 ㎡） ②　**地階・無窓階・4 階以上の階**　➡　床面積≧ 150 ㎡
屋外消火栓設備 （19 条 1 項）	1 階または 1 階および 2 階の部分の**床面積の合計**が、 ①　耐火建築物　　　➡　　9,000 ㎡以上 ②　準耐火建築物　　➡　　6,000 ㎡以上 ③　その他の建築物　➡　　3,000 ㎡以上
スプリンクラー設備 （12 条 1 項 12 号）	11 階以上の階
自動火災報知設備 （21 条 1 項 4 号・11 号）	①　延べ面積≧ 500 ㎡ ②　地階・無窓階・3 階以上の階　➡　床面積≧ 300 ㎡
漏電火災警報器 （22 条 1 項 2 号）	延べ面積≧ 150 ㎡
消防機関へ通報する火災報知設備 （23 条 1 項 3 号）	延べ面積≧ 1,000 ㎡
非常ベル・自動式サイレン・放送設備 （24 条 2 項 2 号）	①　収容人員≧ 50 人 ②　地階・無窓階の収容人員≧ 20 人
非常ベルと放送設備・自動式サイレンと放送設備 （24 条 3 項）	①　地階を除く階数≧ 11 または地階の階数≧ 3 ②　収容人員≧ 800 人
避難器具 （25 条 1 項 2 号・2 項 1 号）	2 階以上の階または地階で、収容人員≧ 30 人 ①　地階　➡　避難はしご・避難用タラップ ②　2 階　➡　すべり台・避難はしご・救助袋・緩降機・避難橋・すべり棒・避難ロープ・避難用タラップ ③　3 階　➡　すべり台・避難はしご・救助袋・緩降機・避難橋・避難用タラップ ④　4 階または 5 階　➡　すべり台・避難はしご・救助袋・緩降機・避難橋 ⑤　6 階以上の階　➡　すべり台・避難はしご・救助袋・緩降機・避難橋

避難口誘導灯・通路誘導灯・誘導標識（26条1項1・2・4号）	地階・無窓階・11階以上の階
消防用水 （27条1項1号）	敷地の面積≧20,000㎡、かつ、床面積が、 ①　耐火建築物　　➡　　15,000㎡以上 ②　準耐火建築物　➡　　10,000㎡以上 ③　その他の建築物　➡　　5,000㎡以上
連結散水設備 （28条の2第1項）	地階の床面積の合計≧700㎡
連結送水管 （29条1項）	①　地階を除く階数≧7 ②　地階を除く階数≧5で、延べ面積≧6,000㎡

*　共同住宅には、**非常警報器具**（携帯用拡声器・手動式サイレン・警鐘・その他）および**排煙設備**の設置義務はない（原則）。

*　消防長または消防署長は、防火対象物における消防用設備等が設備等技術基準に従って**設置され**、または**維持されていない**と認めるときは、当該防火対象物の関係者で**権原を有するもの**に対し、当該**設備等技術基準に従ってこれを設置すべきこと**、またはその**維持のため必要な措置**をなすべきことを命ずることができる（消防法17条の4第1項）。

↑Step Up　特定共同住宅等で必要とされる防火安全性能を有する消防の用に供する設備等に関する省令（2条8号～11号）

(1)　特定共同住宅等[※1・2]の構造類型

種　類	内　　　　　　　容
二方向避難型	特定共同住宅等における火災時に、すべての住戸・共用室・管理人室から、少なくとも1以上の避難経路を利用して安全に避難できるようにするため、避難階または地上に通ずる2以上の異なった避難経路を確保している特定共同住宅等として消防庁長官が定める構造を有するもの
開放型	すべての住戸・共用室・管理人室について、その主たる出入口が開放型廊下または開放型階段に面していることにより、特定共同住宅等における火災時に生ずる煙を有効に排出できる特定共同住宅等として消防庁長官が定める構造を有するもの
二方向避難・開放型	特定共同住宅等における火災時に、すべての住戸・共用室・管理人室から、少なくとも1以上の避難経路を利用して安全に避難できるようにするため、避難階または地上に通ずる2以上の異なった避難経路を確保し、かつ、その主たる出入口が開放型廊下または開放型階段に面していることにより、特定共同住宅等における火災時に生ずる煙を有効に排出することができる特定共同住宅等として消防庁長官が定める構造を有するもの
その他	上記3つ以外の特定共同住宅等

※1　**特定共同住宅等**とは、「**共同住宅等**」および「**共同住宅等と小規模**福祉施設**等のみの複合用途**
　　防火対象物」であって、火災の発生や延焼のおそれが少ないものとして、その位置・構造・設備
　　について消防庁長官が定める**基準に適合する**ものをいう。これには、**共同住宅等・小規模福祉施**
　　設等以外の部分が存する複合用途の建物は含まれない（2条1号）。
※2　**特定共同住宅等の種類（3条1項、4条1項）**
　　①　構造類型による区分
　　②　階数による区分

(2)　**必要とされる防火安全性能を有する消防の用に供する設備等**

　①　**特定共同住宅等（福祉施設等を除く）の構造類型・階数**により、規制が緩和され
　　ている（3条1項）。

　②　火災時に安全に避難することを支援する性能を有する消防用設備に**限られず**、次
　　の消防用設備も**含まれる**（3条、4条、5条）。

　(ア)　初期拡大抑制性能（火災の拡大を初期に抑制する性能：**住宅用消火器・消火器具**）
　　を有するもの

　(イ)　避難安全支援性能（火災時に安全に避難することを支援する性能：共同住宅用
　　自動火災報知設備）を有するもの

　(ウ)　消防活動支援性能（消防隊による活動を支援する性能：共同住宅用連結送水管）
　　を有するもの

❼　消防用設備等の点検・報告

　消防用設備等は、火災が発生したときに使用されるものである。火災時に確実に作動
し、機能する必要がある。したがって、消防用設備等が、いつでもその機能を発揮でき
るよう日常の維持管理に努めなければならない。しかし、維持管理を行う者が、知識や
技能を有していなければ、十分な維持管理を行えない。

　そこで、消防用設備等の設置が義務づけられている**防火対象物（共同住宅で延べ面
積が1,000㎡以上）**の関係者は、当該防火対象物における消防用設備等について、定
期に、当該防火対象物のうち一定のものにあっては**消防設備士免状の交付を受けてい
る者または一定の資格者に点検を行わせる**ことにしている[3]（17条の3の3、施行令
36条2項）。また、その他の防火対象物にあっては自ら点検を行うこととしている。

　これらの者は、この点検結果を**消防長または消防署長に報告**しなければならない。

消防用設備等の種類	点検内容・方法・期間	
	機器点検※1	総合点検※2
	6ヵ月	1年
消火器具、消防機関へ通報する火災報知設備、誘導灯、誘導標識、消防用水、非常コンセント設備、無線通信補助設備	○	×
屋内消火栓設備、屋外消火栓設備、スプリンクラー設備、水噴霧消火設備、泡消火設備、不活性ガス消火設備、ハロゲン化物消火設備、粉末消火設備、自動火災報知設備、ガス漏れ火災警報設備、漏電火災警報器、非常警報器具・設備、避難器具、排煙設備、連結散水設備、連結送水管、動力消防ポンプ設備、非常電源(配線部分を除く)、操作盤	○	○
配　線	×	○

※1　機器点検：消防用設備等に付置される非常電源（自家発電設備に限る）または動力消防ポンプの正常な作動を、消防用設備等の種類に応じ、また告示で定める基準に従い確認すること。

※2　総合点検：消防用設備等の全部・一部を作動させ、または当該消防用設備等の総合的な機能を消防用設備等の種類等に応じ、告示で定める基準に従い確認すること。

　防火対象物の関係者は、点検を行った結果を、維持台帳に記録するとともに、防火対象物が**特定防火対象物**の場合**1年に1回**、**非特定防火対象物**の場合**3年に1回**、消防長または消防署長に報告しなければならない（施行規則31条の6第3項1号・2号）。

先生からのコメント

③消防用設備等の点検を実施する場合の「**スプリンクラー設備**」は、消防設備士免状の交付を受けている者（**第1類の甲種消防設備士・乙種消防設備士**）または一定の資格者が点検を行うことができる（33条の3）。

⑧　その他

　防火設備である**防火戸の閉鎖・作動の状況の調査**は、**3年以内**に実施した点検の記録の有無を調べ、**記録による確認ができない**場合には、**閉鎖・作動を確認**しなければならない（国土交通省告示282号別表）。

第 5 節 水道法・給水設備

重要度 マ **A** 主 **A**

❖ Introduction ❖

　各給水方式の比較、専用水道と簡易専用水道の区別をしっかりつけて覚えておこう。

❶ 給水施設

　給水設備の維持管理について、次の(1)〜(4)には水道法の規定が適用される。このなかでも、試験用として重要なのは「**専用水道**」「**簡易専用水道**」である。これらの設置者は、水道法の定めるところに従い、適切な維持管理を行わなければならない。

【水道の概要】

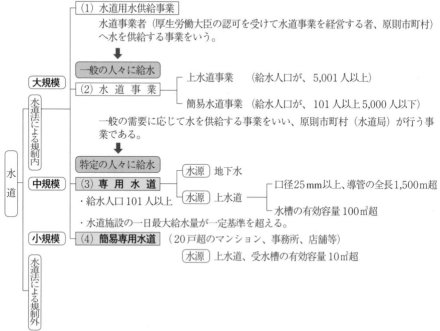

＊　マンション等の共同住宅は「建築物における衛生的環境の確保に関する法律」に定める特定建築物とはならず、給水施設の維持管理についても当該法の適用は受けない。

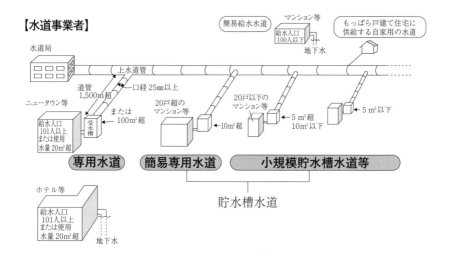

↑**Step Up**　**用語の定義** ··

(1) 水道施設（水道法 3 条 8 項）

　水道のための取水施設、貯水施設、導水施設、浄水施設、送水施設および配水施設（専用水道にあっては、給水の施設を含むものとし、建築物に設けられたものを除く）であって、当該水道事業者、水道用水供給事業者または専用水道の設置者の管理に属するものをいう。

(2) 給水装置（3 条 9 項）

　需要者に水を供給するために水道事業者の施設した配水管から分岐して設けられた**給水管**、およびこれに直結する**給水用具**をいう。

··

❷　給水方式

　給水方式は、**直結方式**と**受水槽方式**に大きく分類される。直結方式は、給水管と水を使用するところが直接結ばれているため水の汚染の心配はない。ただし、水の使用量の大きい建物には不適である。よって、中規模以上の建物では受水槽を設置し、いったん水を貯水する受水槽方式をとる必要がある。

1．直結方式

(1) 水道直結方式の特徴

① 水道本管から止水栓、量水器を経て直接各住戸に給水する方式である。

② 受水槽やポンプは不要①である。

③ 住宅や小規模で低層マンションに用いられる。

【水道直結方式】

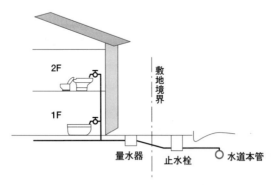

(2) 増圧直結給水方式の特徴

① 受水槽や高置水槽を必要としない①。

② 水道本管から分岐して引き込んだ水を、**増圧給水ポンプ**を経て直接各住戸に給水する。

③ 従来から、中規模の中高層マンションに用いられてきたが、増圧ポンプを多段に設置することで、階層制限をなくすことができる。

④ 給水立て管の頂部には、安全性の確保・逆流防止のために吸排気弁を設ける。

【増圧直結給水方式】

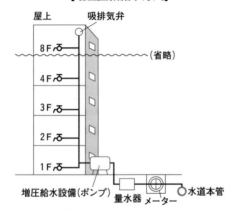

(3) **高置水槽方式**（**高置水槽まで増圧直結方式**）

① 水道本管から引き込んだ水を、**増圧給水ポンプ**を経て**高置水槽**まで揚水※する。高置水槽からは重力により各住戸に給水する方式である。

② **受水槽はない**が、高置水槽はある①。
　　※　揚水＝水を高い位置に送ること。

【高置水槽方式（高置水槽まで増圧直結方式）】

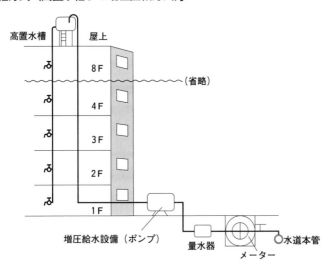

2．受水槽方式

(1) **高置水槽方式（重力方式）の特徴**

① マンション屋上の架台上に高置水槽を設置①し、そこから自然落下により水圧を加えて、各住戸に重力で給水する方式である。**圧力変動はほとんどなく、一定**である。

② 水道本管から**止水栓**、**量水器**、定水位弁を経て受水槽に貯水する①。

③ **揚水ポンプ**で**高置水槽**に水を補給する。揚水ポンプは、通常２台設置して自動交互運転とする。

【高置水槽方式（重力方式）】

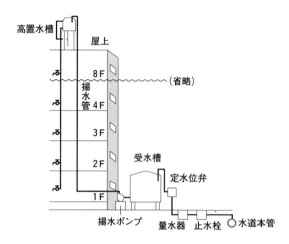

(2) **圧力タンク方式の特徴**

① 小規模なマンションに採用されている方式である。

② **受水槽、加圧ポンプ**があり[1]、この**加圧ポンプ**で**圧力タンク**に給水する。

③ タンク内の空気を所定の圧力まで上げ、各階の住戸の需要に応じて給水できる。

④ 圧力スイッチにより、加圧ポンプは自動運転できるが、停電時には給水不能となる。

【圧力タンク方式】

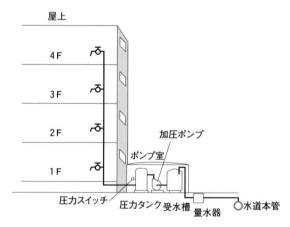

(3) ポンプ直送方式の特徴

① **マンションでは主流**となり、多く採用されている方式であり、超高層マンションにも使われる。なお、高置水槽や圧力タンクは不要※①である。

　　※　一般に、小流量時用の圧力タンクを設けている。

② 水道本管から**止水栓、量水器、定水位弁**を経て**受水槽**に貯水する。

③ 揚水ポンプは可変速電動機が採用されており、1台は常時運転して、給水圧力を保持している。

④ 揚水管に取り付けてある圧力検知器により圧力の低下を検知し、自動制御盤で回転数をアップして、一定の給水圧力を保持する。

⑤ 給水量が増えると、給水圧力が低下し、圧力検知器で検知する。

⑥ 給水圧力が高いとポンプは停止し、常時運転のポンプは自動的に回転数を下げ、所定の給水圧力を保つ。

> 運転制御方法 < (ア) ポンプの運転台数を制御するもの（定速ポンプ方式）
> 　　　　　　　 (イ) 回転数を制御するもの（変速ポンプ方式）
> 　　　　　　　　　　最近のマンションでは、この採用例が多い。

⑦ 直送ポンプ（給水ポンプユニット）は、ユニット化されているため、工期短縮が可能であるが、設備費が高くなる。

【ポンプ直送方式】

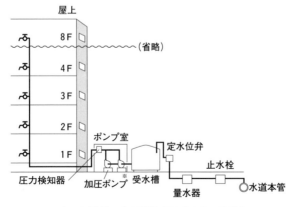

※　加圧ポンプで直接加圧することに注意！

先生からの
コメント

① 給水方式それぞれについて、受水槽、高置水槽の有無をまとめておこう。

方　　式	受水槽	高置水槽
水道直結		
増圧直結		
高置水槽（高置水槽まで増圧直結）		○
高置水槽（重力方式）	○	○
圧力タンク	○	
ポンプ直送	○	

❸　給水設備の管理

1．最低必要圧力（水栓など）

　給水器具に対しては、一定以上の給水圧力が必要となる。水圧が低すぎると、洗浄力が弱まるが、必要以上に水圧が高すぎると、吐水量が過大となり水を浪費したり、器具の外に飛散したり、ウォーターハンマーの原因となる場合がある。

　次の表は、各器具の最低必要圧力を示す。

項　　　　目	最低給水圧力（kPa：キロパスカル）
一般給水栓（蛇口）	30kPa
シャワー	70kPa
大便器洗浄弁（フラッシュバルブ）	70kPa
小便器洗浄弁	50kPa
ガス瞬間湯沸器　7号～16号	50kPa
ガス瞬間湯沸器　22号～30号	80kPa

＊　$1Pa = 1N/m^2$（ニュートン毎平方メートル）

なお、専有部分の給水管の**給水圧力の上限値**は、一般に300～400kPa に**設定**する。

2．給水タンク

（1）容　量

① 受水槽 ➡ 断水などを考慮して、一般に1日の使用水量の1/2程度（4/10～6/10）とする。

② 高置水槽 ➡ 一般に1日の使用水量の1/10程度とする。

(2) 飲料用給水タンクの設置

建物の内部、屋上、地階に設けるものすべてについて、汚染防止のため、次の条件が必要となる。

① 天井、周壁、床の6面すべてについて保守点検を容易、かつ、安全に行うことができるよう、**天井は1m以上、周壁と底部は**60cm以上の距離をおいて設置する。

② 天井、周壁、床は、建築物と**兼用しない**。

③ 内部に飲料水以外の配管をしない。

④ **点検用マンホール**

内部の保守点検を容易に行えるようにするために、**有効内径**60cm以上の**マンホール**を設ける。点検用マンホール面は、受水槽上面より10cm以上立ち上げる。

⑤ **受水槽底部**

100分の1程度の勾配を設け、最低部に設けたピットまたは溝に**水抜き管を設置**する必要がある。

⑥ **年1回の清掃**を行う。

⑦ **防虫網**

オーバーフロー管（予定水面より水かさが上がって、水があふれるのを防ぐために水を流すパイプ）**および通気管**は、常時大気に開放されているため、外部から害虫等の侵入を防ぐ必要があり、先端に**防虫網を設ける必要がある**[2]。

先生からのコメント

[2]水抜き管との関係

水抜き管は、水槽の清掃などで槽内の水を排除するための管であり、その時以外は常時閉められた状態になっている。水抜きを行ったときに、水槽内の錆や沈殿物等が網に溜まって目詰まりを起こし、速やかに水を抜くことができなくなっては困るので、先端に**防虫網を設ける必要はない**。

⑧　**排水口空間**

　排水口とは、機器や器具の排水を排出するための排水接続部または排水を受ける口をいう。オーバーフロー管および水抜き管には、水槽への排水の逆流を防ぐために、排水管との間に排水口空間（間接排水管の管端と、水受け容器または間接排水を受ける器具のあふれ縁との間の垂直距離：最小150mm）を設け、**間接排水**とする必要がある。

⑨　**吐水口空間**

　吐水口とは、給水栓などの水の出口となる筒先をいう。給水タンクには、給水管への逆流を防ぐために、給水管の流入口端からオーバーフロー管「下端」までに、**吐水口空間（一定の垂直距離）を設ける**必要がある。

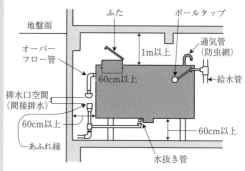

【飲料用給水タンク】

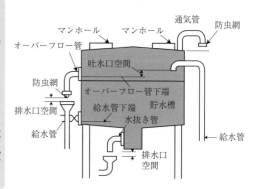

（3）**受水槽の水位**

　水道から受水槽への給水系統に主弁と副弁で構成される**定水位弁を設けて制御**する。

（4）**受水槽の分割**

　総容量を2槽以上に分割し、中仕切り方式とすると、内部清掃や修理に際し管理上便利である。

（5）**ＦＲＰ（繊維強化プラスチック）製の水槽**

　光透過性が高く、藻類が繁殖する場合がある。

(6) 飲料用タンクの耐震・地震対策

① 耐震クラス

一般に**S・A・Bに分類**されている。マンションでは、最も性能の低いクラス**B**（最近では、現場納入の際はA）が標準として採用されている。たとえば、防振装置を付した機器では、耐震クラスSまたはAを適用することが望ましいとされている。

② 局部震度法による建築設備機器の設計用標準震度

マンションには、水槽・ポンプ・受変電設備・貯湯式給湯器（電気温水器）等が設置されている。建築設備機器に作用する地震力の計算は、一般的に局部震度法により行われ、建築設備機器には「設計用水平震度」に「機器の重量」を掛けあわせた「設計用水平地震力」が機器の重心に作用するものとして考え、要求する耐震クラスや地域などを考慮し求められる。具体的には、次表のような「設計用標準震度」から要求される耐震クラスにより数値を選定する。たとえば、水槽等では、1.0 G仕様、1.5 G仕様などと呼ばれる。

	建築設備機器の耐震クラス		
	S	A	B
上層階※1・屋上・塔屋	2.0	1.5	1.0
中間階※2	1.5	1.0	0.6
地階・1階	1.0（1.5）	0.6（1.0）	0.4（0.6）

（　）内の値は、地階・1階（地表）に設置する水槽の場合に適用する。

※1　上層階の定義
　・2～6階建ての建築物では、最上階を上層階とする。
　・7～9階建ての建築物では、上層の2層を上層階とする。
　・10～12階建ての建築物では、上層の3層を上層階とする。
　・13階建ての建築物では、上層の4層を上層階とする。

※2　中間階の定義
　　地階・1階を除く各階で上層階に該当しない階を中間階とする。

③ スロッシング対策

スロッシング（水槽に周期的な振動が加わった際に生じる水面が大きくうねる現象）対策は、平成7年の阪神・淡路大震災後に行われた水槽の耐震設計基準見直しにより施すこととなった。

④　給水機能の確保

　給水機能を確保するため、受水槽の**出口側給水口端に緊急遮断弁**（地震感知により作動する弁）を設け、**給水を遮断**できるものとする。また、受水槽には、**直接水を採取できる給水弁**を設ける。

3．給水配管

(1)　水撃作用（ウォーターハンマー）の防止

①　給水配管中の水栓や弁を**急閉**すると、流れていた水が管内各部に衝突し異常な圧力上昇を生じて、**水撃作用を起こし、器具や配管が破壊される**こともある。

②　**管内の流速**

　1.5〜2.0m/s（秒）に抑えてウォーターハンマーを**防止**し、この装置を水栓等の近くに設置する。

③　流速がやや大きいときは、配管系に**空気室**、**緩閉止弁**、**特殊ボールタップ**などを設けて、**流速を小さくする**。

④　高層建築物では、**数階ごとの水槽や減圧弁を設けて**、適切な水圧に調整する必要がある（ゾーニング）。ただし、減圧弁を設置すると一時圧力降下につながるが、再び圧力が回復することで、配管系にウォーターハンマーが発生する可能性があるので、音のする配管の出口付近にエアチャンバー（**水撃防止器**）を**設置する**等で、**有効な防止措置**（瞬間的な圧力降下を低減させる）をすることが要求される（建設省告示1406号参照）。なお、減圧弁を設置する場合でも、「各水洗器具」に設置するのではなく、「各住戸」や「給水立て管」に設置する。

⑤　**止水弁の設置**

　給水立て主管からの各階への分岐管等**主要な分岐管**には、分岐点に**近接した部分**で、かつ、**操作を容易に行うことができる部分**に**止水弁**を設けることが必要である（同告示1406号）。

(2)　エロージョンの防止

①　管内の流速が大きいと、管内表面を保護している**酸化被膜**が、水流によって**削り取られるように損じていき**、衛生面を確保できなくなる**現象**を「**エロージョン**」

という。

② 管内流速を一定範囲内にすれば、このような障害は起きない。

(3) 汚染防止のためのクロスコネクションの禁止

① クロスコネクションとは

上水給水系統がほかの系統と**直接接続**されることをいう。

② クロスコネクションの禁止

上記①のような配管を行うと、上水の圧力低下時に上水以外の水が配管内に混入したり、洗面器・流し・浴槽などの水が吸引作用により、上水の吐水口に逆流作用や逆サイホン作用を生じたりするおそれがある。したがって、給水系統は、いかなる場合も「**クロスコネクション**」をしてはならない。

【例】飲料水の給水系統と消防用水の系統

4．使用水量・時間

① 基準給水量

マンション・住宅 ➡ 居住者1人当たりの1日の使用水量　200〜350ℓ

② 1日平均使用時間

マンション・住宅 ➡ **10時間**

5．給水ポンプ

給水ポンプ本体に使用される主な材質としては、「**鋳鉄製**（接水部をナイロンコーティングして赤水を防止する）」と「**ステンレス鋼製**（プレス加工・直動型で小さいため、比較的経済的で、普及している）」のものがある。

(1) 揚水ポンプ

① 揚水ポンプのまわりは清掃を怠らず、衛生的に保つように心がける必要がある。

② 揚水ポンプに空気が入った場合、ポンプは空転して揚水しなくなるが、そのまま放置しておいても高置水槽へ水が供給されないため、高置水槽では減水警報を発報する。ポンプの空転は、**電流計の値および圧力計器の値**が正常値よりも**低く**なっているので確認しやすい。

③　ポンプの空気抜きは、ポンプの空気抜きコックを開放し、呼び水カップから水を注入して、空気抜きコックから水があふれたら、空気抜きコックと呼び水カップのコックを閉止してポンプを始動させる。

(2) ポンプの耐震対策

防振架台上に設置する場合、地震時にポンプが飛び出さないように、**耐震ストッパを設ける必要がある。**

❹　専用水道の管理（3条6項、32条～34条）

1. 専用水道の定義（水道法3条6項、施行令1条）

専用水道とは、「寄宿舎、社宅、療養所等における自家用の水道」（例示）、「その他水道事業の用に供する水道以外の水道」であって、「100人を超える者にその居住に必要な水を供給するもの[1・2]」または「人の飲用その他の厚生労働省令で定める目的のために使用する水量が20 ㎥を超えるもの」をいう。

ただし、他の水道から供給を受ける水のみを水源とし[3]、かつ、その水道施設のうち地中または地表に施設されている部分の規模が、次の場合は**除かれる。**

〔除かれるもの〕
(1) **口径25㎜以上の導管の全長が1,500 m以下**
　かつ
(2) **水槽の有効容量が100㎥（100トン）以下**

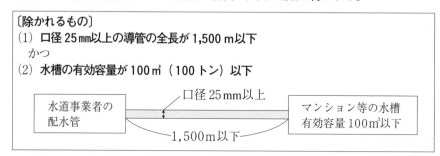

※1　専用水道であっても、事情により100人以下の者にしか給水できなくなったときは、専用水道の適用を受けなくなる。
※2　この人数は居住する人数であって、給水計画上の人数ではない。
※3　他の水道から供給を受ける水のみを水源としない場合（井戸水等を利用する場合）は、上図の要件は不要。

2．設置者の義務等

(1) 水道技術管理者の設置義務

　水道事業者は、水道の管理について技術上の業務を担当させるため「**水道技術管理者**」1人を置かなければならない。ただし、設置者が自ら水道技術管理者となることもできる（19条1項、34条）。なお、水道技術管理者は、一定の資格を有するものでなければならない（19条3項）。

(2) 水質検査

①　**水道事業者**は、水道水が水道基準に適合するか否かを判断するため、**定期**（①1日に1回以上行う項目、②おおむね1ヵ月に1回以上行う項目、③おおむね3ヵ月に1回以上行う項目）および**臨時**に**水質検査**を行わなければならない（20条1項、34条、施行規則15条）。

②　**水道事業者**は、水質検査に関する記録を作成し、水質検査を行った日から起算して5年間、これを**保存**しなければならない（20条2項）。

③　**水道事業者**は、原則として、水質検査を行うために必要な施設を設けなければならないが、水質検査を地方公共団体の機関または国土交通大臣および環境大臣の登録を受けた者に委託して行わせるときは施設を設ける必要がない（20条3項）。

(3) 健康診断

　水道事業者は、水道の管理に関する業務に従事する者について、**定期**（おおむね6ヵ月ごと）および**臨時**に**健康診断**を行うとともに、その記録を作成し、健康診断を行った日から起算して1年間、これを**保存**しなければならない（21条、34条、施行規則16条）。

(4) 消毒その他衛生上必要な措置

　水道事業者は水道施設の管理および運営に関し、消毒その他衛生上必要な措置を講ずる必要がある（22条、施行規則17条1項）。

①　水道施設の清潔の維持および水の汚染の防止

②　水道施設へのかぎおよびさくの設置

③　水道水の水質を確保するため、給水栓における水の**遊離残留塩素**は、**平時で0.1mg/ℓ**（**結合残留塩素**の場合0.4mg/ℓ）以上保持するよう塩素消毒する必要

がある。ただし、供給する水が病原生物に著しく汚染されるおそれがある場合、または病原生物に汚染されたことを疑わせるような生物もしくは物質を多量に含むおそれのある場合の給水栓における水の**遊離残留塩素**は、**平時で** 0.2 mg/ℓ （**結合残留塩素**の場合 1.5 mg/ℓ ）以上である。

(5) **水道施設台帳**

① **水道事業者**は、水道施設台帳を**作成・保管**しなければならない（22条の3）。

② 水道施設台帳は、**調書**や**図面**をもって組成する（施行規則17条の3第1項）。

(6) **給水停止・周知措置**

① **水道事業者**は、当該水道によって水の供給を受ける者の給水装置の構造・材質が、政令で定める基準に適合していないときは、供給規程の定めるところにより、その者の給水契約の申込みを拒み、またはその者が給水装置をその基準に適合させるまでの間、その者に対する給水を**停止**できる（16条）。

② **水道事業者**は、供給する水が人の健康を害するおそれがあることを知った場合は、直ちに**給水を緊急停止**するとともに、水の使用が危険である旨を関係者に**周知させる措置**を講じなければならない[1,2]（23条1項）。

　※1　使用する水が健康を害するおそれがあることを知った者は、直ちにその旨を水道事業者に通報しなければならない（23条2項）。

　※2　専用水道だけでなく簡易専用水道にも、同様の規定がある（➡ 後述 **整理** 参照）。

(7) **他の水道事業者等への委託**

　水道事業者は、水道の管理に関する技術上の業務の全部または一部を**他の水道事業者等に委託**することができる（24条の3第1項）。

❺ 簡易専用水道の管理（3条7項、34条の2〜34条の4）

1．簡易専用水道の定義

(1) **簡易専用水道とは**

　「**水道事業の用に供する水道および専用水道以外の水道**」で、「**水道事業の用に供する水道から供給を受ける水のみを水源**とする※もの」をいう（3条7項）。

　　※　自己水源ではなく、必ず水道事業者から供給を受ける。

(2) **簡易専用水道の対象**

　水道事業の用に供する水道から水の供給を受けるために設けられる水槽の有効容量の合計が 10 m³ を超えるものである（施行令2条）。

2．設置者の義務③等

（1）検　査

簡易専用水道の設置者は、管理基準に従ってその水道を管理するとともに定期（毎年1回以上）に、地方公共団体の機関または国土交通大臣および環境大臣の登録を受けた者④の検査を受けなければならない（34条の2第2項、施行規則56条1項）。

先生からのコメント

- ③設置者が義務に違反すると、100万円以下の**罰金**に処される。
- ④検査機関は、検査を行うことが**求められた**場合、正当な理由があるときを除き、遅滞なく、**検査を行う**必要がある。

（2）簡易専用水道の検査

① 　検査項目

原則として、簡易専用水道に係る「**施設およびその管理の状態に関する検査⑤**」「**給水栓における水質の検査⑥**」「**書類の整理等に関する検査⑦**」である（56条2項、厚生労働省告示262号）。

先生からのコメント

- ⑤簡易専用水道の水質に害を及ぼす恐れがあるものか否かを検査するものであり、次の検査を当該水槽の**水を抜かず**に行う。
  - （ア）水槽その他当該簡易専用水道に係る施設の中に汚水等の衛生上有害なものが混入するおそれの有無についての検査
  - （イ）**水槽**およびその**周辺**の清潔の保持についての検査
  - （ウ）水槽内における沈積物、浮遊物質等の異常な物の有無についての検査
- ⑥臭気・味・色・濁りに関する検査や残留塩素に関する検査を行う。この検査の結果、判定基準に適合しなかった事項がある場合、検査者は、設置者に対し、当該事項について、「速やかに」対策を講じるよう助言を行う。
- ⑦書類の整理および保存の状況についての判定基準は、次のとおりである。
  - （ア）簡易専用水道の設備の配置・系統を明らかにした図面
  - （イ）受水槽の周囲の構造物の配置を明らかにした平面図
  - （ウ）水槽の掃除の記録その他の帳簿書類の適切な整理・保存

②　簡易専用水道の検査の登録を受けた検査機関は、簡易専用水道の**設置者の了解**を得て、検査結果を行政庁に「**代行報告**」できる（施行規則56条2項、厚生労働省告示262号）。

(3) 改善の指示

　知事等は、簡易専用水道の管理が国土交通省令で定める**基準に適合していない**と認める場合、当該簡易専用水道の設置者に対して、期間を定めて、当該**簡易専用水道の管理**に関し、**清掃その他の必要な措置を採るべき旨を指示**できる（36条3項）。

(4) 報告の徴収・立入検査

　知事等は、簡易専用水道の管理の適正を確保するために必要があると認めるときは、簡易専用水道の設置者から簡易専用水道の管理について必要な**報告を徴し**、または当該職員をして簡易専用水道の用に供する施設のある場所や設置者の事務所に立ち入らせ、その**施設・水質・必要な帳簿書類を検査**させることができる（39条3項）。

(5) 条例等による規制

　地方公共団体の一部では、条例等により、簡易専用水道の基準を満たしていない給水施設については、「小規模簡易専用水道の設置者」に対して、給水施設の届出義務を課し、簡易専用水道の管理基準に準拠して維持管理を行うよう指導している。

(6) 簡易専用水道の管理基準（34条の2第1項、施行規則55条、水質基準に関する省令等）

①　**水槽の清掃**を1年以内ごとに1回、定期に行うこと

②　水槽の点検等有害物、汚水等によって水が汚染されるのを防止するために必要な措置を講ずること

③　給水栓における**水の色、濁り、臭い、味**その他の状態により、供給する水に異常を認めたときは、51[⑧～⑩]の水質基準項目のうち、必要なものについて**検査**を行う[⑪⑫]こと

④　供給する水が人の健康を害するおそれがあることを知ったときは、直ちに**給水を停止**するとともに、水を使用することが危険である旨を関係者に**周知させる措置**を講ずること

(7) 遊離残留塩素の測定

　水道法上の規制はない。ただし、地方公共団体によっては、条例等により、簡易専用水道の設置者に対して、遊離残留塩素の測定を行うよう定めているところもある。

(8) 水道技術管理者

　水道の設置者に対しては、水道技術管理者を置く義務づけはない。

❻　貯水槽水道

1．貯水槽水道の定義

　簡易専用水道を含め水道の規模によらない建物内水道の総称であり、供給規程により貯水槽水道と位置づけられたものである。つまり、「**水道事業の用に供する水道および専用水道以外の水道**」であって、「**水道事業の用に供する水道から供給を受ける水のみを水源とするもの**」である（水道法 14 条 2 項 5 号）。

　この貯水槽水道は、受水槽の規模により、①**簡易専用水道**（10 m³超）、②**小規模貯水槽水道等**〔**簡易専用小水道**（5 m³超 10 m³以下）・**5 m³以下受水槽水道**〕に分類される。

2．技術的細目

　貯水槽水道が設置される場合、基準を適用するについて必要な技術的細目は、次のように国土交通省令で定められている（14 条 3 項）。

（1）水道事業者の責任に関する事項

　必要に応じて、次の事項が定められていること（施行規則 12 条の 5 第 1 号）

① **貯水槽水道の設置者に対する指導・助言・勧告**（同号イ）

② **貯水槽水道の利用者に対する情報提供**（同号ロ）

（2）貯水槽水道の設置者の責任に関する事項

　必要に応じて、次の事項が定められていること（12 条の 5 第 2 号）

① **貯水槽水道の管理責任・管理の基準**（同号イ）

② **貯水槽水道の管理の状況に関する検査**（同号ロ）

❼　給水管劣化防止対策

　給水管に使用されている鋼管（塩化ビニルライニング）が経年変化により腐食が進むと、錆水による**赤水**が発生する。このようなマンションが多いので、給水管の劣化防止策として次のような対策が講じられている。

1．新規配管工事

（1）特　徴

① 既設の配管はそのまま残し、別経路の新規配管工事を施工する工事である。

② 短い断水時間の間に新規の管の接続替えをすることができる。

（2）管の材質

　塩化ビニルライニング鋼管（防食継手）またはステンレス鋼管が使用される。

2．ライニング更生工事

　配管を延命させるために行う工事であり、WL 工法等がある。

　WL工法とは、ブロアー等により高圧で、細かい砕石を使い、2方向から研磨して錆を削り取り、その後エポキシ樹脂液を管の内面に塗布する方法である。つまり、老朽管を新管と入れ替えることなく、現状のまま機能を回復させる工法である。

3．防錆剤の使用

　防錆剤の使用は、赤水等対策として給水系統配管の布設替え等が行われるまでの**応急対策**として定められている。

4．各種の管の特徴等

	特　　徴　　等
鋼　　　　　　管	① **塩化ビニルライニング鋼管** 　（ア）赤水対策として、磁気工法、膜脱気工法、カルシウム防錆工法等がある。 ② **硬質塩化ビニルライニング鋼管** 　（ア）**直管部よりも継手の接合部（管端部）に集中して、腐食が起きる**ことがある。 　（イ）管内面に硬質塩化ビニル管をライニングした製品で、塩化ビニルの耐食性と鋼管の剛性との長所を併せ持っている。 ③ **亜鉛めっき鋼管** 　（ア）給水管として多用されてきた。 　（イ）水道管内部や継手の腐食により錆が赤水として溶け出すことがある。 　（ウ）内部が亜鉛めっきされており、これにより腐食を防ぐが、水内の酸・塩素の作用により、めっきがなくなり腐食してしまう。そのため、**20年程度経過すると漏洩し**やすくなる。 ④ **土中埋設の鋼管**（白ガス管等）では、電位差が生ずることにより、**鋼管外面に腐食が起きる**ことがある。
銅　　　　　　管	① 水道メーター周りで**青銅製バルブと鋼管を直接つなぐと、鋼管に腐食が起きる**ことがある。 ② 給湯管に使用される**鋼管**では、**管内の流速が速い場合、局部的に酸化皮膜が破壊されて腐食が起きる**ことがある。
耐熱性硬質塩化ビニル管	① 耐食性に優れ、接着接合で施工が容易である。 ② 直射日光・衝撃・凍結には弱い。

水道用架橋ポリエチレン管	① 施工が容易であり、耐熱・耐寒・耐衝撃・耐食性に優れている。 ② スケール〔水に含まれるカルシウム・マグネシウム・シリカ（ケイ酸）など〕も付きにくく、水圧低下も少ない。 ③ 耐熱・耐寒・耐食性、給湯用配管に用いることができる。
水道用ポリブテン管	高温でも高い強度を持ち、給湯用配管に用いることができる。

整理 専用水道と簡易専用水道の比較

項 目	専 用 水 道	簡易専用水道
水道法上の定義	寄宿舎、社宅、療養所等における自家用の水道その他の水道事業の用に供する水道以外の水道であって、100人超の者にその居住に必要な水を供給するものまたは人の飲用その他の厚生労働省令で定める目的のために使用する水量が20㎥超のもの。	水道事業の用に供する水道および専用水道以外の水道であって、水道事業の用に供する水道から供給を受ける水のみを水源とするもの。 水槽の有効容量の合計が10㎥のもの。
定義に該当しないもの	他の水道から供給を受ける水のみを水源とし、かつ、その水道施設のうち地中または地表に施設されている部分の規模が、 ① 口径25mm以上の導管の全長1,500m以下、かつ、 ② 水槽の有効容量の合計100㎥以下	水槽の有効容量の合計が10㎥以下
残留塩素の測定	給水栓における水の遊離残留塩素は、原則、平時で0.1mg/ℓ（結合残留塩素の場合0.4mg/ℓ）以上保持するよう塩素消毒する必要あり。	水道法上の規制はない。 ただし地方公共団体等によって条例または行政指導あり。
管理基準	① 水道技術管理者を置く。 ② 定期および臨時の水質検査を行う（結果は5年間保存）。 ③ 衛生上の措置を講ずる。	① 水槽の清掃を1年以内ごとに1回定期に実施 ② 水槽の点検 ③ 人の健康を害するおそれのあるときは給水を停止し、かつ、使用の関係者に知らせる措置をとること
検 査	**水質検査** 水道技術管理者が実施。ただし、検査施設がない場合、地方公共団体の機関または国土交通大臣および環境大臣の登録を受けた者に委託する。	**定期検査** ① 毎年1回以上 ② 地方公共団体の機関または国土交通大臣および環境大臣の登録を受けた者の検査を受ける。

排水設備等・下水道法

❖ **Introduction** ❖

　排水は、どのような種類に分類できるのかを確認しよう。また、排水設備の機能や下水道法の知識も押さえておこう。

❶ 排水の種類

　マンションから排出される排水は、①トイレや汚物流しからの排水（汚水）、②浴室・流しからの排水（雑排水）、③雨水に分類される。さらに、排水処理施設の有無やその種類等によって、次のような方式に分類される。

1．排水の方法

（1）重力式排水方式

　高所から低所に勾配を利用して自然流下させる方法。

（2）機械式排水（圧送排水）方式

　重力式排水が不可能な場合、地下等に排水槽を設けて汚水をポンプで排水する方法。

2．排水槽の種類

　貯留する排水の種類に応じて、①汚水槽（汚水のみ、または汚水と雑排水両方を貯留）、②雑排水槽（雑排水のみを貯留）、③湧水槽（地下での湧水のみ、または湧水と雨水の両方を貯留）、④雨水槽（雨水のみを貯留）、の4つがある。

3．連結方式による分類

　次の(1)(2)のように「敷地内の排水系統」と「公共下水道」は「合流式」と「分流式」に分かれる。

（1）敷地内の排水系統※

①　合流式

　汚水・雑排水を同じ排水系統にし、雨水を別の排水系統にする。

② **分流式**

汚水・雑排水・雨水を別々の排水系統にする。

> ※ 敷地内の排水系統では、汚水と雑排水をいっしょにするか分けるかで、「合流式」と「分流式」を区分する。

(2) **公共下水道**※

① **合流式**

汚水・雑排水・雨水を**合流**させ、終末処理場に排水する。

② **分流式**

汚水・雑排水を終末処理場に排水し、**雨水**を都市下水路・公共用水路へ放流する。

> ※ 公共下水道では、「汚水・雑排水」と雨水をいっしょにするか分けるかで、「合流式」と「分流式」を区別する。

4．ディスポーザ排水処理システム

ディスポーザ（台所の野菜くず等を粉砕して下水道に流す装置）**排水処理システム**を採用する場合、**ディスポーザからの排水を含む台所流し排水**を、**排水処理槽で処理してから放流**し、他の雑排水と合流させる。

下水道未整備地域でも、この**システムを設置**することができる。この場合、次のいずれかとする。

(1) ディスポーザ対応型浄化槽を設け、すべての排水をあわせて処理する。

(2) 専用の排水処理装置および高度処理型合併処理浄化槽を設け、専用の排水処理装置で処理したディスポーザ排水を高度処理型浄化槽によってさらに処理する。

❷ 排水設備（排水管の種類・トラップ・通気管）

排水設備には、一般に通気管が併設されている。通気管は、排水がなされる器具に**トラップ**①が設置されて、円滑な排水をさせるためにトラップ以降の排水に重力を加えてトラップ封水を保護するために必要となる。通気管は、排水管内の気圧と外圧の気圧差をできるだけ生じないようにして、排水の流れをスムーズにするために設けられる。

①二重トラップは採用してはならない（国土交通省告示243号）。つまり、1つの排水系統にトラップを直列に2個以上設けると、トラップとトラップの間が閉そく状態となり、排水の流れを悪くするので行ってはならない。

1. 排水管の種類

名　　称	内　　　　　容
器 具 排 水 管	衛生器具に設置されるトラップに接続されている排水管をいう。トラップから他の排水管までの間の管。
排 水 横 枝 管	器具排水管から、排水立て管・排水横主管までの排水管をいう。
排 水 立 て 管	排水横枝管から排水を受けて、排水横主管へ接続するまでの立て管をいう。
排 水 横 主 管	建物内の排水を集めて、屋外排水設備に排除する横引き管をいう。
雨水排水立て管	屋根の雨水を、屋外排水管へ排除するための排水立て管をいう。
ルーフドレイン	屋根面に降った雨水を、雨水立て管へ導くための器具をいう。

➡ 通気管は、**4.5.** 参照

【排水管の種類】

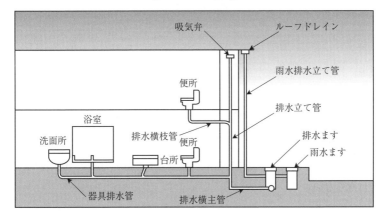

2．排水系統

(1) 排水管

　排水管に直接連結してはならないものとして、給水タンクの水抜管、オーバーフロー管、冷蔵庫、食器洗器、水飲器、洗濯機、などがある。

(2) 排水槽（以下「排水タンク」という）

【排水タンク】

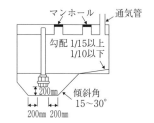

① 　内部の保守点検のため、**直径 60 cm 以上のマンホールを設ける。**

② 　排水タンクの底には、吸込みピット（底部に設けられるくぼみのこと）を設け、かつ、吸込みピットに向かって、1/15以上1/10以下の**勾配**をつける。

③ 　**通気管**を直接外気に開放する。

(3) 配管勾配

① 　配管勾配は、**管径や流量**によって、**標準配管勾配が決まっている。**

② 　屋外排水管の勾配と管径の関係は、建築基準法・同施行令・同施行規則・関係告示において、数値が明示されていない。

③ 　給水管と異なり、勾配は大変重要で、**緩勾配にすると排水の流下が悪く、**また、**急勾配にすると水だけが流下して固形物が残る**結果となる。

④ 　台所・浴室の**雑排水横枝管の勾配**は、便所の**汚水横枝管の勾配より大きくする**のが一般的である。汚水横枝管の勾配を大きくすると、水だけが先に流れてしまい、問題がでてくる。

⑤ 　排水横引管の管径が75㎜の場合、円滑に排水を行うために**最小勾配は1/100**とし、125㎜の場合、1/150とする。

(4) 排水管の管径

① 　**排水管の管径は、トラップの口径以上で、**かつ 30 ㎜以上とする。また、**地中または地階の床下に埋設される排水管の管径は、**50 ㎜以上が望ましい。

② 　**排水管**は、立て管・横管のいずれの場合でも、**排水の流下方向の管径を縮小してはならない。**

③ **排水立て管の管径**は、これに接続する排水横枝管の最大管径以上とし、どの階においても建物の**最下部**における**最も大きな排水負荷を負担する部分の管径と同一**とする。

3．トラップ

配水管を曲げるなどして水を封じること（**封水**）により、排水管内から臭気や害虫が室内に侵入することを防止する設備をいう。

トラップの封水の深さを封水深といい、**50 mm以上100 mm以下（阻集器**※**を兼ねる排水トラップについては50 mm以上）**が必要となる。浅いと破封しやすく、深いと自浄作用がなくなる。

※ 特殊な用途のトラップとして、排水管の中に有害物質が混入するのを阻止する構造となっている。

(1) トラップの主な種類

【管トラップ（サイホントラップ）】

① Uトラップ

（ア）横走管途中に設けられるのが普通であるが、汚水の流動を妨げる原因になりやすい。

（イ）封水の安定度は、SトラップやPトラップより劣る。

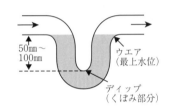

② Sトラップ

（ア）一般によく用いられる形である。

（イ）サイホン作用を起こしやすいという短所がある。

【洗面器のSトラップ】

給水管　排水管

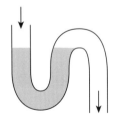

③　Pトラップ

（ア）最も多く使用される形である。

（イ）サイホン作用による「**封水破壊**」は少な
　　く、通気管を接続すれば封水は安定する。

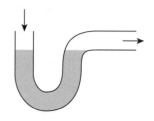

【隔壁トラップ（非サイホントラップ）】

①　ドラムトラップ

流しなどに使用され、封水の安定度は高い。

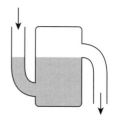

②　わんトラップ（ベルトラップ）

（ア）床排水に使用される。

（イ）封水深さが浅いものが多く、封水の安定度
　　が低く問題点が多い。

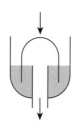

③　逆わんトラップ

専有部分の洗濯機からの排水を受ける防水パン
に設置し、排水横枝管に排水される。

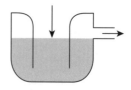

（2）**エアロック現象**

空気だまりのことで、排水設備において二重トラップなどの間に空気が閉じ込めら
れる現象をいう。

4．通気管（ベントパイプ）設置の目的

通気管は、配管内の空気が屋内に漏れることを防止する装置を設けた場合を除き、直接外気に衛生上有効に開放しなければならない。

通気管を設ける主な目的は、次のとおりである。

(1) 封水破壊（破封）の防止

排水管内に正圧または負圧が生じたときの排水トラップの封水保持能力を「**封水強度**」というが、トラップの封水がなくなる現象を「封水破壊」といい、その原因には次のようなものがある。

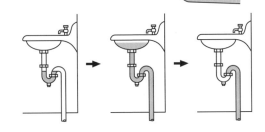

吸出し

はね出し

通気立て管

排水立て管

① 自己サイホン作用

大量の水を一気に流すと、トラップ器具自身の排水によって**封水が引き出されて流下する**ことをいう。

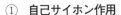

② 吸出し作用（誘導サイホン作用）

配管圧力には、正圧と負圧がある。立て管に近い位置に衛生器具が設けられた場合、立て管上部から満水状態で他の器具の排水が流下すると、**横管との連結部分付近**において瞬間的に**負圧**を生じ、その結果、トラップの封水が**排水管の方に吸い出される**ことをいう。上部の空気が引っ張られることになるのに対し、下部の空気は押し込まれることになるため、1階に近づくと逆に正圧になる。

③　はね出し作用

　排水が、立て管から横管に移る場合、流速が遅くなっ
て、接続部分が満水（はね出し作用）の状態になってい
るとき、立て管内を上部から次の排水が落下してきてし
まうと、前の排水に追いつく結果、立て管内の空気に一
時的に**高圧部が生じ**、この部分に連結されたトラップの
封水は、逆に**室内側に飛び出して**しまうことをいう。

④　蒸発作用

　長時間水を流さない場合に**封水が蒸発してしまうこと**
をいい、床を通しての排水（床排水）などに多く起こる
ことがある。

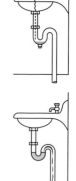

⑤　毛細管作用

　トラップ部に、糸類のようなものが掛かった場合、**毛
細管現象によって封水を次第に吸い出してしまうこと**を
いう。

（2）その他の主な目的

①　封水流れの円滑化

　排水管内が常に大気圧になるようにし、封水の流れを円滑にする。

②　管内の換気

　水の流下に伴って、排水管内に空気を流通させ、管内の換気も行う。

③　逆サイホン作用の防止

　逆サイホン作用とは、洗面器や流し等の水受け容器中に、**吐水した水、使用され
た水**、またはその他の液体が給水管内に生じた**負圧による吸引作用**により、給水管
内に逆流する現象をいうが、これを防止する必要がある。このために「逆流防止弁」
が使われるが、これを「**バキュームブレーカ**」という。

5．通気管の種類

通気管は、サイホン作用および背圧（流れの中の物体下流における圧力）からトラップの封水を保護する役割をもつ。そして、排水管内の排水の流れを円滑にし、新鮮な空気を流通させて、排水系統内の換気を行うものである。これには、通気の方法により、主に次のような種類がある。

(1) 各個通気管

各個の器具トラップを通気するために、その器具より上方で通気系統へ接続するか、または大気中に開口するように設けた通気管をいう。

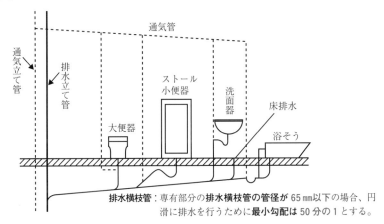

排水横枝管：専有部分の**排水横枝管の管径が** 65 mm以下の場合、円滑に排水を行うために**最小勾配は** 50 分の 1 とする。

(2) ループ通気管

2個以上の器具トラップを保護する役割をもつ。最上流の器具排水管が排水横枝管に接続した箇所のすぐ下流から立ち上げ、通気立て管または伸頂通気管に接続するまでの通気管をいう。

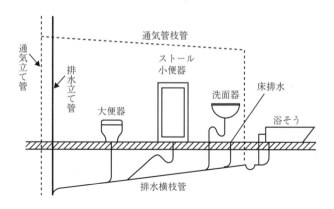

(3) 伸頂通気管

【方　式】

① 最上部の排水横枝管が排水立て管に接続した箇所より、さらに上方へその排水立て管を立ち上げ、これを通気管として使用する部分をいう。

② **特殊継手排水システム**

伸頂**通気管**のみを用い、特殊な継手を設けて、通気性能を高めたもので、排水立て管の数を減らすことができる。一般に立て管内の流れと排水横枝管内の流れが交差して合流することを円滑にし、立て管内の流下速度を減少させ、同時に管内の圧力変動も減少させている。

最近のマンションでは、この方式の利用が多くなっている。

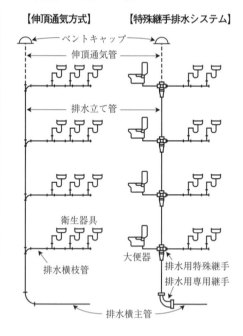

【管　径】

排水立て管の管径より小さくしてはならない。

（4）結合通気管

　高層マンションで用いられる排水方式であり、排水立て管内の圧力変動を緩和し、空気の流通を円滑にするために、排水立て管から分岐して立ち上げ、通気立て管に接続した逃がし通気管のことで、排水時に「**上層階**」の排水管内に発生する「**負圧**」と「**下層階**」の排水管内に発生する「**正圧**」を**緩和**するために用いる。

6．通気弁の効果

　通気弁は、排水時に大気を吸い込んでトラップの封水を保護し、平常時に弁閉して悪臭の漏れを防止する役割をもつ。この採用で、通気管が屋根や外壁を貫通せず、設備費を削減できる。

　排水管内には、排水の流れにより、「**負圧**」と「**正圧**」が発

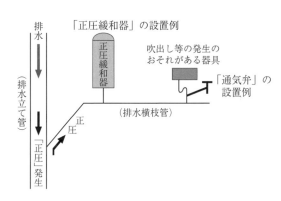

「正圧緩和器」の設置例

排水立て管

排水

正圧

「正圧」発生

正圧緩和器

吹出し等の発生のおそれがある器具

「通気弁」の設置例

（排水横枝管）

生する。「**負圧**」には「**通気弁**」を、「**正圧**」には「**正圧緩和器**」を**使用**することで、排水内に発生する負圧と正圧への対策を図ることができる。つまり、**通気弁**とは、排水通気管の端部に設ける可動弁であり、排水通気管内に生じる「**負圧**」を**緩和する弁**をいう。正圧の緩和には無効となる場合が考えられる。

❸　排水設備での留意事項等

【トラップます】

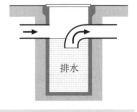

排水

（1）雨水[2][3]排水管[4][5]

①　雨水排水立て管

　汚水排水管や通気管と**兼用**し、またはこれらの管に**連結してはならない**（国土交通省告示243号）。

②　トラップますの設置

　敷地内で、雨水排水管と排水横主管を接続する場合、臭気が雨水系統へ逆流しないよう、トラップ機能のある「トラップます」を設置する。

先生からの

② **1 ㎜の雨が 1 ㎡の面積に降った**場合、その量は **1 ℓ**（0.1㎝× 100㎝× 100㎝＝ 1,000㎤＝1,000㎖）となる。

③ 敷地に降る**雨の排水設備を設計**する場合、その排水設備が排水すべき**敷地面積**に、当該敷地に接する**建物外壁面積**の「**50 ％**」**を加えて計算**する。敷地から排出すべき雨には、敷地に直接降る雨以外に、建物の屋根や外壁等に降って敷地に流れていく雨も含まれる。

④ **敷地雨水管**の管内平均**流下速度**は、一般に **1.0〜 1.2 m／秒となるように設計**する。

⑤ 雨水排水管径の算定に用いる降水量は、各地域ごとの**最大降水量**を採用する。

（2）直接外気に開放された通気立て管

　配管内の空気が屋内に漏れることを防止する装置が排水管に設けられている場合には、**不要**である（国土交通省告示 243 号）。

（3）排水立て管

① 排水の流れをスムーズにするため、上階から下階のどの階においても、最下部の最も大きな排水負荷を負担する部分の管径と同一管径でなければならない。

② これには、**最上階・屋上、最下階、および 3 階以内おきの中間階または 15 m 以内ごとに、掃除口を設ける**ことが望ましい（国土交通省告示 1108 号）。

③ 清掃時には、清掃ノズルを挿入する**掃除口を 3〜5 階以内**の間隔で設ける。

④ 共用部分の排水管に設置する**掃除口**は、排水の流れと「**反対」の方向**または流れと**直角方向**に開口するように設ける。

⑤ **排水・通気用耐火二層管**は、硬質塩化ビニル管等を繊維モルタルで被覆したものである。

（4）耐熱性硬質塩化ビニル管

　台所に設置された**食器洗い乾燥機の排水管**には、高温（80℃ほど）の排水にも耐えうるように**耐熱性硬質塩化ビニル管**（HTVP）を用いる。

（5）排水用硬質塩化ビニルライニング鋼管（1980 年代前半以降に採用）

　錆の発生を防止するため、配管用炭素鋼鋼管の内面に、硬質塩化ビニル管を接着剤

を用いてライニング（コーティング＝貼付け）したものである。その**接続**には、排水鋼管用可とう継手の**MD式の継手**を用いる。なお、「ねじ込み式の継手」が用いられるのは、1970年代後半以降に採用の「排水用ノンタールエポキシ塗装鋼管」である。

(6) 排水ポンプ

運転用と予備用の2台を設置し、通常は**1台ずつ交互に自動運転**とする。予備用も使用するのは、**長期間使用しないでいると、ポンプやモーターのシャフトが錆びつき、いざ使用するときに運転できなくなる**からである。

(7) 排水ます

設置箇所については、敷地排水管の延長が、その管内径の**120倍を超えない範囲内**に、排水管の維持管理上適切な個所に設ける必要がある（給排水衛生設備基準）。

【例①】管径が150㎜の場合、 150㎜×120＝18,000㎜となり、 18mの距離間を目安に排水ますを設置する。

【例②】敷地内に埋設する排水横管の管径が125㎜の場合、 125㎜×120＝15,000㎜となり、 15mの距離間を目安に排水ますを設置する。

① 雨水排水ます（屋外排水ます）

雨水中に含まれる土砂等を阻集するために、**深さ150㎜以上**の「泥だまり」を設けることが必要である。この**清掃**では、**ゴミ堆積物を引き上げる**とともに**汚泥は吸引**するようにし、それらを**下水道・し尿浄化槽には流さないように処理**をしなければならない。これは、敷地雨水管の起点や合流箇所、方向を変える箇所、配管距離が長い箇所等の継手の代わりに設置し、**敷地雨水管の掃除口の役目**を果たす。

② 汚水排水ます（インバートます）

汚物がスムーズに流れるように、底面に半円筒状のインバート（溝）が設けられている。

❹ 大便器とその給水方式

1．大便器の種類

（1）洗出し式

① 和風大便器特有のものである。

② 汚物からの臭気が多いという欠点がある。

【洗出し式便器】

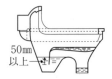

50mm
以上

（2）洗落し式

① 汚物を直接トラップの溜水中に落下させ、水の落差により排出するものである。

② 臭気の発散は比較的少ないが、溜水面が狭く汚れが付着しやすいという欠点がある。

③ **洗浄水量**は、8ℓ〜11ℓ。

【洗落し式便器】

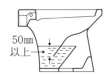

50mm
以上

（3）サイホン式

① 汚物を直接トラップの溜水中に落下させ、屈曲した排水路の抵抗によってサイホン作用を起こさせ、吸引排出するものである。

② 汚物の付着がしにくい。

③ **洗浄水量**は、11ℓ〜13ℓ。

【サイホン式便器】

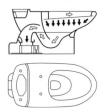

（4）サイホンゼット式

① ゼット孔から噴き出す水で、強いサイホン作用を起こし吸引排出するものである。

② 排出能力がすぐれ、溜水面が広いので、汚物の付着がしにくく、臭気の発散も少ない。

③ **洗浄水量**は、約13ℓ。

【サイホンゼット式便器】

（5）サイホンボルテックス式

① タンクと便器が一体成形の型で、サイホン作用とうず巻き作用との併用で、洗浄音が静かである。

② 汚物の付着がしにくく、臭気の発散も少ない。

③ **洗浄水量**は、約16ℓ。

【サイホンボルテックス式便器】

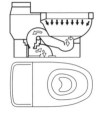

(6) ブローアウト式

① ゼット孔から噴き出す水の勢いで、汚物を吹き飛ばすように排出するものである。

② 汚物の付着がしにくく、臭気の発散も少ない。

③ この方式の洗浄は、フラッシュバルブ式（➡ **2**.(3)参照）に限られ、洗浄音は大きいという欠点がある。

④ **洗浄水量**は、**約13ℓ**。

2．洗浄水の給水方式

(1) ロータンク式

低い給水圧力でも使用できるので、一般住宅用として使われる。

(2) ハイタンク式

取付位置が高いので、スペースをとらない反面、メンテナンスに不便である。

(3) フラッシュバルブ式

① 給水管に直結し、一定量の吐水後に自動的に止水するものである。

② 連続使用が可能であり、コンパクトである反面、給水圧力（0.07 MPa 以上）、給水管径（25 mm以上）に制限があり、使用範囲は限定される。

③ リモコン式、電磁式、センサーによる感知式も用いられる。

❺ 排水管の洗浄方法

一般的に、次のような名称の方法がある。

(1) 高圧洗浄法

高圧洗浄機または高圧洗浄車からホースで導水し、ホースの先端に取り付けられた**ノズルから噴射する高速噴流**により、**管内付着・堆積物等を除去する方法**である。噴射孔の角度により、前方噴射・後方噴射・横噴射の各タイプおよびそれらの組み合わせが採用されている。後方噴射タイプは、洗浄とともに自走機能（管内を自走する）がある。注意点として、ノズルの外れ防止・ホースの接続確認・歩行者足元注意・ホースの老朽化による高圧水噴射などの事故・トラブルがある。

(2) スネークワイヤー法

スクリュー形・ブラシ形等のヘッドが先端に取り付けられた**ワイヤーを排水管内に回転させながら挿入**し、**押し引きを繰り返しながら**、**管内停滞・付着物等を除去する方法**である。トーラー法とも呼ばれている。高圧洗浄に比べると洗浄効果は劣る。

(3) ロッド法

1.0～1.8 m程度のロッド（長い棒）を**つなぎ合わせて**、**手動で排水管内に挿入する方法**である。この方法は、敷地排水管や雨水敷地排水管に適用され、排水桝から挿入して作業する。ロッドの最大繋ぎ長さは30 m程度である。

(4) ウォーターラム法

閉塞した排水管内に水を送り込み、**空気ポンプを用いて圧縮空気を管内に一気に放出し**、その**衝撃波により閉塞物を破壊・離脱させて除去する方法**である。これに対し、**化学的洗浄方法**は、**機械的洗浄方法が適用しにくい場合**などに利用され、器具の排水管内にフレーク状の洗浄剤を投入し、続いて温水を流入すると、発熱して高温の苛性液となり、有機性の閉塞物・付着物等を溶解する方法である。

❻ 下水道法
1．用語の定義
(1) 下水道（2条2号）

下水を排除するために設けられる排水管、排水渠その他の排水施設、これに接続して下水を処理するために設けられる処理施設（し尿浄化槽を除く）またはこれらの施設を補完するために設けられるポンプ施設その他の施設の総体をいう。

(2) 公共下水道（2条3号）

主として市街地における下水を排除し、または処理するために地方公共団体が管理する下水道で、終末処理場を有するものまたは流域下水道に接続するものであり、かつ、汚水を排除すべき排水施設の相当部分が暗渠である構造のものをいう。

(3) 流域下水道（2条4号）

もっぱら地方公共団体が管理する下水道により排除される下水を受けて、これを排

除し、および処理するために地方公共団体が管理する下水道で、2以上の市町村の区域における下水を排除するものであり、かつ、終末処理場を有するものをいう。

2．排水に関する受忍義務等（11条）

次の図のように、公共下水道の供用が開始されたことに伴い、その排水区域内にあるAマンションの区分所有者が、Aマンションの下水を公共下水道に流入させるために必要な排水管、排水渠その他の排水施設（排水設備）を設置する場合について考えてみよう。ただし、甲地、乙地および丙地の所有者は、それぞれ異なる者であるとし、Aマンションについては、排水設備の設置義務が課されているものとする。

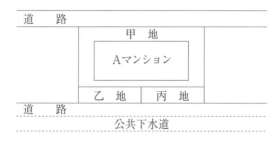

(1) Aマンションの区分所有者は、その下水を**他人の土地（乙地）を使用しなければ公共下水道に流入させることが困難**であるときは、**他人の土地（乙地）に排水設備を設置**することができる。

　この場合、乙地の所有者の**同意を得る必要はない**が、他人の土地にとって最も損害の少ない場所または箇所および方法を選ばなければならない（1項）。

(2) Aマンションの区分所有者は、その下水を**他人の土地（丙地）の所有者が設置した排水設備を使用しなければ公共下水道に流入させることが困難**であるときは、当該**排水設備を使用することができ**、この場合においては、**その利益を受ける割合に応じて**、その設置・改築・修繕・維持に要する**費用を負担**しなければならない（2項）。

(3) Aマンションの区分所有者は、**他人の土地（乙地）に設置した排水設備の設置・改築・修繕・維持をするためやむを得ない必要があるとき**は、乙地を**使用すること**ができる。

　この場合においては、あらかじめその旨を**占有者に告げなければならない**（3項）。

浄化槽設備

重要度　▼ **C** 主 **C**

❖ Introduction ❖

ここでは、浄化槽法の規定を中心に学習していく。特に、浄化槽管理者の保守点検・清掃義務のポイント部分は押さえておこう。

❶ 浄化槽設備

（1）浄化槽の定義（浄化槽法2条）

浄化槽とは、便所と連結して**屎尿**（しにょう）および屎尿と併せて**雑排水を処理**し、下水道法に規定する終末処理場を有する公共下水道以外に放流するための設備または施設であって、同法に規定する公共下水道および流域下水道ならびに廃棄物の処理および清掃に関する法律の規定により定められた計画に従って「市町村が設置した、屎尿施設以外」のものをいう。

つまり、屎尿中の有機物を嫌気性または好気性の微生物の働きによって人畜無害な状態にまで浄化したものを、下水溝に流したり、土中に浸透させるようにする装置のことをいう。

（2）基　準

①　「建築物の**用途別**による**屎尿浄化槽の処理対象人員算定基準**（JIS A 3302）」によれば、「共同住宅」と「住宅」について、処理対象人員の**算定基準**（算定式）**は異なる**。なお、処理対象人員1人あたりの汚水量およびBOD量の参考値ならびに1日の排水時間は同一とする。

②　環境大臣は、**浄化槽から公共用水域等に放流される水の水質**について、環境省令で、**技術上の基準**を定めなければならない（浄化槽法4条1項）。

　　浄化槽には、水洗便所から排出される汚水だけを処理する「単独処理浄化槽」と、厨房排水、洗濯排水、浴室排水などの雑排水も含めて処理する「合併処理浄化槽」とがある。

（ア）**単独処理浄化槽**

未処理の生活雑排水が河川を汚す原因となることが多いので、現在は設置禁止

とされている。

（イ）合併処理浄化槽[1]

　汚水流入部で沈殿・浮上等の物理的な処理操作によって排水中の汚濁物質を分離除去し、ばっ気（空気を送り込む）槽や散水ろ床等で汚水と空気を接触させて好気性微生物により汚水を分解させ、腐敗室で嫌気性微生物により汚水を分解させる生物化学的処理により浄化する。合併処理浄化槽の浄化処理能力は、単独処理浄化槽に比較してはるかに大きく、水質は大幅に改善される。

先生からの　コメント

[1]地下浸透方式を除く合併処理浄化槽の**汚物処理性能**に関しては、放流水に含まれる**大腸菌群数の個数**についての**技術的基準**（放流水に含まれる大腸菌群数が、1㎤につき3,000個以下とする性能を有するものであること）がある（建築基準法施行令32条1項2号）。

（3）漏水検査

　屎尿浄化槽・合併処理浄化槽と改良便槽は、満水して24時間以上**漏水しない**ことを確かめなければならない（建築基準法施行令33条）。

（4）浄化槽の主たる処理方法

①　生物膜法

　砕石などの接触材、ろ材の表面に、生物による膜を形成し、その生物膜を利用して浄化を行うものである。

②　活性汚泥法

　汚水に空気をいれて、バクテリアを増殖させてできる微生物の固まりである活性汚泥に、汚水中の有機物を吸着させることによって浄化を行うものである。

❷　浄化槽法の内容

1．浄化槽管理者の保守点検・清掃義務（10条）

　浄化槽の所有者、占有者、その他の者で浄化槽の管理について権原を有する者（以下、「**浄化槽管理者**」という）には、原則として**毎年1回**（環境省令で定める場合、環境省令で定める回数）、**浄化槽の保守点検**および**清掃**を行うことが義務づけられている（1項）。

　なお、**全ばっ気方式の浄化槽**（単独処理浄化槽の一種）の清掃にあっては、おおむね**6ヵ月ごとに1回以上**行うものとする（1項、施行規則7条）。

（1）**処理対象人員が501人以上の規模の浄化槽管理者**（2項、施行規則8条、施行令1条）

　当該浄化槽の保守点検および清掃に関する技術上の業務を担当させるため、原則として、**浄化槽管理士**の資格を有した**技術管理者**を置かなければならない。

（2）**処理対象人員が500人以下の規模の浄化槽管理者**

　① 当該浄化槽の「保守点検」を次の者に委託することができる。

　　（ア）条例で保守点検業者の登録制度が設けられている場合

　　　➡ 当該登録を受けた保守点検業者

　　（イ）上記（ア）の登録制度が設けられていない場合

　　　➡ 浄化槽管理士

　② 浄化槽の清掃業務を市町村長の許可を受けた清掃業者に委託することができる（3項）。

2．浄化槽管理者の報告書提出義務

（1）**浄化槽管理者**は、浄化槽の使用開始日から**30日以内**に、次の事項を記載した報告書を、浄化槽を管轄する**知事**（保健所を設置する市の場合は市長。以下同じ）に**提出**しなければならない（10条の2第1項、施行規則8条の2第1項）。

　① 氏名または名称、住所、法人の場合は代表者の氏名　　② 浄化槽の規模

③　設置場所　　④　設置の届出の年月日　　⑤　使用開始年月日

⑥　処理対象人員が 501 人以上の浄化槽の場合は技術管理者の氏名

(2)　処理対象人員 501 人以上の浄化槽の**浄化槽管理者**は、「**技術管理者**」を変更した
　　ときは、次の事項を記載した報告書を、変更の日から 30 日以内に、**知事**に**提出**し
　　なければならない（10 条の 2 第 2 項、施行規則 8 条の 2 第 2 項）。

①　氏名または名称、住所、法人の場合は代表者の氏名

②　設置場所

③　変更後の技術管理者の氏名

④　変更年月日

(3)　「**浄化槽管理者**」に変更があったときは、**新たに浄化槽管理者になった者**は、次
　　の事項を記載した報告書を、変更の日から 30 日以内に、**知事**に**提出**しなければな
　　らない（10 条の 2 第 3 項、施行規則 8 条の 2 第 3 項）。

①　新たに浄化槽管理者になった者の氏名または名称、住所、法人にあっては代表
　　者の氏名

②　設置場所

③　変更前の浄化槽管理者の氏名または名称

④　変更年月日

3．設置後等の水質検査（7 条、施行規則 4 条 1 項）

　浄化槽が**新たに設置**された場合や**構造・規模**が変更された場合には、**浄化槽管理者**（所
有者・占有者・浄化槽の管理について権原を有する者）は、指定検査機関（環境大臣ま
たは知事の指定を受けた者）の行う**水質検査**を使用開始後 3 ヵ月を経過した日から 5 ヵ
月の間に受けなければならない。

4．定期検査（11 条、施行規則 9 条）

　浄化槽管理者は、**毎年 1 回**（環境省令で定める浄化槽は、環境省令で定める回数）、
指定検査機関の行う水質に関する検査を受けなければならない。

重要度　マ **B** 主 **B**

❖　**Introduction**　❖

　管理組合と電力会社との関係に注意しよう。特に、「自家用電気工作物」の内容は押さえておく必要がある。

❶　配電方式

　電気設備とは、設備機器を動かしたり制御したりする電気の供給と配線設備のことをいう。発電所で発電された電気が送電線を伝い、変電所を経由して配電されることになる。

1．契約電力と受電電圧との関係

　電力会社からの建物への電源供給は、供給電圧により、次の3種類の引込みに区別される。これらは、建物の使用電力により決定され、マンションでは、各住戸の契約電力計と共用部分の契約電力の総量で、これらの引込みが決まる。ただし、マンションでは、特別高圧の例はほとんどない。

電圧の種類	契約電力[1]	受電電圧[2]
低　圧	50kW未満	100 Vまたは200 V
高　圧	50kW以上2,000kW未満	6,000 V以上
特別高圧	2,000kW以上	20,000 V以上

※1　電気の流れ（電流といい、単位はアンペア（A）で表される）が物体を動かしたりする能力をいい、単位はワット（W）で表される。1Wは、1ボルト（V）の電圧を加えて1Aの電流が流れたときの電力である。

※2　電気回路に電流を流そうとする働きを「電圧」といい、単位はVで表される。ここでは、「受電」電圧（電力会社の配電線から受電する電圧）のデータを示してある。

2．引込み方式

(1) 低圧引込み

住宅など小規模の場合に利用される。

① 電柱などの変圧器を通じて引き込む。

② 引込場所には電力量計（メーター）が取り付けられる。

③ 開閉器または引込開閉器兼用のブレーカーなどを経て、分電盤で分岐される。

(2) 高圧・特別高圧引込み

① 電力容量が大きいときは、高圧または特別高圧で受電し、各建物において変電設備を設け、低圧へ電圧を下げる。

② 建物の規模と内容とによって、屋内、屋外、キュービクル型などの変圧設備が選択される。

キュービクル

③ 中小建築物では、一般的に、屋外用キュービクルを用いる。

④ 降圧されてからは、配電盤を通じて、次のように配電される。

（ア）幹線（配電盤から分電盤までの配線）

⬇

（イ）分電盤

⬇

（ウ）分岐回路（分電盤から電気機器までの配線）

3．借室変電設備①

> 高圧電圧、特別高圧電圧の場合には**電気室**が必要となる。なお、**低圧電圧**でも一定の規模以上のマンションは**50kW以上**になる場合もあり、そのような場合には、電力会社が建物内に必要な場所を借り、建物内の電気供給のための変電設備**を設けなければならない**。なぜなら、高圧電圧から低圧電圧に変換して各住戸へ送電する必要があるからである。

【パットマウント方式】

　なお、一般的に**最大100戸程度までの規模のマンション**に用いられるものとして、**集合住宅用変圧器方式（パットマウント方式）**がある。これは、敷地内の屋外に地上用変圧器を設置して供給する方式で、マンション1戸当たり50A契約となる。

　トランス（変圧器：電圧を所用の値に変換する装置）容量は次の3つがある。

　　①　動力30kVA②＋電灯80kVA

　　②　動力30kVA＋電灯130kVA

　　③　動力50kVA＋電灯250kVA

先生からのコメント

- ①借室変電設備の維持管理は、すべて電力会社が行う。
- ②**皮相電力（VA）と有効電力（W）**

　「皮相電力」とは、見かけ上の電力のことをいい、「有効電力」とは、実際に使用できる電力のことをいう。皮相電力は常に一定であるが、位相（電波や電流が発生する周期的な波形のうち、同じ地点に相当する個所を測った位置や状態のこと）がずれると有効電力は減り、位相のずれが少ないと有効電力は増える。つまり、皮相電力と有効電力の乖離が大きいほど、その機器は効率が悪く、改善の必要がでてくる。電球等の機器ならVAとWは同じだが、モーター等のコイルを使用する機器では一致しない。単位について、交流機器の電力仕様を表現する場合、皮相電力では「VA（ボルトアンペア）」という単位を使う。これに対し、有効電力では「W」という単位を使う。

❷ 電気工作物

1．定　義

送電、配電等、電気を使用するために設置する機械、器具その他の工作物をいう。

電気工作物は、設備の種類や規模に応じて分類されるが、より安全性の高いものが**一般用電気工作物**、それ以外のものが**事業用電気工作物**と定義されており、さらに**事業用電気工作物**は、**電気事業**（電気を供給する事業をいう）**の用に供する電気工作物**と**自家用電気工作物**に分類される。

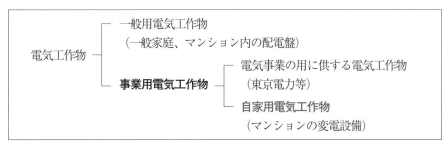

事業用電気工作物に該当すると、一定の技術水準を求められたり、保安規定の経済産業大臣への届出義務、電気主任技術者の選任義務等が課せられる。

2．一般用電気工作物（電気事業法 38 条 1 項）

電気を使用するための電気工作物や小出力発電設備（たとえば、出力 50 W 未満の太陽電池発電設備等など）で、電気設備の規模が小さい。一般の住宅や小売商店などの電気設備で、**600 V 以下で受電**するものなどをいう。

> ① 一定の技術水準に適合しているかどうかを、原則として 4 年に 1 回以上調査しなければならない（57 条 1 項）。
> ② **第一種電気工事士・第二種電気工事士**免状の交付を受けている者でなければ、原則として一般用電気工作物に係る電気工事の作業に従事してはならない（電気工事士法 3 条 2 項）。
> ③ 小出力発電設備に該当する設備のうち、**太陽電池発電設備**は、燃料電池発電設備と比較して、**出力が大きい**ものまで認められている。

3．事業用電気工作物（電気事業法 38 条 2 項）

上記の「一般用電気工作物」以外の電気工作物をいい、電気設備の規模が大きい。電力会社などが電気を供給する事業のために使う工作物をいう。

> 事業用電気工作物の**設置者**は、事業用電気工作物の工事、維持および運用に関する保安の監督をさせるため、主任技術者免状の交付を受けている者のうちから、**電気主任技術者を選任しなければならない**（43 条 1 項）。

4．自家用電気工作物（電気事業法 38 条 3 項）

「電気事業の用に供する電気工作物および一般用電気工作物」以外の電気工作物をいう。

> ① 大規模マンション等の共用部分の契約電力が 50 kW 以上の施設は、高圧引込み方式で受変電設備が必要となり、この自家用電気工作物に該当する。
>
> 〔例 1〕高圧需要家・特別高圧需要家の電気工作物
>
> 〔例 2〕小出力発電設備に該当しない自家発電設備のある需要家の電気工作物等
>
> ② **第一種電気工事士**免状の交付を受けている者でなければ、原則として自家用電気工作物に係る電気工事に従事してはならない（電気工事士法 3 条 1 項）。
>
> ③ 自家用電気工作物の**設置者**は、主務大臣の許可を受けて、主任技術者免状の交付を受けていない者を**電気主任技術者として選任できる**（電気事業法 43 条 2 項）。

❸ 事業用電気工作物の維持（電気事業法 39 条）

事業用電気工作物の設置者は、事業用電気工作物について、次の一定の技術水準を維持しなければならない（1 項・2 項）。

【技術水準の内容】

① 人体に危害を及ぼし、または物件に損害を与えないこと。

② 他の電気的設備その他の物件の機能に電気的・磁気的な障害を与えないこと。

③ 事業用電気工作物の損壊により、電気事業者の電気の供給に著しい支障を及ぼさないこと。

④ 事業用電気工作物が電気事業の用に供される場合、その事業用電気工作物の損壊により、その電気事業に係る電気の供給に著しい支障を生じさせないこと。

❹ 技術基準適合命令（電気事業法40条）

事業用電気工作物が技術水準に適合していないと認められる場合は、**経済産業大臣**は、同工作物の設置者に対して、事業用電気工作物が技術水準に適合するようその**修理・改造・移転・使用の一時停止を命じたり、または使用を制限**することができる。

❺ 住戸への電気引込み・住戸ごとに設置される住宅用分電盤

（1）一般住宅への配線方式

① 単相2線式

電圧線と中性線の2本の線を利用するため、100Vのみ使用できる。

② 単相3線式

3本の電線のうち、真中の中性線と上または下の電圧線を利用すれば100V、中性線以外の上と下の電圧線を利用すれば200Vが使用できる。そして、単相3線式の場合、中性線欠相保護機能付きにすべきとされている。なぜなら、単相3線式電路において、中性線が欠相となった場合、100V負荷機器へ異常電圧が加わり、機器が損傷するおそれがあるためである。

最近の**マンションの住戸への電気引込み**では、100Vと200Vを同時に供給できる**単相3線式が主流**となってきている。

【単相2線式100Vの配線図】

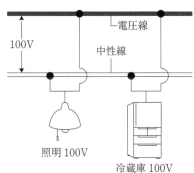

100V

電圧線

中性線

照明100V

冷蔵庫100V

【単相3線式100V・200Vの配線図】

照明100V

冷蔵庫100V

IHクッキング
ヒーター200V

エアコン200V

(2) スイッチ

① 3路スイッチ

2ヵ所から1つの対象負荷をオン・オフさせるための電気スイッチである。

② 4路スイッチ

3路スイッチと組み合わせて使用し、**3ヵ所以上**から1つの対象負荷をオン・オフさせるためのスイッチである。

(3) 住宅用分電盤[3][4]

次のものが配置されており、これらには、電気容量のチェックや、屋内配線の安全確保等の役割がある。

① サービスブレーカー

アンペアブレーカーとも呼ばれ、契約電力会社によっては不設置の場合もある。各家庭が電力会社と契約している電流量よりも多く使用した場合に自動的に遮断するもので、**電力会社の所有物**である。

② 漏電遮断器[5]

屋内配線や電気機器の漏電を感知した場合に自動的に遮断するもので、**消費者の所有物**である。

③ 安全ブレーカー

分電盤から分岐する配線のそれぞれに取り付けられ、許容電流（一般的に20A）を超えた電流が流れた場合、自動的に遮断するもので、**消費者の所有物**である。

③内閣府等が推奨しているものに「感震遮断機能付住宅用分電盤」がある。これは、強い地震を感知すると警報を発し、一定時間を経過してから感震ブレーカーが信号を送って、主幹ブレーカーを**強制遮断**して電気が遮断されるものである。

④内線規程によれば、「**地震時等に著しく危険な密集市街地**」の住宅などにおいては、**感震遮断機能付住宅用分電盤**を施設することが「**勧告的事項**」とされている。なお、当該地域以外においても、「推奨的事項」とされている。

⑤電気設備の技術上必要な事項を規定した民間規格である内線規程（以下「**内線規程**」という）によれば、**単相3線式電路に施設する漏電遮断器**は、**中性線欠相保護機能付き**のものとすることが望ましいとされている。

(4) 電気工事士

一定の技術基準に適合するように、電気工事の作業をしなければならない。

種　　類		必　要　な　資　格
電気事業の用に供する電気工作物		なし
自家用電気工作物	最大電力500kW以上の需要設備・発電所等	なし
	最大電力500kW未満の需要設備	● **第一種電気工事士** ● 600V以下の工事 ➡ 認定電気工事従事者もOK ● 非常用予備発電装置工事およびネオン関係工事 　　➡ 特殊電気工事資格者に限る
一般用電気工作物（受電電圧600V以下）		**第一種電気工事士・第二種電気工事士**

① **一般用電気工作物・自家用電気工作物（500kW未満の需要設備）の工事規制**

電気工事士法・電気工事業法の規制を受ける。

② **自家用電気工作物（500kW未満の需要設備）の工事資格**

第一種電気工事士・認定電気工事従事者が行う（電気工事士法3条1項・4項）。

③ **一般家庭で家電製品（エアコン等）の取付けを行う際の、屋内配線延長やブレーカー増設・変更などの工事資格**

第一種電気工事士・第二種電気工事士が行う（3条2項）。

❻ その他電気設備に関する知識

(1) 電磁誘導加熱式調理器〔IH（Induction Heater）クッキングヒーター〕

調理コンロとして機種も増え、火力調節も自在で、使える鍋も、鉄だけではなく、ホーロー、ステンレスと増えている。これら電気容量の大きい機器に対応するには、必要に応じ共用幹線のケーブル等を取り替え、**専有部分の電気配線を200V用配線（単相3線式）**とするのがよい。

(2) **高周波点灯方式**（インバーター式）の蛍光灯は、省エネルギーのための照明器具である。これに**人感センサー**と**照度センサー**を取り付けることは、**共用部分の照明設備の省エネルギー**のために、有効な対策となる。

(3) VDSL方式・LAN配線方式

① **VDSL方式**とは、**既存の電話回線用メタリックケーブルを利用してLANを構築**するので、簡単に導入できる。共用部分には、集合型回線終盤装置・VDSL集合装置を設置する。

② **LAN配線方式**とは、**集合型回線終盤装置から各専有部分までをLANケーブルで接続する方式**である。マンション内のLANケーブル・配管については、既存のものを利用するか、管理組合が用意することになる。

(4) 節電対策

① 照明のこまめな消灯や間引きにより照度を下げることは節電につながるが、**エアコンの電源の頻繁なオンオフは消費電力の増加**になるので注意が必要である。

② 白熱電球から電球形蛍光ランプや**LEDランプ**❻～⑬に交換することは、節電効果が期待できる。明るさがほぼ同じ白熱電球・電球形蛍光ランプ・LEDランプ間について、（ア）白熱電球（60形・消費電力54W）➡ 電球形蛍光ランプ（15形・消費電力12W）に交換することは、（イ）電球形蛍光ランプ ➡ LEDランプ（机上面60W相当・消費電力8W）に交換することより、**節電効果が大きい**。

③ 熱伝導抵抗の大きい断熱材や建具等により、**住宅の断熱性能を高め熱の出入りを減少させること**は、**節電に有効**である。

④ ベランダにゴーヤ等のつる性植物を植えたり、カーテンや障子を閉めて、**日射による熱負荷を減少**させることは、**節電に有効**である。

先生からの
コメント

⑥光源となるLEDランプがすべての方向に放出する光の量を**「全光束」**といい、明るさの基準となるこの全光束は、**ルーメン単位**で表される。

⑦LEDランプは、同じ光束の場合において、白熱灯や蛍光灯よりも**発熱量が少ない**。

⑧LEDランプには、もともと白色発光を発するものは存在しないため、色の組み合わせ（複数の発光方式がある）により疑似白色を作り出す。そして、白色光のLEDランプは、一部の発光方式を除き、**紫外線をほとんど放出しない**。したがって、LEDランプにより照らされた物の**退色**（色あせ）**を軽減できる**。

⑨LEDランプには、**水銀は一切含まれていない**。これに対し、蛍光灯には、中に微量ながら水銀蒸気が入っており、割れると水銀蒸気が大気中に放出されるため、破損に注意して処分しなければならない。

⑩直管形のLEDランプを従来の**蛍光灯照明器具に設置**すると、想定外の高い電圧が印加（加わること）され、器具からの**発熱・発煙などの事故**が起きることもある。

⑪**非常用の照明装置**は、常温下で床面において**水平面照度で1ルクス**（蛍光灯または**LEDランプ**を用いる場合、**2ルクス**）以上を確保できるものとしなければならない（国土交通省告示600号第四第1号）。

⑫消防法により設置が義務付けられている**避難口誘導灯の光源**

光源の種類について、白熱灯や蛍光灯に限る旨の規定は存在しないので、**LEDランプを用いる**こともできる（消防法施行令26条参照）。

⑬LEDランプは、**電気用品安全法の規制**の**対象**とされている（電気用品安全法施行令別表2九（10））。

その他の設備等

重要度 マ **A** 主 **A**

❖ **Introduction** ❖

　ここでは、法律知識と実務知識の双方を学習する。特に、建築基準法施行令は、ある程度まで深入りしておこう。

❶ ガスの供給

1．ガス事業・事業者の定義（ガス事業法2条）

　次の事業を行う者を総称して、ガス事業者という（11項）。

一般ガス事業（1項）
一般の需要に応じ導管によりガスを供給する事業をいう。
簡易ガス事業（3項）
一般の需要に応じ、政令で定める簡易なガス発生設備においてガスを発生させ、導管により供給する事業で、一の団地におけるガスの供給地点が70以上のものをいう。
ガス導管事業（5項）
自らが維持し、および運用する特定導管（経済産業省令で定める規模以上の供給能力を有する導管）によりガスの供給を行うものをいう。
大口ガス事業（8項）
一定数量以上の需要に応じて行う導管による大口供給を行うものをいう。

2．ガス設備の安全システム

（1）ガス漏れ警報器の有効期間

　都市ガス用のガス漏れ警報器の有効期間は、**5年**である。

（2）マイコンメーター

　マイコンメーターは、計量器としての機能のほか、**遮断機能**と**警報機能**を有する。遮断機能は、①**感震器が大きな地震（震度5弱以上）を感知**したとき、②ガスの圧力が低下したとき、③**ガスが異常に長い時間流量の変動なく流れ続けたとき**、④**多量にガスが流れたり、急にガスの流れが増加したり**したときに、自動的にガスを止める。警報機能は、ガスの微量漏れなど、30日以上連続してガスが流れ続けたときに、**警

報を表示する。したがって、ガスが異常に多量または長時間流れたり、震度5弱程度
以上の大きな地震があると、自動的にガスを遮断し、警報を表示する機能がある。

(3) ガス栓

一般に使用されるガス栓は、**ヒューズ機能付きのガス栓**が用いられる。

(4) ガスふろがま

ガスふろがまには、「**立消え安全装置**」「**過熱防止装具**」「**空だき防止装置**」の装着
が法令で義務づけられている。

① 「立消え安全装置」は、不点火時またはメーンバーナーが吹き消え・立ち消え
　 した場合に、ガスの通路を自動的に閉じ、ガス燃焼機器からの生ガスの放出を防
　 止する目的で取り付けられる。

② 「過熱防止装具」は、ふろがま・湯沸器の熱交換器等が異常に高温になった場合、
　 ガスの通路を閉じて、ガス燃焼機器の作動を停止させる働きをする。

③ 「空だき防止装置」は、浴槽に水を入れ忘れたり、途中で抜けてしまったまま
　 ふろを沸かし火災になるケースがあるため、この装置が組み込まれている。

3．留意事項（建設省告示1099号）

(1) **3階以上の階を共同住宅の用途に供する建築物の住戸に設けるガスせん**（バルコ
　 ニーその他漏れたガスが滞留しない場所に設けるものを除く。以下同じ）を、**国土
　 交通大臣が定める基準に適合する構造**とした場合には、ガス漏れを検知し、警報す
　 る設備（以下「ガス漏れ警報設備」という）を設ける必要はない。

(2) 3階以上の階を共同住宅の用途に供する建築物の住戸に設けるガスせんの構造
　 が、国土交通大臣の定める基準に適合しない場合に設けるガス漏れ警報設備は、**警
　 報部に通電している旨の表示灯**が設けられていなければならない。

❷　給湯設備等

給湯方式	箇所	**(1) 局所式** 　必要な給湯箇所ごとに小型給湯器を設ける方式。配管が短く、維持管理が簡単である。 **(2) 住戸内中央（セントラル）方式** 　加熱装置を1ヵ所に集中して設け、各住戸に設けられた給湯機器から、台所・ふろ・洗面等へ配管で給湯する方式である。 **(3) 中央（セントラル）式** 　共用の機械室等に大型ボイラーや貯湯タンクを設けて配管・給湯する方式であり、住棟単位で給湯や暖房を行う大規模建物で利用される。
	使用目的	**(1) 瞬間式** 　浴槽、シャワー、洗面台、流し等独立した箇所にガス瞬間式給湯機器等を設置して、直接に水を熱して給湯するもので、即座に湯を供給する方式。 **(2) 貯湯式** 　貯湯する加熱機を設置し、配管により必要箇所へ給湯する方式。 **(3) 気水混合式** 　蒸気と水を混合して湯にする方式。 ＊　(1)(2)はマンションで多く用いられる方式で、(3)は病院や工場で用いられるケースが多い。
瞬間式局所給湯方式 （ガス瞬間式給湯機器）		(1) ガス給湯機器の供給出湯能力は号数で表される。 　＊　ガス瞬間式給湯機器の能力表示に用いられる単位の1号は、流量1L/分の水の温度を25℃上昇させる能力をいう。 　　1号＝流量1L/分×25℃×4.186 kJ＝1.74 kWに相当する。 (2) 常に最良の空気やガスの比率で燃焼させる「空燃比制御方式」や種火のない「ダイレクト着火方式」のものがある。 (3) **ガス給湯機器の給排気方式には、密閉式で送風機を用いない自然給排気式（BF式）や、密閉式で送風機を用いる強制給排気式（FF式）がある。** (4) **元止め式**と**先止め式**がある。住戸セントラル方式に用いられるのは**先止め式**である。 (5) 自動湯温安定式のガス瞬間式給湯機器には、60℃以上の固定された出湯温が得られる**固定湯温式**と、出湯温度の設定が可変の**可変湯温式**がある。

貯湯式局所給湯方式 （電気温水機器）	(1) 一般電灯配線とは別に、200 Vの**深夜電力を使用**し一定時間（8時間または5時間程度）通電し、タンク内に一日分の給湯量を85℃〜90℃に加熱して貯湯する電気式のものである。
	(2) 一般的には**水道用減圧弁**を介して給水管に直結される。この減圧弁には、湯が逆流しないように**逆止め機構が内蔵**されている。**逃がし弁**（機体内の圧力が規定以上になった場合に作動して、中の蒸気等を放出し、減圧して容器の破壊を防止するための安全弁）は、出口側に設置する必要がある。
	(3) 湯が使用されると、常に水が補給される。容量が定まっているので、貯湯容量の選定に注意する必要がある。
	(4) 東日本大震災においては、貯湯式の給湯設備に被害が多かった。そこで、再発防止を図るため、建築設備の構造耐力上安全な構造方法を定める件の一部改正が交付され、給湯器の質量に応じてアンカーボルトの種類・本数などが規定された（国土交通省告示1447号）。
さや管ヘッダー方式	マンションの**給湯や給水の配管方式**で、各種の器具への配管を途中で分岐させることなく、**ヘッダーよりそれぞれの器具へ直接配管する方式**である。これにより、仮にある配管に漏水があれば、ヘッダー部分のその配管のみ止めて修理すればよいことになる。 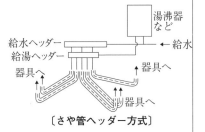 〔さや管ヘッダー方式〕 〔主な特徴〕 ① ヘッダーで分岐するため、従来の先分岐方式の配管と比較して、**同時使用時の流量変動・温度変化が小さい。** ② **湯待ち時間**（給湯栓を開放してから湯が出てくるまでの時間）**が短い。** ③ **架橋ポリエチレン管・ポリブテン管等を使用**するため、従来の先分岐方式の配管と比較して、**漏水・ネジ切り部の腐食・赤水の発生がない。** ④ 配管部材は、**熱伝導率が低い樹脂製でできている。また、さや管内の空気層が断熱効果を高め、従来の金属配管と比較して、給水配管では**結露が発生しにくく**、給湯配管では保温効果がある。 ⑤ 接続部が、ヘッダー部と水栓のみのため、**点検・管理が容易**である。

省エネルギー対応の給湯器	**(1)　自然冷媒ヒートポンプ**[※1]**式の給湯器（例：エコキュート）** 　大気の熱を吸収した冷媒[※2]を圧縮し高熱にして熱源とするため、**加熱効率が高い**。割安な深夜電力を利用して、夜間に高温の温水を沸かし、貯湯タンクに蓄えて、それ以外の時間帯の給湯をまかなう。 　※1　加熱効率（**COP**）（加熱量[kWh]／ヒートポンプ入力電力量[kWh]）の値は、年間平均で、常に1より大きい値（一般的には3～7程度）となる。例えば、消費電力1.2 kWで加熱能力4.5 kWを出すヒートポンプのCOPは、4.5÷1.2で約3.7となり、1の電気を約3.7倍に活かしたことになる。 　※2　ヒートポンプで熱を移動させるためには特定の物質を介して行われるが、この物質（二酸化炭素等）のことを冷媒という。 **(2)　潜熱回収型のガス給湯器（例：エコジョーズ）** 　排ガスの熱で給水をあらかじめ温めて、予熱された水から湯を作り出す給湯器であり、**加熱効率が高い**。「潜熱」とは、排気ガス中の水蒸気が水に状態変化（凝縮）する際に放出する熱のことをいう。この熱を回収することで、高効率化が実現できる。
熱傷深度	やけどの深さを表す指標。**熱源の温度と接触時間に比例する**。深いやけどになるのは、80℃のお湯だと1～2秒、60℃では10秒、低温でも長く接すると低温やけどを起こし重症になることがある。
気体の溶解度	気体は**温度が低いほうがよく溶ける**。また、腐食は、水中に酸素がなければ発生しないので、腐食防止のため、**水中に溶けて存在する酸素を取り除く方法**としては、従来から、**加熱脱気**（給水を蒸気で沸点まで加熱して溶存酸素を取り除く）・真空脱気（水の沸点は気圧が低下すると低くなるので、減圧した容器に給水を入れ、沸点に保って溶存酸素を取り除く）・窒素脱気・膜脱気、触媒樹脂脱気などが用いられてきた。水に対する気体の溶解度は、**水温が高くなるほど小さくなる**ため、水中に溶け込んでいた**溶存気体は水を加熱するに従って分離する**。
サーモスタット式混合栓	風呂やシャンプー機能付洗面台で使用される。これは、**出湯温度が安定**しやすく、より安全にお湯を使用することができる。サーモスタット式とは、混合水栓部で温度の設定ができる。シングルレバー（レバーを左右に操作して温度調整をする。レバーを上下に操作して湯量の調整を行う）などに比べ、温度の変化が少ない。もし、**設定温度を大幅に変えて、出湯温度が変わった場合**でも、**ある程度同じような温度を維持する**ことができる。

❸ 避難階段と特別避難階段等

1．廊下の幅（建築基準法施行令119条1項）

廊下の幅は、それぞれ次の表に掲げる**数値以上**としなければならない。

廊下の配置 廊下の用途	両側居室の場合の廊下幅	左記以外の廊下幅
共同住宅の住戸または住室の**床面積の合計が**100㎡を超える階における共用のもの	1.6 m	1.2 m

2．避難階段・特別避難階段の構造（施行令123条）

（1）屋内避難階段の構造（1項）

　① 　階段室は、原則として**耐火構造の壁で囲み**、天井および壁の室内に面する部分は、**下地とも不燃材料で仕上げなければならない。**

　② 　階段室には、窓その他の**採光上有効な開口部**または**予備電源付の照明設備**を設けなければならない。

　③ 　**階段室に設ける開口部**

　（ア）屋内に面する壁に窓を設ける場合、開口面積は、各々**1㎡以内**とし、一定の防火設備で、**はめごろし戸**を設けること。

　（イ）屋外に面する壁に設ける開口部は、上記（ア）以外の場合、階段室以外の当該建築物の部分に設けた開口部および階段室以外の当該建築物の壁・屋根（耐火構造は除く）から、原則として**90cm以上**離さなければならない。

　④ 　階段に通ずる出入口には、防火戸（遮煙性能を有するもの）等の防火設備を設け、直接手で開くことができ、かつ、自動的に閉鎖する戸または戸の部分は、**避難の方向**に開くことができるものとすること。

　⑤ 　階段は、**耐火構造**とし、**避難階まで直通**とすること。

（2）屋外避難階段の構造（2項）

　① 　階段は、原則としてその階段に通ずる**出入口以外の開口部から2m以上の距離**に設けること。ただし、開口面積が各々**1㎡以内**で、一定の防火設備で、**はめごろし戸**を設けた場合は、適用されない。

② 屋内から階段へ通ずる出入口には、屋内避難階段の場合と同様のもの（前記（1）
④）を設けること。

③ **屋外避難階段**は、**耐火構造**とし、**地上**まで**直通**させなければならない。

(3) 特別避難階段の構造（3項）

① 屋内避難階段に入る前に、外気に向かって開くことのできる窓や排煙設備のあ
る付室※を設けることで、階段室へ煙が入ることを防ぎ、より安全性を高めた避
難階段を「**特別避難階段**」という。

　　※ 付室と同等の機能をもつものとして、バルコニーが認められている。

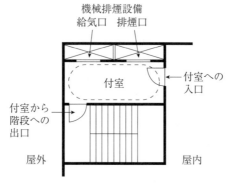

② 特別避難階段は、**耐火構造の直通階段**とし、**階段室**、バルコニーおよび付室は、
原則として**耐火構造の壁で囲み**、**階段室**および付室の**天井・壁**の室内に面する部
分は、**下地とも不燃材料で仕上げ**なければならない。

③ 階段室には、**採光上有効な開口部**（付室に面する窓を含む）または**予備電源付
の照明設備**を設けること。

④ 建築物の**15階以上の階**、または**地下3階以下の階**に通ずる特別避難階段の15
階以上の各階または地下3階以下の各階における階段室およびこれと屋内とを連
絡するバルコニー・付室の床面積の合計は、用途に応じて定められている。

⑤ 特別避難階段は、**屋外に設けるものは認められず、すべて屋内階段**としなけれ
ばならない。

3．出入口の戸（施行令 123 条、125 条の 2 ）

（1）**避難階段または特別避難階段に通じる出入口の戸**（123条1項6号・3項10号）

避難方向に開くようにしなければならない。

（2）**避難階段から屋外への出口の戸**（125条の2第1項）

屋内からかぎを使わずに解錠できるものとし、解錠方法は**見やすいところに表示し**ておかなければならない。

4．屋上広場等（施行令 126 条 1 項）

屋上広場または 2 階以上の階にあるバルコニーその他これに類するものの**周囲**には、安全上必要な高さが1.1 m以上**の手すり壁**、さくまたは**金網**を設けなければならない。

❹ 避難経路に関する規定

1．直通階段の設置（建築基準法施行令 120 条 1 項）

建築物の避難階以外の階においては、**避難階または地上に通ずる直通階段（傾斜路を含む）**を居室の種類の区分に応じ当該**各居室からその一に至る歩行距離**※が、**一定数値以下**となるように設けなければならない。

> ※ その階の**最も遠い居室**から直通階段に至るまでの通常の歩行経路の距離をいい、また、居室内での測定の始点は出口から**最も遠い**位置とする。

【直通階段までの歩行距離の測り方】

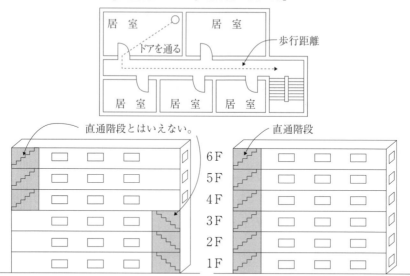

【主な直通階段までの歩行距離】

分　類　　＼　　構　造	主要構造部が準耐火構造（特定主要構造部が耐火構造の場合を含む）・不燃材料の場合	その他の場合
①　無窓の居室 （有効採光面積＜居室の床面積×1/20）	30 m以下	30 m以下
②　共同住宅	50 m以下	
③　14 階以下で、居室および避難路の**内装を準不燃材料**としたもの	①の場合：30 m＋10 m＝**40 m以下** ②の場合：50 m＋10 ※m＝**60 m以下**	――
④　15 階以上で、居室および避難路の**内装を準不燃材料**としたもの	①の場合：30 m以下 ②の場合：**50 m以下**	
⑤　15 階以上で、居室および避難路の**内装**が、上記に**該当しないもの**	①の場合：30 m－10 m＝20 m以下 ②の場合：50 m－10 m＝**40 m以下**	

※　14 階以下の主要構造部が準耐火構造（特定主要構造部が耐火構造のものを含む）・不燃材料で造られている場合で、居室と通路を内装不燃化（準不燃以上）したものは、内装不燃化していないものより、歩行距離が 10 m多くなるように緩和されている（120 条 2 項本文）。

2．避難階・2以上の直通階段の設置（施行令121条）

　多数の人が使用する共同住宅などでは、一度出火すると多くの居住者が一斉に階段に集中して、渋滞のなかで避難することになる。そこで、避難階や、少なくとも2つの直通階段を設けることによって、2方向階段を確保し、スムーズな流れをつくる必要がある。

> **共同住宅の居室の場合**
>
> 避難階以外の階が**5階以下の階**※で、対象階にある居室の床面積の合計が**100㎡**（**主要構造部が準耐火構造・不燃材料**で造られている場合は**200㎡**）**を超えるもの**は、その階から避難階〔「直接地上等へ通ずる出入口のある階」をいい、通常は1階だが、1階以外の階が避難階となることもある（13条1号）〕**または地上に通ずる2以上の直通階段を設けなければならない**（121条1項5号・2項）。

　※　6階以上の階に居室があるときは、原則として床面積の合計にかかわらず、2以上の直通階段を設けなければならない。

❺　排煙設備

【排煙設備の設置義務】（建築基準法35条、施行令126条の2）

　火災時に発生する煙や有毒ガスは、人命を奪う大きな要因となるだけでなく、避難や消火活動に際して妨げともなる。したがって、火災が発生したときには、煙やガスを有効に排出し、居室や避難路が煙によって危険な状態になることを防ぎ、避難の安全性を確保する設備が必要となる。

（1）**設置義務のあるもの**

① 　一定の特殊建築物で、延べ面積が**500㎡を超えるもの**

② 　階数が3以上で、延べ面積が500㎡を超える建築物（原則）

③ 　延べ面積が1,000㎡を超える建築物で、床面積が200㎡を超える居室部分（原則）

④ 　開放できる部分（天井または天井から下方**80cm以内**）が、床面積の**1/50未満**の居室（原則）

(2) **設置義務のないもの**

① 一定の特殊建築物で、100 ㎡（**高さ 31 m 以下の共同住宅の住戸は 200 ㎡**）以内ごとに、防火区画された部分

② **階段の部分**

③ 昇降機の昇降路の部分（当該昇降機の乗降のための乗降ロビーの部分を含む）等

❻ 非常用の照明装置

1．非常用の照明装置（建築基準法施行令 126 条の 4 第 1 項本文）

次の部分には、非常用の照明装置を設けなければならない。

(1) ホテル等の**特殊建築物の居室**（床面積 30 ㎡以下の居室で、地上への出口を有するもの等を除く）、階数が 3 以上で延べ面積が 500 ㎡を超える建築物の居室、窓その他の開口部を有しない居室または延べ面積が 1,000 ㎡を超える建築物の居室

(2) これらの居室から地上に通ずる廊下・階段その他の通路

(3) これらに類する建築物の部分で照明装置の設置を通常要する部分

2．非常用の照明装置が不要の場合（施行令 126 条の 4 第 1 項ただし書）

次のいずれかの建築物または建築物の部分は、非常用の照明装置を設けなくてもよい。

(1) **共同住宅の住戸**等または一戸建の住宅

(2) **避難階または避難階の直上階もしくは直下階の居室で避難上支障がないもの**、その他これらに類するものとして国土交通大臣が定めたもの　等

3．非常用の照明装置の構造（施行令 126 条の 5、国土交通省告示 600 号）

次に定める構造としなければならない。

(1) 照明は**直接照明**とし、床面において1ルクス以上の照度を確保すること

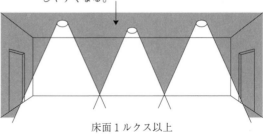

停電と同時に予備電源が働いて、非常用の照明装置が点灯して明るくなり、避難しやすくなる。

床面1ルクス以上

　例えば、非常用の照明装置に白熱灯を用いる場合、避難上必要となる最も暗い部分の水平床面において、低照度測定用照度計によって測定する照度が1ルクス以上であるよう、確認する必要がある（建築基準法12条3項、国土交通省告示508号）。

(2) 照明器具の構造は、火災時において温度が上昇した場合であっても、著しく光度が低下しないものとして国土交通大臣が定めた構造方法を用いること

(3) **予備電源の設置**

　予備電源は、常用の電源が断たれた場合に**自動的に切り替えられて接続**され、かつ、常用の電源が復旧した場合に**自動的に切り替えられて復帰**するものとしなければならない。

(4) 上記（1）～（3）に定めるもののほか、非常の場合の照明を確保するために必要があるものとして国土交通大臣が定めた構造方法を用いること

(5) 火災時に停電した場合、自動的に点灯しかつ避難するまでの間に、当該建築物の室内の温度が上昇したときでも、床面において1ルクス以上の照度を確保することができるものとして国土交通大臣の認定を受けたもの

(6) **非常用の照明装置の水平面の照度測定**は、十分に補正された低照度測定用照度計を用いた物理測定方法によって行わなければならない。

(7) **停電時の予備電源として蓄電池を用いる**ものにあっては、充電を行うことなく**30分間継続して点灯**し、必要な照度を確保できるものでなければならない。

❼　非常用の進入口

【非常用の進入口の設置】（建築基準法施行令 126 条の 6 ）

（1）設置義務

　建築物の高さが **31 m 以下の部分にある 3 階以上の階**※には、原則として、**非常用の進入口**を設けなければならない。

> ※　「不燃性の物品の保管その他これと同等以上に火災の発生のおそれの少ない用途に供する階」または「国土交通大臣が定める特別の理由により屋外からの進入を防止する必要がある階」で、その直上階または直下階から進入することができるものは除かれる。

（2）設置義務のないもの

　次のいずれかに該当する場合においては、この限りではない。

①　**非常用の昇降機を設置**している場合

②　道または道に通ずる幅員 4 m 以上の通路、その他の空地に面する各階の外壁面に窓その他の開口部（直径 1 m 以上の円が内装することができるもの、またはその幅および高さが、それぞれ、75 cm 以上および 1.2 m 以上のもので、格子その他の屋外からの進入を妨げる構造を有しないものに限る）を、当該外壁面の長さ 10 m 以内ごとに設けている場合

❽　敷地内の通路の規定

【敷地内の通路】（建築基準法施行令 128 条）

　建築物の周囲に一定以上の通路を設けておくことにより、避難経路が確保でき、さらには消火活動にも有効となる。もちろん、共同住宅などの特殊建築物にも敷地内通路が必要となる。

> 屋外に設ける避難階段および避難階における屋外への出口から道または公園、広場、その他の空地に通ずる敷地内の通路の幅員　➡　1.5 m（階数が **3 以下**で延べ面積が **200 ㎡未満**の建築物の敷地内では 90 cm）以上

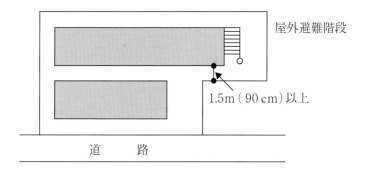

屋外避難階段

1.5m（90cm）以上

道　　路

❾　駐車場設備

　マンションにおいては、特に共用駐車場の設置は、必要不可欠なものである。駐車場の形態としては、次のように分類され、建築基準法等の法的取扱い、建築費、利便性、管理等の面でそれぞれ違いが出てくる。

　駐車場の照明設備　➡第10節⓬ **3.** 参照

1．**自走式駐車**（自分で駐車場まで運転して駐車）

（1）**平面駐車**

① 敷地を平面的に利用する方式で、敷地の形状により**平行駐車**、**直角駐車**、**45度駐車**、**60度駐車**等に分類される。

② **普通乗用車1台当たりの駐車スペース**は、直角駐車の場合、**幅2.3ｍ×奥行5.0ｍ**程度である。そのうち、駐車施設の台数の3割以上の駐車スペースを**幅2.5ｍ×奥行き6.0ｍ**とする必要がある（標準駐車場条例29条2項）。

③ 建築費、管理費用が少なくすみ、駐車が容易であるため、十分な敷地が確保できればこの方式が望ましい。

（2）**立体駐車**

① 地平面に十分な敷地が確保できない場合は、2段以上の立体駐車となる。

② 立体駐車のメリットは、駐車台数の増加である。

2．機械式駐車

(1) 特　徴

① 機械式駐車設備は、土地の有効利用に役立つ。

② 周辺道路への不法駐車を減らす効果もある。

(2) 主な種類

① 循環式

(ア) 垂直循環方式（メリーゴーラウンド方式）

➡ 狭い敷地でも、多くの台数の収容ができるので普及しているが、出入りに多少時間がかかるのが難点である。

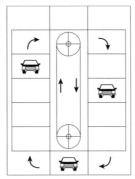

(イ) 水平循環方式

➡ 多数の機械を2列（以上）に配列して循環移動するもの。

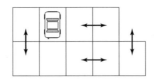

(ウ) 多層循環方式

➡ 1列多層に機械が配置され、任意の2層間で循環移動が行われるもの。

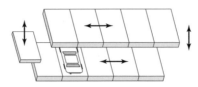

② **往復式**

（ア）二段・多段方式

➡　駐車区画が、上下二段以上の立体構造を有する機械式駐車場のこと。

（イ）エレベーター方式

➡　自動車用のリフトにより屋上または地下に車を移動させ、その後は自走により所定の場所に駐車するもの。

【エレベーター方式】

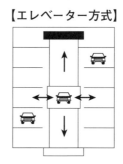

3．自動二輪車の場合

自動二輪車 1 台当たりの駐車スペースは、直角駐車の場合、**幅 1.0 m×奥行 2.3 m**程度である。

4．車椅子の場合

(1) **車椅子を使用している者が利用する駐車スペース**は、車椅子を回転することができるようにするため、**普通乗用車 1 台当たりの幅を 3.5 m 以上**とする。

(2) **車椅子を使用している者が利用する駐車スペースから建物の出入口までの通路**は、駐車スペースとの間に段を設けず、**幅を 1.2 m 以上**とする。

⑩　駐輪施設

駐輪施設の主なポイントは、次のとおりである。

1．自転車置場の重要性	駐車施設より重要性が大きく、各住戸1台以上の保管場所が必要
2．1台当たりの面積	幅0.6 m×奥行1.9 m程度（直角駐車）
3．駐輪パターン	(1) 低配列（自転車を同レベルに並列に配置） (2) 傾斜配列（自転車の前部を持ち上げ、傾斜させて配置） (3) 高低配列（1台おきに自転車の前部の位置を変化させて配置） (4) 斜配列（自転車を斜めに配置）等
4．台数義務	規模により条例、指導で台数を義務づけられることがある

⑪　テレビ端子への配線方式の種類

1．直列ユニット方式（縦配線方式）

配線費用が安価であったため、この方式を採用することが多かった。しかし、同系統住戸への影響（一時受信不可、調整等の作業が系統住戸にも及ぶ）があるため、一般的にテレビ端子の増設や変更が困難となる。

なお、この方式は、**双方向通信**※**に対応できない**。

※　双方向通信とは、双方から相手側に通信ができる機能のことをいうが、これは、デジタル放送（アナログ送信されていたこれまでの地上波テレビ放送をデジタル化したもの）、CATV（Cable Television、有線テレビのこと）、インターネットなどで展開される。

2．幹線分岐方式（スター配線方式）

幹線から分岐器で支線を出し、各住戸内の分配器で各部屋のテレビ端子や通信用端子に分配する方式である。分岐単位の信号レベルを各戸単位で調整しやすく、改修や変更が各住戸で可能となる。衛星放送の伝送方式（BS-IF、CS-IF）をそのまま伝送するのに適している。したがって、今後のテレビ共聴設備改修の方向は、**1.→2.**と改善される。

マンションの大規模修繕

重要度 **A** **主 A**

❖ **Introduction** ❖

　ここでは、長期修繕計画が最も重要である。劣化の分類・劣化状況についても押さえておこう。

❶ 大規模修繕の意義と目的

１．大規模修繕とは

　建築物の主要構造部〔屋根、壁、柱、梁、床、階段（各除外部分あり）〕の１種以上について行う過半の修繕のことをいう。主要構造部にあたらない排水管取替え工事は、大規模修繕に該当しない。大規模修繕の目的として、「事故防止」「不具合の解消・予防」「耐久性伸延」「美観・快適性向上」「居住性・機能性向上」「資質価値向上」が考えられる。

２．計画修繕と大規模修繕

（１）計画修繕

　あらかじめ定めた修繕周期に基づいて、修繕を実施することをいう。**計画修繕工事の実施の時期や内容**は、**長期修繕計画で設定した時期や内容**を目安として、**専門家に調査・診断を依頼**し、その**結果に基づいて検討**すべきである。

　計画的な修繕を実施した場合は、**管理組合**は、①分譲時に交付された設計図書[①]、②引渡し後に実施した**点検や調査・診断の報告書**、**計画修繕工事の設計図書**[①]なども**整理・保管**しておくべきである〔マンション標準管理規約（単棟型）32条５号参照〕。これにより、今後の修繕等を適切に実施するために有効となる。

先生からの コメント

[①]「**設計図書**」とは、建築物の建築工事の実施のために必要な図面（現寸図その他これに類するものを**除く**）および仕様書をいう（建築士法２条６項）。
　なお、「**構造設計**」というのは、基礎伏図、構造計算書その他の建築物の構造に関する設計図書で、国土交通省令で定めるものの設計をいう（２条７項）。

(2) 大規模修繕

　マンションの管理においては、一般に計画修繕について大規模な要素（【例】バリアフリー対策その他居住性や機能の向上などの改良）が加わったものをいう。

3．大規模修繕・計画修繕の基本的な進め方・請負契約とその方式

(1) 進め方

① 管理組合の発意 → ② 調査診断 → ③ 修繕基本計画 → ④ 修繕設計

→ ⑤ 工事費見積り（施工会社選定）

　　（ア）⑦の後になるケースもありえる。

　　（イ）**計画修繕工事の施工会社の選定**に当たって、**工事費見積書を提出**させる際には、**参加資格を定めた**うえで、修繕工事の**仕様書および設計図を配付**し、**現場説明を行う**ことが望ましい。

　　（ウ）**大規模修繕工事の施工会社の選定**に当たって、見積金額だけではなく、修繕工事実績・工事保証能力・施工管理体制・施工計画等から**総合的に判断**する必要がある。

→ ⑥ 資　金　計　画 → ⑦ 総　会　決　議

→ ⑧ 大規模修繕・計画修繕工事

　　（ア）大規模修繕工事では、施工数量の変動・設計変更による工事費の変動を免れない。特に、コンクリートのひび割れ長さ・タイルの浮きの枚数などは、足場が掛かっていない段階で数量を確定することが困難であり、実費精算方式※を採用することが多い。

　　　　※　**実費精算方式**：設計時点で、調査や経験に基づいて仮定した数量（指定数量）で業者見積りを行い、その数量で契約し（単価は決定）、工事が始まり、実施数量が確定した後、精算する方式である。つまり、設計監理者が、工事が終了した時点で施工会社の提出する工事精算書案の精査を行い、妥当性があると判断した場合に、管理組合にその旨を報告する。そして、管理組合と施工会社の合意があって、精算額が確定する。この結果、最終工事代金は、工事請負契約の金額とは一致せず、一定の増減が生ずることになり、この分を精算することになる。

　　（イ）大規模修繕工事の**コンサルタント**には、マンションの建物の**調査・診断**や修繕設計等だけに限らず、**施工会社選定への助言および協力、長期修繕**

　計画の見直し、**資金計画に関する助言**等をもできることが望まれる。

(2)　工事請負契約

①　契約の締結は、発注者である**管理組合**と選定された**施工会社**との間で行う。マンション管理適正化法に定める基幹業務を管理会社に委託している場合も同様。

②　工事請負契約書には、工事対象物件の所在地・工事内容・工期・工事代金・工事代金の支払い方法等の事項が記載される。

③　工事請負契約上引き渡すべき図書とした工事保証書は、工事請負者と建築塗料等の材料製造会社との連名により作成される場合がある。

(3)　方　式

①　設計監理方式

(ア)「管理組合の発意」の後、設計事務所などコンサルタントを選び、そのコンサルタントに「調査診断」から「総会決議」までの専門的・技術的・実務的な部分を委託し、「大規模修繕工事」の段階では**工事監理**※を委託する方式。

> ※　工事監理とは、一般的に設計者が設計内容と工事内容が適合しているか否かを確認する行為をいうが（建築士法2条7項）、他の者がこれを行うこともできる。この方式で実施する工事の請負契約書には、工事監理者の記名が求められるのが一般的である。

(イ)設計と施工会社が分離しているので、施工会社の選定を同一基準で適正に行うことができ、工事の厳正なチェックも期待できるので、管理組合にとって安心して進められる方式。つまり、**工事内容・工事費の透明性の確保、責任所在の明確さ**などの点で望ましい方式である（改修によるマンションの再生手法に関するマニュアル 1 章 1.5（2）1）。

(ウ)**工事監理者**は、工事工程計画・仮設計画・品質管理計画等を内容とする施工実施計画を**作成者の施工会社**（施工者）**から提出**させ、それについて管理組合の要望を取り入れながら細部にわたって検討し、管理組合の確認を得た上で承認し、施工会社に適切に伝える業務を行う。

(エ)大規模修繕工事着工の半月から 1 ヵ月前までの段階で、**管理組合が主催者**となって居住者に対する**工事説明会を開催**する。**説明は施工者と工事監理者**が行う。

（オ）工事完了時に竣工検査を実施するが、これには①**施工者**検査、②**工事監理者**検査、③**管理組合**検査があり、手順は、①→②→③の順番で検査を行う。

② 責任施工方式

（ア）「管理組合の発意」の後、施工会社数社に呼びかけ、「調査診断」から「工事費見積り（一般的に、**仮設費用も含まれる**）」までを依頼し（一般的に無償）、そのうちから1社を選んで、そこに「大規模修繕工事」も請け負わせる方式。

（イ）マンションの事情に精通した信頼できる施工会社がいる場合に採用されることがあり、**初期の段階から施工性**（工事中の仮設計画や工事実施手順等）**に配慮した検討を行う**ことができることから、設計監理方式のような**専門家の費用を必要としない**というメリットがある（同マニュアル1章1.5 (2) 1）。

（ウ）調査診断、修繕設計、工事施工および工事監理を**同一業者に委ねる方式**を指すのが一般的。価格競争がないので、特殊なケースに限られる。

（エ）施工会社がそのマンションの管理業者のこともある。

（オ）専門的な第三者による工事の**厳正なチェックがない**ので、割高になったり、安易な工事に終わることがある。

（カ）一級建築士が設計を行う必要がある工事の場合、この方式の場合でも、**一級建築士である工事監理者を定める必要がある**（同マニュアル1章1.5 (7) 3）。

③ 管理業者主導方式

（ア）管理組合が弱体な場合、管理組合に企画立案力や執行力が欠けるため、管理業者が管理組合の意向を受け、大規模修繕工事の準備や実施を主導的に行っていく方式。

（イ）決定は管理組合が行うが、そのお膳立ては管理業者が行う。

（ウ）管理組合の手間は省けるが、第三者のチェックが入らないので、②と同様な問題点がある。

④ CM（コンストラクションマネジメント）方式

専門家が発注者の立場に立って、発注・設計・施工の**各段階におけるマネジメント業務を行う**ことで、**全体を見通して効率的に工事を進める方式**をいう（同マニュアル第1章1.5 (2) 1）。

4．修繕項目と修繕周期

(1) 維持・保全計画の目的

　マンションは、長持ちすると思われがちだが、歳月の経過に伴う劣化現象（経年劣化）による性能・効用の低下や故障等の発生は、「物体」として避けられない。そこで、マンションを長期にわたって快適・便利・安全に居住しうる状態に維持し、資産価値を保つということが必要となるが、そのためには、きめ細かい維持管理に加え、「経年劣化」に対応するために、周期的に大規模な修繕が必要となる。

(2) 修繕項目と修繕周期例

① 建築・外観

部位・工事項目	修繕周期
屋根防水改修工事※	露出 12 年〜　押さえ 18 年〜
外壁塗装工事	**12 〜 18 年**
バルコニー等防水改修工事	12 〜 18 年
シーリング改修工事	8 〜 16 年
鉄部改修・塗装工事	**4 〜 6 年**
金物類改修工事	使用頻度・損耗による
アルミ部改修工事	24 〜 **36 年**
舗装改修工事	24 〜 36 年
外構工作物補修・取替え工事	24 〜 36 年
屋外排水設備取替え工事	24 〜 36 年

　※　防水層の上に保護層を設けた**保護アスファルト防水工法**で施工した屋根の**修繕周期**は、防水材が**露出したままの露出アスファルト防水工法**で施工した場合に比べ、一般的に**長い**。

② 設　備

	部位・工事項目	修繕周期
機械設備	給水設備更生・更新工事	18〜24年
	消火設備取替え工事	18〜24年
	雑排水設備取替え工事	18〜24年
	汚水設備取替え工事	24〜36年
	ガス設備取替え工事	12〜36年
電気設備	電灯・電力幹線・盤取替え工事	24〜32年
	照明器具・配線盤取替え工事	12〜32年
	電話設備取替え工事	30年
	TV共聴設備取替え工事	12〜32年
	自動火災報知設備取替え工事	12〜32年
	避雷針設備取替え工事	24〜32年
エレベーター設備取替え工事		24〜32年

❷ 長期修繕計画作成ガイドライン

1.「長期修繕計画作成ガイドライン」の目的（1章総則1）

　マンションにおける長期修繕計画の作成または見直しおよび修繕積立金の額の設定に関して、基本的な考え方等と長期修繕計画標準様式を使用しての作成方法を示すことにより、適切な内容の**長期修繕計画の作成およびこれに基づいた修繕積立金の額の設定を促し**、マンションの計画修繕工事の適時適切かつ円滑な実施を図ることである。

　※　外部の専門的知識を有する者による専門委員会を設置し、長期修繕計画における基本方針を決定させることを促すことを目的とはしていない。

2.「長期修繕計画ガイドライン」の用語の定義（1章総則）

修繕積立金	計画修繕工事に要する費用に充当するための積立金をいう（4第16号）
計画修繕工事	長期修繕計画に基づいて計画的に実施する**修繕工事**および**改修工事**をいう（4第14号）。
大規模修繕工事	建物の全体または複数の部位について行う大規模な計画修繕工事（全面的な外壁塗装等を伴う工事）をいう（4第15号）。
修繕工事費	**計画修繕工事の実施に要する費用**をいう（4第18号）。

3．長期修繕計画の作成及び修繕積立金の額の設定の目的（2章1節1）

マンションの**快適な居住環境を確保**し、**資産価値を維持**するためには、**適時適切な修繕工事を行う**ことが必要である。また、必要に応じて建物および設備の性能向上を図る改修工事を行うことも望まれる。

そのためには、**次の事項を目的とした長期修繕計画を作成**し、これに基づいて**修繕積立金の額を設定**することが不可欠である。

① 将来見込まれる修繕工事および改修工事の内容、おおよその時期、概算の費用等を明確にする。

② 計画修繕工事の実施のために積み立てる**修繕積立金の額の根拠を明確**にする。

③ 修繕工事および改修工事に関する**長期計画**について、**あらかじめ合意**しておくことで、**計画修繕工事の円滑な実施を図る。**

4．長期修繕計画

(1) 長期的な計画に基づき、マンション共用部分等の各部分の修繕時期および費用を表示する。

(2) **長期修繕計画の対象の範囲（2章1節2一）**

① 長期修繕計画は、**単棟型のマンション**の場合、管理規約に定めた組合管理部分である**敷地、建物の共用部分**および**附属施設**（共用部分の修繕工事または改修工事に伴って修繕工事が必要となる**専有部分を含む**）を対象とする。

② **団地型のマンション**の場合は、多様な所有・管理形態（管理組合、管理規約、会計等）があるが、一般的に、**団地全体の土地、附属施設**および**団地共用部分**ならびに**各棟の共用部分を対象**とする。

③ 共用部分の給排水管の取替えと専有部分の給排水管の取替えを同時に行うことにより、専有部分の給排水管の取替えを単独で行うよりも費用が軽減される場合、これらについて一体的に工事を行うことも考えられる。その場合、あらかじめ長期修繕計画において専有部分の給排水管の取替えについて記載し、その工事費用を修繕積立金から拠出することについて管理規約に規定するとともに、先行して工事を行った区分所有者への補償の有無等についても十分留意することが必要である。

④　共用部分の配管給排水管の取替えに併せて、専有部分の給排水管の取替えを行う場合、あらかじめ長期修繕計画において専有部分の給排水管の取替えについて記載し、その工事費用を修繕積立金から拠出することについて管理規約に規定する等、区分所有者間で十分に合意形成を図っておくことが必要である。また、これらの合意形成がなされる前に工事を行った区分所有者に対しては、当該区分所有者に対する補償の有無等について留意することが必要である。なお、修繕積立金から専有部分の工事費用として拠出する場合、その対象を共用部分と構造上一体となった部分および共用部分の管理上影響を及ぼす部分（いわゆる横引き配管など）に留め、これに連結された室内設備類は区分所有者の負担とすることが相当である（コメント）。

(3) 長期修繕計画の作成の前提条件（2章1節2二）

長期修繕計画の作成に当たっては、次の事項を前提条件とする。

①　**推定修繕工事**は、建物および設備の**性能・機能**を新築時と**同等水準に維持・回復させる修繕工事を基本**とする。

②　**区分所有者の要望**など**必要に応じて**、建物および設備の性能を向上させる**改修工事を設定**する。

③　**計画期間**において、**法定点検等の点検**および**経常的な補修工事を適切に実施**する。

④　計画修繕工事の実施の要否、内容等は、事前に調査・診断を行い、その結果に基づいて判断する。

(4) 長期修繕計画の精度（2章1節2三）

長期修繕計画は、次の事項のとおり、将来実施する**計画修繕工事の内容・時期・費用等を確定するものではない**。また、一定期間（5年程度）ごとに見直していくことを前提としている。

①　推定修繕工事の内容は、新築マンションの場合は現状の仕様により、既存マンションの場合は現状または見直し時点での一般的な仕様により設定するが、計画修繕工事の実施時には技術開発等により異なることがある。

②　時期（周期）は、おおよその目安であり、立地条件等により異なることがある。

③　収支計画には、修繕積立金の運用利率、借入金の金利、物価・工事費価格および消費税率の変動など不確定な要素がある。

(5)　計画期間を延ばす変更を行う場合でも、これに合わせて**修繕周期**[2][3]**を延ばす必要はない。**なぜなら、修繕周期は、建築・設備・外構の各部分の耐用年数を実際に考慮して判断されるものだからである。

・・・

②修繕周期の近い工事項目は、経済性等を考慮し、推定修繕工事の**集約等を検討**して実施するように計画する。

③修繕周期は、新築マンションの場合、推定修繕工事項目ごとに、マンションの仕様・立地条件等を考慮して設定する。また、既存マンションの場合、さらに建物および設備の劣化状況等の調査・診断の結果等に基づいて設定する。

・・・

(6)　共用部分の修繕工事および改修工事に伴う専有部分の修繕工事は、管理組合が費用を負担するので、設備配管の修繕等において**共用部分の修繕に伴って生じる専有部分の修繕工事**は、**長期修繕計画の対象**に含まれる。

5．長期修繕計画の作成

(1) 長期修繕計画の必要性

　マンションの修繕は、劣化現象が顕在化してから行う事後保全的な修繕は、その修繕工事を行った結果、期待どおりの結果が得られないこともある。そこで、長期的な計画に基づいて修繕工事を行うことにより、工事別の修繕時期・概算費用等を予定し、修繕費用の調達等の資金計画を容易に立案できるように心がけるべきである。したがって、マンションの大規模修繕においては、長期修繕計画の作成[4]が欠かせない。

先生からの
コメント

④建物等の劣化に対して**適時適切に修繕工事**等**を行う**ために作成する長期修繕計画は、計画期間・推定修繕工事項目・**修繕周期**・推定修繕工事費・収支計画を含んだもので作成し、これに基づいて**修繕積立金**の額の算出を行う。長期修繕計画標準様式、長期修繕計画作成ガイドライン・同コメントは、長期修繕計画の標準的な様式を示し、長期修繕計画を作成・見直しするための基本的な考え方と長期修繕計画標準様式を使用しての作成方法を示すことで、計画の内容および修繕積立金額の設定等について**区分所有者間**で合意形成を行いやすくするために作成したものである。

(2) 長期修繕計画の作成

① 長期修繕計画の作成は、**管理組合が主体**となって行うものである。

② 長期修繕計画の対象となる工事には、屋上・バルコニー・外壁工事、給排水設備工事等があるが、長期修繕計画作成にあたっては、専門知識を要するので、これらの**コンサルタント費用を計上**しておくことは現実的な計画であるといえる。

③ 昇降機の保守契約をフルメンテナンス契約とした場合でも、**長期修繕計画に昇降機の交換費用を見込んでおく**ことが望ましい。

④ **機械式駐車場**の維持管理に多額の費用を要することが想定される場合は、**管理費会計および修繕積立金会計とは区分して駐車場使用料会計を設ける**ことが望ましい。

⑤ 想定外の工事の発生・災害・不測の事故などによる緊急の費用負担が発生した場合の一時金の徴収を避けるため、推定修繕工事項目に**予備費**を設定して長期修繕計画を作成することが望ましい。

(3) 30年以上の将来を考慮する。

　長期修繕計画は、**30年以上の計画期間**において見込まれる修繕工事の内容・おおよその時期・概算の費用・収支計画等に関して定めることが望ましい。

　外壁の塗装や屋上防水等を行う大規模修繕工事の周期は部材や工事の仕様等により異なるが、一般的に12〜15年程度なので、見直し時には、これが2回含まれる期間以上の計画期間として30年以上と定められている（3章1節5コメント）。

(4) **修繕積立金の会計処理**

①　専用庭等の専用使用料および駐車場等の**使用料**は、これらの管理に要する費用に充てるほか、**修繕積立金として積み立てる**（2章1節3二②）。

②　**修繕積立金の使途**は、**標準管理規約28条に定められた事項**に要する経費に充当する場合に限る（2章1節3二④）。

③　購入時に将来の計画修繕工事に要する経費として**修繕積立基金を負担**する場合または修繕積立金の総額の不足などから**一時金を負担**する場合は、これらを**修繕積立金会計**に繰り入れる（3章2節2）。

(5) **長期修繕計画の作成および修繕積立金の額の設定手順**

①　**新築**マンションの場合は、分譲事業者が提示した**長期修繕計画（案）と修繕積立金の額**について、「購入契約時の**書面合意**により分譲事業者からの**引渡しが完了した時点で決議**したものとする」か、または「引渡し後速やかに開催する**管理組合設立総会**において、**長期修繕計画**および**修繕積立金の額の承認**に関しても**決議する**」ことがある（2章2節1）。

②　建物および設備の調査・診断を**長期修繕計画の見直しのために単独で行う場合**は、長期修繕計画に必要とされる**すべての項目**について**漏れのないように行う**（ガイドライン2章2節4）。

(6) **長期修繕計画の開示**

管理組合は、長期修繕計画等の管理運営状況の情報を**開示**することが望まれる。

(7) **長期修繕計画の見直し**

①　**長期修繕計画の見直し**

長期修繕計画は、次の不確定な事項[5]を含んでいるので、**5年程度ごとに調査・診断を行い、その結果に基づいて見直す**ことが必要である。なお、見直しには一定の期間（おおむね1～2年）を要することから、見直しについても計画的に行う必要がある。また、**長期修繕計画の見直しと併せて、修繕積立金の額も見直す**（3章1節10）。

（ア）建物および設備の劣化の状況

（イ）社会的環境および生活様式の変化

（ウ）新たな材料、工法等の開発およびそれによる修繕周期、単価等の変動

（エ）修繕積立金の運用益、借入金の金利、物価、工事費価格、消費税率等の変動

⑤入居率・賃貸化率・修繕積立金滞納率を考慮するとはされていない。

② 見直しにあたり、**事前に専門家による**設計図書、修繕等の履歴等の資料調査、**現地調査**、必要により区分所有者に対する**アンケート調査等の調査・診断**を行って、**建物および設備の劣化状況、区分所有者の要望等の現状を把握**し、これらに基づいて作成することが必要である（2章2節4）。

③ 見直しにあたり、各部位の**工事時期**は**物理的耐用年数**に基づいて行うのがよい。

④ 見直しは、**大規模修繕工事の実施の直前または直後**に行うほか、**大規模修繕工事の実施予定時期までの中間の時点**に行うことが望ましい。

⑤ 修繕工事項目のうち、**建具の取替え**は、一般的に**新築時の長期修繕計画においては設定されていないことが多い**ので、計画を見直す際には**項目の要否を確認**することが望ましい。

⑥ 作成・見直しにあたり、マンションを**適切に維持管理**していくことを前提としているが、**高経年のマンション**の場合は、必要に応じて**建替えも視野に入れて検討**を行うことが望ましい。

⑦ 見直しにあたり、**修繕積立金の算定根拠**をできるだけ**現状に応じた**ものとするために、**修繕工事の項目や修繕周期**だけでなく、修繕工事に使用する**材料単価や労務単価についても行う**とよい。

⑧ 見直しにあたり、必要に応じて**専門委員会を設置**するなど、検討を行うために管理組合内の体制を整えることが必要である。

⑨ 長期修繕計画は、不確定な事項を含んでいるので、**5年程度ごとに調査・診断**を行い、その結果に基づいて**見直す**ことが必要である。なお、見直しには一定の期間（おおむね1～2年）を要することから、見直しについても計画的に行う必要がある。また、**長期修繕計画の見直しと併せて、修繕積立金の額も見直す必要**がある（3章1節10）。

(8) **計画修繕工事を実施**

計画修繕工事を実施する際は、その**基本計画の検討時**において、建物および設備の現状、修繕等の履歴などの調査・診断を行い、その結果に基づいて内容や時期等

を判断する。なお、法定点検の結果、要是正の判定となった場合に必要となる修理や部品の交換等を速やかに行うことが重要であるため、これらの対応については、原則として長期修繕計画の推定修繕工事の対象外とすることが望ましい（コメント2章1節2二）。

(9)　**設計図書等の閲覧・保管**

　　管理組合は、分譲会社から交付された**設計図書**、**数量計算書**等のほか、**計画修繕工事の設計図書**、**点検報告書**等の修繕等の**履歴情報を整理**し、区分所有者等の求めがあれば**閲覧できる状態で保管**することが必要である（2章1節3三）。

(10)　管理組合は、長期修繕計画の作成および修繕積立金の額の設定に当たって、**総会の開催に先立ち説明会等を開催**し、その**内容を区分所有者に説明**するとともに、長期修繕計画について**総会で決議**することが必要である（2章3節1）。

(11)　**管理組合**は、長期修繕計画を管理規約等と併せて、**区分所有者等から求めがあれば閲覧**できるように**保管**することが必要である（2章3節2）。

6．長期修繕計画の作成の方法

(1)　**長期修繕計画の構成（3章1節3）**

　　長期修繕計画の構成は、次の5項目を基本とする。

① **マンションの建物・設備の概要等**

② **調査・診断の概要**

③ **長期修繕計画の作成・修繕積立金の額の設定の考え方**

④ **長期修繕計画の内容**

⑤ **修繕積立金の額の設定**

(2)　**マンションの建物・設備の概要等（3章1節3）**

　　敷地、建物・設備および附属施設の概要（規模・形状等）、関係者、管理・所有区分、維持管理の状況（法定点検等の実施、調査・診断の実施、計画修繕工事の実施、長期修繕計画の見直し等）、**会計状況**、**設計図書等の保管状況等の概要**について**示すことが必要**である。

　　特に、管理規約・設計図書等に基づいて、長期修繕計画の対象となる敷地（団地型マンションの場合は土地）、建物の共用部分・附属施設の範囲を明示することが重要

である。

　また、建物・設備の劣化状況、区分所有者の要望等に関する調査・診断の結果について、その要点を示すことも必要である。

(3) 長期修繕計画の作成の考え方（3章1節4）

　長期修繕計画の作成の目的、計画の前提等、計画期間の設定、推定修繕工事項目の設定、修繕周期の設定、推定修繕工事費の算定、収支計画の検討、計画の見直しおよび修繕積立金の額の設定に関する考え方を示すことが必要である。

(4) 修繕周期の設定（3章1節7）

　修繕周期は、**新築マンション**の場合、推定修繕工事項目ごとに、マンションの仕様、立地条件等を考慮して設定する。また、**既存マンション**の場合、さらに建物・設備の劣化状況等の調査・診断の結果等に基づいて設定する。設定に当たっては、経済性等を考慮し、推定修繕工事の集約等を検討する。

7．推定修繕工事

(1) 定　義

　推定修繕工事とは、長期修繕計画において、計画期間内に見込まれる修繕工事〔**補修工事（経常的に行う補修工事を除く）を含む**〕および改修工事をいう（1章4第13号）。

(2) 推定修繕工事

　①　推定修繕工事項目の設定は、区分所有者等の要望など必要に応じて、建物・設備の性能向上に関する項目を追加することが望まれる。**免震工法等の耐震改修工事も、対象となる。**

　②　推定修繕工事は、設定した内容や時期はおおよその目安であり、費用も概算である。したがって、計画修繕工事の実施の要否・内容等は、**事前**に調査・診断を行い、**その結果に基づいて判断**する（2章1節2二④）。

　③　**推定修繕工事費用**に、**長期修繕計画の見直しの費用は含まれる。**

　④　現場管理費および一般管理費は、見込まれる**推定修繕工事ごとの総額に応じた比率の額を単価に含める。**

⑤　**推定修繕工事項目の設定**（3章1節6）

　　推定修繕工事項目は、**新築マンション**の場合は、設計図書等に基づいて、また、**既存マンション**の場合は、**現状の長期修繕計画**を踏まえ、保管されている**設計図書、修繕等の履歴、現状の調査・診断の結果**等に基づいて設定する。なお、マンションの形状・仕様等により該当しない項目、または**修繕周期が計画期間に含まれないため推定修繕工事費を計上していない項目**は、**その旨を明示**する。また、区分所有者等の要望など必要に応じて、建物および設備の性能向上に関する項目を追加することが望まれる。

⑥　推定修繕工事費の算定における**単価の設定**の際は、修繕工事特有の施工条件等を考慮し、部位ごとに仕様を選択して、**新築マンション**の場合、**設計図書**、工事請負契約による**請負代金内訳書**等を参考として、また、**既存マンション**の場合、**過去の計画修繕工事の契約実績**、その**調査データ**、刊行物の単価、専門工事業者の見積価格等を参考として設定する（3章1節8二）。

❸　**修繕積立金ガイドライン**

１．**修繕工事の時期**

　工事の時期は、**早すぎると不要な修繕**となるし、**遅すぎても劣化が進み修繕工事費を増加**させることになる。また、**修繕工事を集約**すると、**直接仮設や共通仮設の設置費用が軽減**できるなどのメリットがある。なお、**集約を過剰に行う**と、**修繕積立金が一時的に不足**することにもつながるので注意が必要である。

２．**修繕積立金の算出方法**[6]

先生からの
コメント

[6]計画期間全体における修繕積立金の平均額の算出方法（（円／㎡・月）の算出式は次のようになる（3（2）①）。

（算出式）　Z＝（A＋B＋C）÷X÷Y

　　A：計画期間当初における修繕積立金の残高（円）

　　B：計画期間全体で集める修繕積立金の総額（円）

> C：計画期間全体における専用使用料等からの繰入額の総額（円）
>
> X：マンションの総専有床面積（㎡）
>
> Y：長期修繕計画の計画期間（ヵ月）
>
> Z：計画期間全体における修繕積立金の平均額（円／㎡・月）

(1) 長期修繕計画の策定期間、修繕項目、修繕周期が定まると、それぞれの修繕工事費をもとに、修繕積立金を算出する。

(2) **算出方式**

① **段階増額積立方式（修繕積立金ガイドライン4(2)）**

（ア）修繕資金需要に応じて積立金を徴収する方式であり、**当初の負担額は小さく、多額の資金の管理の必要性**が均等積立方式と比べて**低い**。

（イ）将来の負担増を前提とする積立方式であり、増額しようとする際に区分所有者間の合意形成ができず、修繕積立金が不足する場合がある点に留意が必要である。

② **均等積立方式（同4(2)）**

（ア）計画期間中の**修繕積立金の額が均等**となるように設定する方式であるが、5年ごとの計画の見直しにより、計画期間の推定修繕工事費の累計額の増加に伴って必要となる**修繕積立金の額が増加**することもある。将来にわたって**安定的な修繕積立金の積立て**を確保する観点からは、これを採用することが望ましい。

（イ）修繕資金需要に関係なく均等額の積立金を徴収するため、段階増額方式に比べ、多額の資金を管理する状況が生じる。

③ 一時金徴収方式等

(3) 修繕項目にあがっていない小規模な修繕や修繕の前に行う劣化診断等の費用にあてるために、算出された積立金に数%を加えておくのが一般的である。

3．修繕積立金の額

(1) **将来見込まれる修繕工事の内容、おおよその時期、概算の費用等を盛り込んだ長期修繕計画**に基づいて設定される。

(2) 専有床面積当たりの修繕積立金の額の目安

　一般に、20階以上の**超高層マンション**は、外壁等の修繕のための特殊な足場が必要となるし、共用部分の占める割合が高くなる等のため、**修繕工事費が増大**する傾向にある（3(2)②)。そこで、20階以上と20階未満（建築延床面積の規模に応じて修繕工事費の水準が異なる傾向が見られることから、5,000㎡、10,000㎡、および20,000㎡で区分）の目安で示されている。

①　**20階以上**マンションの平均値：338円（240円～410円)/㎡・月
②　**20階未満**（建築延床面積5,000㎡未満の場合）マンションの平均値：335円（235円～430円)/㎡・月

(3) 大規模修繕時に各区分所有者が行う**専有部分のリフォーム工事**に要する費用に対して、**修繕積立金は充当されない。**

(4) 機械式駐車場がある場合の1台当たりの修繕工事費の目安

　一般的に、機械式駐車場の1台当たり月額の修繕工事費（20年間の累計費用の目安を月額に換算した値）は、次のような傾向にある。

機械式駐車場の機種	機械式駐車場の修繕工事費 （1台当たり月額）
2段（ピット1段）昇降式	6,450円/台・月
3段（ピット2段）昇降式	5,840円/台・月
3段（ピット1段）昇降横行式	7,210円/台・月
4段（ピット2段）昇降横行式	6,235円/台・月
エレベーター方式（垂直循環方式）	4,645円/台・月
その他	5,235円/台・月

(6) 近年の**新築**マンションでは、ステンレス管やプラスチック管等の**腐食しにくい材料**が使われており、それにより**更生工事の必要性が低下**し、**取替え工事も遅らせる**ことができるようになっていることから、給排水管に関する**修繕工事費は少なくて済む**ようになる傾向がある（同5）。

(7) **建物が階段状**になっているなど**複雑な形状**や**超高層マンション**では、外壁等の修繕のために建物の周りに設置する**仮設足場**や**ゴンドラ等の設置費用が高くなる**ほか、施工期間が長引くなどして、**修繕工事費が高くなる**傾向がある（同5）。

❹　建物・設備の診断

1．診断の目的

(1)「診断」とは、維持・保全のために建築物の全部または一部の現在の状態を定性的・定量的に調査・測定することで、その程度を評価・判断して将来の影響を予測し、必要な政策立案をすることをいい、次のようなものがある。

①　劣化診断　➡　外壁等の各部位・部材・機器の劣化状況の診断

②　安全性診断、③　耐震診断、④　環境診断　➡　温度・湿度・CO_2・悪臭等に関する快適性等の診断、⑤　省エネ診断、⑥　システム機能診断

(2) **修繕工事の実施前に行う建物診断**は、長期修繕計画の対象となるので、経費の充当については、原則として**修繕積立金**から取り崩す（標準管理規約 32 条関係コメント）。

2．診断の手順

診断の手順は、診断の目的や対象によって異なるが、一般的には「予備調査」➡「本調査」➡「改修基本計画作成」の手順で行われる。

(1) 予備調査

建物や設備の現状を把握するため、設計図書や過去の修繕等の履歴の調査、現地の目視調査を行ったり、居住者に対する全戸アンケート調査を行ったりする。

> ①　建物所有者から依頼を受けて診断を行う場合、依頼された調査の目的をよく確認し、最適の診断方法を決めるための「予備調査」を行い**診断計画書を作成**する。
> ②　「予備調査」にあたっては、**対象建物の状況を実地に確認**するとともに**設計図書や過去の診断・修繕の記録なども調査**する。
> ③　「予備調査」には、現地下見・資料収集・調査診断の内容確認・現地調査計画・準備等があり**調査機器・用具の準備は行う**が、**使用・破壊試験は行わない。**

(2) 本調査

本調査では、**的確な結論を得るため詳細でかつ広範な調査**が望ましいが、一般に経済性を考慮して、調査目的に応じて簡便な調査から始め、判断がつかなければ、詳細な調査へとステップを踏んで進められる。これら劣化診断の過程を「**1 次診断**」「2

次診断」「3次診断」という。

(3) 改修基本計画作成

　診断の結果、補修・修繕・改修等が必要となった場合には、**工事の項目、工事の内容、工事スケジュール、概略費用、課題などを記載**した改修基本計画書を作成する。

3．診断レベル等

(1) 簡易診断

　現状把握・劣化の危険性の判断を目的とした1次診断のこと。

(2) 詳細診断

　劣化の要因を特定し、修繕工事の要否や内容等を判断する目的で行う2次診断および3次診断のこと。

(3) 非破壊試験

　2次診断で行われる。被検体である**材料あるいは製品の材質や形状・寸法に変化を与えないで、その健全性を調べる**試験のこと。

(4) 局部破壊試験

　3次診断で行われる。**鉄筋のはつり出し・コンクリートのコア抜き**試験や**配管の抜管**試験等がある。

4．外壁タイル等の劣化症状と診断

(1) **劣化症状**

劣化症状	定　義
剥　落⑦ ＊ はげ落ちること。	**タイルが1枚でも剥落**した場合、その周辺はもちろん、その他の部位でも剥離が発生していることがあり、タイル張り**全体として性能低下**を起こしていると考えられ、続いて突然剥落することがあり、人身事故等の原因となり大変危険。➡ 目視・打撃診断等により、各部の診断が必要。
	壁面に伸縮調整目地を適切な間隔で設けないと、タイルに生じるひずみの影響により、剥離を生じることがある。
	タイル張り仕上げ外壁の改修工法の1つに、外壁の剥落防止を意図して**アンカーピンと繊維ネットを併用した工法**もある。
欠　損	タイルが部分的に欠けた状態。原因は凍害、熱膨張、機械的原因(物が衝突するなど)等。剥落につながるので注意が必要。

白華現象 （エフロレッセンス） ＊　白色の粉状になる現象のこと。	コンクリート中の水分や、ひび割れから浸入した雨水が、セメント中の石灰などを溶解し、この溶液が石材・コンクリート・レンガ目地などの表面に出てきて空気中の二酸化炭素ガスと化合し、固まって白色の粉状等になったもの。
ひび割れ （クラック） ＊　構造クラックと仕上げ面の収縮によるクラックがある。	原因のほとんどが下地のモルタルやコンクリートであり、タイル自体が原因であることは少ない。躯体コンクリートのひび割れに伴って生じるひび割れと、仕上げ面の収縮によるひび割れがある。
錆水の付着	建具、取付け金具、手すりの埋込み部、鉄筋コンクリート中の鉄筋等、鉄部の発錆により錆水が出る現象。コンクリートの剥離落下の原因になり、人身事故等の発生原因にもなる。鉄筋の錆が原因のときは建物の耐久性に大きく影響することがある。
浮き （剥離）	タイルとモルタルの境界面、モルタルと躯体コンクリートの境界面、または、仕上げモルタルと躯体コンクリートの境界面の接着が不良となり隙間が生じ、部分的に分離した状態。
ふくれ	タイル張り層、仕上げモルタル層の浮きが進行し、ある面積が凸状に変形し、肉眼で確認ができる状態になった浮き。

先生からのコメント

⑦「建築保全標準・同解説 JAMS 2 －RC 点検標準仕様書」によれば、マンションの**壁面タイルの剥落による事故の危険性のある範囲**は、**壁面タイルの高さの 2 分の 1** とされている。

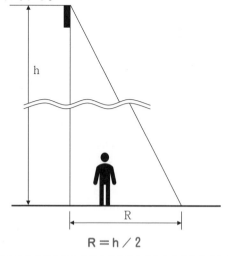

(2) 診断方法

① **外観目視診断**

目視で調査する項目は、前記(1)のような劣化症状である。

② **打撃診断（打診）**

(ア) パールハンマーまたは角を削って丸みをつけたテストハンマーで、部分打診・全面打診をし、その**打音により浮きの有無と程度を判断する**。外観目視診断だけでは、外壁の内部の状況を的確に診断することは困難なので、外壁の仕上げ診断では、打撃診断の方法によるのが一般的である。

(イ) **外装タイル**（乾式工法によるものを除く）**の劣化および損傷の状況の調査**は、**外壁改修後 10 年を超え、かつ 3 年以内**に落下により歩行者等に危害を加えるおそれのある部分の全面的なテストハンマーによる打診等を**実施していない**場合、原則として、当該**打診等により確認**しなければならない（国土交通省告示 703 号別表）。

③ **非破壊診断**

(ア) **反発法**（連続加振、振動測定を含む）

タイル面に一定の打撃を加え、その衝撃により生じた**跳ね返りの大きさを自動的に記録し、タイル浮き等の程度を調査**するものである。

(イ) **赤外線装置法**

建物の外壁タイルまたはモルタル仕上げ等の剥離部と健全部の熱伝導の違いによる**温度差を赤外線映像装置（赤外線サーモグラフィ法・サーモカメラ）**によって測定し、**タイル面の浮き等の程度を調査**[8]するものである。

特徴	(a) **外からの熱が必要**となる。
	(b) 診断において、診断対象マンションの東西南北 4 面の外壁に当たる**日射量が時間により変化**することになるが、**方位別による日射量を把握して、最適な測定時間を決めれば問題はない**。
	(c) 結果は、**気象条件など外的要因による影響を受けやすい**。

先生からの
コメント

[8]赤外線調査は、建物の**外壁タイル等から放射されている赤外線**を赤外線カメラで感知し、赤外線画像として処理するもので、赤外線を照射するのではない。

5．鉄筋コンクリートの劣化症状と診断

(1) 劣化症状

劣化症状	定　　義
①剝　　　　　　　落	仕上げ材がはがれ落ちた状態。 コンクリートの中性化による鉄筋の腐食等が原因で、**浮いていたコンクリート**が、**躯体からはがれ落ちた状態**。 ＊　鉄筋の露出を伴うものと、伴わないものとがある。
②錆　鉄　筋　露　出	腐食した鉄筋が表面のコンクリートを押し出し、剝離させ、露出した状態。点状、線状、網目状に露出することもあり、新築時の**かぶり厚さ不足が主な原因**とされている。
③エフロレッセンス	前述のとおり。
④ひ　　び　　割　　れ	**コンクリートの中性化による鉄筋の腐食によるひび割れ** 　**鉄筋**（補強筋）に沿ってコンクリート表面に、**規則性のある直線状の大きなひび割れ**が発生する。
	コンクリートの乾燥収縮によるひび割れ 　**開口部の周囲**では放射状に、**外壁部や隅角部では斜め方向に発生**する。ひび割れ発生時の開き幅は、0.05 mm 〜 0.5 mm 程度である。
	コンクリートのブリージング 　コンクリート打設後、締固めを終わってコンクリートが沈下すると、それにつれて**表面に混練水が分離して浮き出してくる現象**をいう。この沈下に伴い、水平鉄筋や部材断面が変化する箇所の上面に、**規則性のある直線状の表面ひび割れ**が発生する。また、凝結の始まりからブリージング水が吸収される過程では、コンクリート表面全体にわたって、比較的短い表面ひび割れが発生する。
	コンクリートのアルカリ骨材反応によるひび割れ 　表面に多くの**不規則な亀甲状ひび割れ**が発生する。また、ひび割れ部には、ゼラチン状の物質や白い沈殿物を伴ったり、ポップ現象を伴ったりすることがある。
	建物の不同沈下によるひび割れ
⑤錆　　　汚　　　れ	腐食した鉄筋の錆がひび割れ部から流出して、仕上げ材またはコンクリートの表面に付着している状態。錆とは、一般的に赤錆をいう。コンクリートの中性化が原因の1つ。
⑥ポ　ッ　プ　ア　ウ　ト	コンクリート**内部**の、鉄筋の腐食による**膨張圧**等によって、コンクリート**表面の小部分が円錐形のくぼみ状に破壊**された状態。凍害・アルカリ骨材反応等が原因で発生する。

⑦浮　　　　　　　き	仕上げ材 ➡ 躯体から剥離した状態。
	躯体コンクリート ➡ 鉄筋のかぶり等が浮いている状態。
	＊　仕上げ材だけか、コンクリート躯体を伴っているかは、打診による識別が困難である場合が多い。
⑧脆弱化した表面	凍害、すり減りなどにより脆弱化したコンクリートの表面で、粉状化を含む。
⑨そ の 他 の 汚 れ	カビ、煤煙、コケ類などによる汚れで、③⑤を除く。
⑩漏　水　痕　跡	過去に漏水現象が生じた形跡。エフロレッセンスを伴うことが多い。目視だけで識別しにくいので問診により確認する。
⑪異　常　体　感	床のたわみ（コンクリートの強度不足が原因の１つ）、傾きにより生ずる異常感、床の振動、建具の開閉感覚などがある。これは、目視だけでは識別しにくいので問診により確認する。

（2）診断方法

① 外観目視診断

　　鉄筋コンクリートは、設計・施工の不備や経年、外力等により、構造躯体としての劣化現象が生じるが、中性化・錆鉄筋露出以外の鉄筋腐食・強度劣化は、基本的に外面からは判断できない。しかし、前記(1)のように、構造躯体の劣化が不具合となって表面に現れた劣化症状を、目視等で観察できる。

② コンクリート中性化深さの診断

　　（ア）コンクリートの中性化（第11節 ❻ 5.（2）参照）が進むと鉄筋が腐食し、構造耐力の低下につながるので中性化の診断は重要である。そこで、測定部位の、コンクリートを一部円筒状にコア抜きし、取り出したサンプルに**フェノールフタレイン溶液**を専用機器で噴霧した後に、**スケールで中性化深さを測定**する。

> 　　**フェノールフタレイン溶液**は、アルカリ性で**赤色に変化**し、**8.2 以下の**pH[9]**では無色**である。つまり、無色の部分を中性化範囲（中性化深さ）としている。コンクリートの**中性化の長さ**を精密に計る道具として、**ノギス**などを使用する。

先生からの
コメント

・[9]手持ち型の**pH測定器**は用いることは**できない**。

（イ）コンクリートの中性化深さは、測定部位に 10 ㎜程度の孔^{あな}をあけ**フェノールフタレイン溶液**を専用機器で噴霧したあと、**スケール付きの内視鏡**（コンクリートチェッカー）で読み取る。

③　**コンクリート中の塩分量の診断**

　コンクリート中の**塩分量が多い**と**鉄筋を腐食**させ、**耐力の低下につながる**ので、できるだけ診断をするのが望ましい。塩分量の測定は、コア抜きしたコンクリートを試験場に持ち込み行う。コンクリート中の塩化物イオン量により3つに分類され、劣化要因の強さを小・中・大の3段階で評価している。コンクリートは、塩化物の含有量の多さだけで、耐久性に問題があるとの判断はできない。

④　**鉄筋腐食状態の診断**

　中性化が鉄筋位置までに進行していた場合やコンクリートの塩分量が多い場合は、必ず**腐食状態の診断を実施**する。この診断を正確に行うには、躯体の部分的な破壊が必要となるが、非破壊検査手法を併用するなどして、できる限り広範囲に腐食状態を把握するようにする。

⑤　**コンクリート強度の診断**

　この診断には、コンクリートコア抜きによる**破壊試験**と**非破壊試験**による方法とがあり、簡易に行う場合は非破壊試験による。コンクリート強度は、鉄筋コンクリートの構造耐力や耐久性能に影響する最も重要な項目であり、耐震診断など通常の改修以外の目的で必要となる場合があるので、その目的に応じて測定方法・測定個所等を決定する。

⑥　**ひび割れ診断**

　ひび割れの調査は、ひび割れの幅を調べることはもちろん、その**形状や分布状態**（パターン）**についても調べる必要がある。**

（ア）**コンクリートとひび割れの関係**

　非常に縁が深く、各種の原因によりさまざまな形状を示して発生する。ひび割れの**全体的な分布状態**や鉄筋があると考えられる位置との関係を含めた**ひび割れパターン、最大ひび割れ幅**について調査する。ひび割れ幅は 0.2 ㎜～ 0.4 ㎜程度でも、**漏水や鉄筋腐食の原因**となりうる。また、ひび割れ個所は、鉄筋の腐食個所や漏水個所と関連が深く、調査位置の選定においては十分に考慮すべきである。

（イ）**コンクリートにひび割れを生じさせる主要な原因**〔上記（1）④参照〕

（a）**鉄筋の腐食**によるもの

　　コンクリート硬化後、中性化が鉄筋位置まで達すると、アルカリによる鉄筋保護の効果が薄れ、水分と炭酸ガスにより鉄筋が腐食する。鉄筋の錆びで体積が膨張し、かぶりコンクリートを押し上げ、鉄筋に沿ったひび割れが発生する。

（b）**コンクリートの乾燥収縮**によるもの

　　コンクリートは硬化する過程で収縮をおこすため、ひび割れの原因となる。

（c）**アルカリ骨材反応**によるもの

　　＊　これは、コンクリートにおける劣化現象の1つであり、コンクリートに含まれるアルカリ性の水溶液がアルカリシリカ反応性鉱物を含有する骨材（砂利や砂）と反応し、異常膨張やそれに伴うひび割れなどを引き起こすものである。なお、「コンクリート骨材の収縮」は、コンクリートのひび割れを発生させる**原因とならない**。

（d）**建物の不同沈下**等

⑦　**コンクリートのひび割れ補修（コンクリートのひび割れ調査、補修・補強指針2013）**

（ア）**外気温の変動による挙動が小さいひび割れ幅0.1mmの補修**

　　ポリマーセメントペーストによるひび割れ被覆工法を適用するのは適切。

（イ）**外気温の変動による挙動が小さいひび割れ幅0.5mmの補修**

　　アクリル樹脂系注入材による注入工法を適用するのは適切。

（ウ）**外気温の変動による挙動が大きいひび割れ幅0.5mmの補修**

　　シーリング材や可撓性エポキシ樹脂による注入工法を適用するのは適切。

（エ）**外気温の変動による挙動が大きいひび割れ幅1.0mmの補修**

　　可撓性エポキシ樹脂による充填工法を適用するのは適切。

⑧　**非破壊検査法・局部破壊検査法**

【シュミットハンマー】

（ア）コンクリートの非破壊検査法は、従来は強度推定が主流であったが、内部のひび割れ、空隙・欠陥、含水状態、鉄筋の位置・直径、腐食状態、仕上げの剥離状態等、強度以外の内部検査需要も増加してき

ている。シュミットハンマー（**リバウンドハンマー**）**法**[10][11]のように、被測定物にほとんど損傷を与えない**純非破壊検査法**や引抜き法のような**局部破壊検査法**がある。

（イ）コンクリート検査分野以外で開発されたX線法、赤外線法、レーダー法等の非破壊検査技術をコンクリートの内部検査に応用する動きも出てきている。このなかの「X線法」では、給水管の肉厚の減少や錆こぶの状態を調査することができる。

先生からのコメント

[10]マンションの調査内容等と調査用具等については、主に次のような関係がある。

調査内容・項目・目的等	調査用具・機器・方法等
試験用槌で、**外壁タイルの浮き**やネジの締め具合を**検査**	テストハンマー
外壁タイル等の剥離試験に使用される器具で、**塗膜の付着力**をみる	建研式接着力試験器
コンクリートの中性化の**長さ・深さ**等を調査	ノギス
コンクリートの（圧縮）**強度**の測定	シュミットハンマー
コンクリート内の鉄筋等	放射線（X線）透過法
コンクリートの**ひび割れ幅**	クラックスケール
コンクリートの**中性化の深さ**	フェノールフタレイン溶液・ドリル削孔（粉末）法
仕上げ塗材の付着の強さを調査。金属面への塗装およびコンクリート面への塗装のいずれにも用いることができる。	**プルオフ法**
ガラス繊維とケーブルと光源装置を用いて、**配管や機器の内部を見る**	**ファイバースコープ**（内視鏡）
接触することなく、遠方から画像により調査。剥離の形状・大きさ・位置をより正確に把握できる。外壁タイルの浮き・はく離を調査	サーモカメラ（赤外線カメラ）
鉄筋の**位置・かぶり厚さ**	電磁波レーダ・電磁誘導法
給水管内のさびの状態	抜管（サンプリング）法
軽量**床衝撃音**	**タッピングマシン**
チョーキング程度	無色透明な市販の粘着テープ
片面から非破壊で**設備配管の厚さ**を測定できる機器で、**設備配管（鋼管）の腐食状況**の診断	**超音波厚さ計**
仕上塗材の色を測定し、**塗装に劣化**が生じているかどうかの診断	**分光測色計**

⑪ マンションの建築試験とその目的については、主に次のような関係がある。

試　　　験	目　　　的
クロスカット試験※	塗膜の付着性を測定
標準貫入試験	地盤の地耐力を測定
シュミットハンマー試験	コンクリートの圧縮強度を測定
スランプ試験	コンクリートの軟らかさを測定
針入度試験 しんにゅうど	アスファルトルーフィングの劣化度を測定 ＊　使用状態での劣化度を測定するのではなく、サンプルを採取して、所定の試験条件の下で試験室等で測定。

※　金属系塗装の付着力を測定するもので、測定部にカッターナイフで切り込みを入れ、その部分にテープを貼って、それをはがし、そのときにテープに塗膜が付着する状況により判定する。

6．マンションの劣化の分類

(1) 物理的劣化

　マンションは、建設されてから一定の年数を経ると雨水、空気中の炭酸ガス等の**化学的要因**および継続使用による減耗などの**物理的要因**等により、使用材料・機器の劣化が始まり、さらに経年とともに劣化範囲が拡大し、劣化程度も進行していく。

　このため、各劣化状況に応じて適切な修繕が必要となり、劣化が全面に至ると大規模な修繕を実施する必要が出てくる。

(2) 機能的劣化

　マンションの機能的劣化は、次のように分類される。

　① **建設後の技術の向上**によって、建設時よりすぐれた性能やよりコンパクトな設備機器・材料が開発され、その結果、当初設置された機器等の性能が低下していなくても、相対的な評価としてその機器が劣化（陳腐化）する場合がある。

　② **法的規制の変化**によってマンションの機能が向上したり、拡大することにより、同様にその機器が劣化することになる場合もある。

　【例】・冷暖房機器の高性能化・小型化

　　　　・各戸の電気容量やコンセント数の増加

　　　　・消防法の強化や新耐震設計の施工等に伴う既存建物の不適合

(3) 社会的劣化⑫

　これは**社会的要求水準、要求内容が変化**したことによって生じる劣化である。高度

情報化、多様化、部屋構成の変化、住戸面積の増大、ＯＡ化対応、マンションの外観の高級化等が求められるが、これらに対応できないことにより生ずる劣化である。

先生からの
コメント

⑫大規模修繕では、社会的劣化に対応することは困難である。

7．外壁等の改修工法

(1) Uカットシール材充てん工法

①　ひび割れの**動き（挙動）が**小さい（0.2㎜以上1.0㎜以下）場合、**可とう性エポキシ樹脂をシール材として選択**し、ひび割れ部分の**挙動が大きい**（1.0㎜超）場合、ひび割れ部分をU字型にカットして、その部分に**シーリング材等**を充てんするのが一般的である。

②　コンクリートのひび割れの補修をする場合、**ひび割れ幅の挙動が大きい**ときは、「**軟質形**」のエポキシ樹脂を注入する。

③　ひび割れを**樹脂注入工法により補修**する場合は、確実に樹脂を注入するため**低圧で注入する方法が最適**であり、一般的である。従前は、高圧ポンプで圧入するのが一般的であったが、ひび割れ幅が小さくなると注入が困難になり、確実に注入できない問題があったため、近年は、低圧で注入する工法が主流となった。

(2) 注入口付アンカーピンニングエポキシ樹脂注入工法

タイル等の仕上げ層の**浮き部分の補修**において、**注入口付アンカーピン**によりタイル等の「**中央**」に穿孔して（穴をあけて）**エポキシ樹脂を注入**する工法である。これの本数は、原則として**9本／㎡**とされる。

(3) アンカーピンニング全面エポキシ樹脂注入工法

タイル張り外壁の浮き部分の補修において、注入すべき箇所の至近の「**目地**」に穿孔する工法である。これの本数は、原則として**16本／㎡**とされる。

(4) シール工法

コンクリートのひび割れの補修をする場合、ひび割れ幅が**0.2㎜未満程度**の比較的幅の小さいひび割れの補修に有効な工法である。

(5) **外壁複合改修構工法（ピンネット工法）**

タイルやモルタル等の仕上げ層を**存置したまま、樹脂製のネットや金属製のアンカーピンを用いる**工法である。

(6) コンクリート構造物は、その内部に水や塩化物イオンが浸透することにより、表面の汚れ、鉄筋腐食などのさまざまな劣化が発生する。それに対応するため、**鉄筋の腐食を抑制する改修工法**が必要となるが、その1つに、浸透性の**吸水防止材を塗布し水の浸入や塩化物イオンの浸透を抑制する工法**がある。

(7) **塗膜剥離剤工法**

この工法の有効性は、**有機系の塗膜に限定**される。セメント系吹き付けタイルには使えない。また、一般塗装・アクリル系吹き付けタイルには比較的有効だが、リシン系・弾性系・エポキシ吹き付けタイルにはすべてに有効とはいえない。

(8) **吹付けタイル等の塗り仕上げ**

ひび割れに沿って**塗膜を撤去**するのが原則である。しかし、**塗膜が健全でコンクリートとの接着がよい場合は、塗膜を撤去せずにひび割れ改修**を行うこともある。

(9) **ポリマーセメントモルタル充てん工法**

コンクリート表面の**比較的軽微**な剥がれや**浅い欠損部**の改修工法である。

❺ 消費生活用製品安全法（長期使用製品安全点検制度）

1．目的等

(1) 消費生活用製品による一般消費者の生命・身体に対する危害の防止を図るため、特定製品の製造や販売を規制するとともに、特定保守製品の適切な保守を促進し、併せて製品事故に関する情報の収集および提供等の措置を講じ、もって一般消費者の利益を保護することである（1条）。

(2) (1)の目的に基づく「長期使用製品安全点検制度」は、消費生活用製品のうち、**長期間の使用**に伴い生ずる**劣化により安全上支障**が生じ、一般消費者の生命・身体に対して**特に重大な危害**を及ぼすおそれが多いと認められる製品の**適切な保守を促進**するために設けられた。

2．特定保守製品とは（2条4項）

　消費生活用製品のうち、長期間の使用に伴い生ずる劣化（以下「**経年劣化**」という）により**安全上支障**が生じ、一般消費者の生命または身体に対して**特に重大な危害**を及ぼすおそれが多いと認められる製品であって、使用状況等からみてその適切な保守を促進することが適当なものとして政令で定める次のものをいう（施行令3条、別表第3）。

① 石油給湯機
② **石油ふろがま**

3．特定保守製品への表示

　特定製造事業者等は、その製造または輸入に係る特定保守製品を販売する時までに、当該**特定保守製品**に次の事項を**表示**しなければならない（32条の4第1項）。

① 特定製造事業者等の氏名・名称および住所
② 製造年月
③ **設計標準使用期間**※
④ 点検期間の始期および終期
⑤ 点検その他の保守に関する問合せを受けるための連絡先
⑥ 特定保守製品を特定するに足りる事項として主務省令で定める事項

※ **標準的な使用条件**の下で使用した場合に**安全上支障がなく使用**することができる**標準的な期間**として設計上設定される期間をいい（32条の3第1項1号）、**製造年月を始期**とし、**経年劣化**により**安全上支障が生じるおそれが著しく少ないことを確認した時期を終期**として設定する（長期使用製品安全表示制度ガイドライン）。

4．特定保守製品取引事業者とは（32条の5）

(1) 「**特定保守製品**」または「**特定保守製品の付属する建物**」の売買といった、**特定保守製品の所有権を移転させる効果を伴う取引を行う者**をいい、たとえば、特定保守製品そのものを売買する小売販売事業者・不動産販売事業者・建物建築請負事業者が該当する（長期使用製品安全点検制度ガイドライン）。

(2) 特定保守製品取引事業者は、特定保守製品の取得者に対し、適切な保守の必要性や所有者情報の提供の必要性などを理解させるために、**正当な理由**がある場合を**除いて説明義務**がある。

❻ 音

1．音の物理的尺度

(1) 透過損失（ＴＬ：transmission loss）〔単位：dB〕

材料や構造体の遮音の程度を表す値で、その値をデシベル値でいう。つまり、「**透過損失**」は、**入射音の強さ（dB）から透過音の強さ（dB）を差し引いたもの**である。

【例】ある壁体に85dBで入射した音が、この壁体を通過後に50dBになったときは、この壁体の透過損失は35dBであるという。

(2) 音の伝わり方

「固体伝搬音」と「空気伝搬音」の2つに分類できる。前者は、人や物が**床や壁に衝突**する等した場合に、**建物の躯体構造を伝わる振動**によって**居室内の壁面や天井面等から発生する音**であり、後者は、空気中を伝わって直接耳に届く音である。

2．遮音特性

(1) 質量則

単一材料によってできている一重壁の透過損失は、その**壁の面密度**（単位面積当たりの重量）**が大きいほど大きくなる**。コンクリート、れんがなど密実で重い壁が遮音に有効である。これを、透過損失に関する「**質量則**」という。

(2) 周波数

① **周波数が高いほど、透過損失は大きい。**

② 人間が音として聴き取ることのできる**周波数帯**(可聴領域)は、**約20〜20,000ヘルツ（Hz）**である。

③ **加齢性難聴**は、年齢とともに「高い」周波数から始まり、徐々に「低い」周波数に及んでいく。

④ 人間が音として聴き取ることのできる**最小の音圧**（最小可聴値）は、**周波数によって大きく変化**する。

(3) 二重壁の透過損失

面密度の等しい一重壁と中空の二重壁を比較して示すものである。

① 一重壁も二重壁も、一般的には、周波数の高いものは透過損失が大である。

② 壁の遮音性能を高めるために**二重壁**にした場合、同じ面密度の**一重壁**よりも、

中高音域において**遮音性能が高くなる**。

（4）**サンドイッチパネルの透過損失**

中空パネルの内部に、心材として多孔質材料や発泡材などをはさみ込んだ複合部材が、「**サンドイッチパネル**」として用いられている。

① 心材に、抵抗性の大きいグラスウールなどを用いたパネルは、透過損失を全帯域にわたって上昇させるので、遮音壁としてすぐれている。

② 心材に、密な間柱などの剛性の大きいものを入れたパネルは、全体に単一板に近い傾向の透過特性を持ち、かつ、厚みが大きくなるので、コインシデンス限界周波数（共振状態が生じる周波数）が中高域に生じる傾向がある。

3．衝撃音の低減対策等

共同住宅等に適用されるのは、①**重量床衝撃音対策**、②**軽量床衝撃音対策**、③**透過損失等級**（**界壁**）、④**透過損失等級**（**外壁開口部**）の4項目がある[13]〜[15]（日本住宅性能表示基準・建設省告示1652号）。

**先生からの
コメント**

[13]**軽量床衝撃音対策等級での対象周波数域**は、重量床衝撃音対策等級での対象周波数域より**高周波域**となっている。

[14]**軽量床衝撃音の下階への伝わりにくさ**は、**軽量床衝撃音対策等級または軽量床衝撃音レベル低減量（床仕上げ構造）**のいずれかについて評価するものとされている。

[15]**透過損失等級（界壁）において評価**されるのは、界壁の構造に係る**空気伝搬音の透過のしにくさ**である。

軽量床衝撃音は、重量床衝撃音と比較すると、その対策は単純で簡単なものである。つまり、床仕上げ材をやわらかくして、床への衝撃力を緩和すればよい。床仕上げ材の比較として、軽量衝撃源（タッピングマシン）による床衝撃音レベル遮音等級〔ＪＩＳ（日本産業規格）〕で判断する方法がある。

（1）軽いものを落としたときに発生する衝撃音対策として、スラブの上にフェルトやラバーを敷くことやフローリングの底にラバーを敷くことが有効である。

(2) 軽量衝撃音を低下させる効果が大きいものとして、「**畳**」が考えられる。逆に、音が気になるものとして「**木質フローリング**」が考えられるが、これは畳やカーペットと比べると硬く、衝撃力を緩和する作用がほとんどない。「**ニードルパンチカーペット※**」と「**発泡塩化ビニルシート**」とを比較すると、前者の遮音等級はある条件のもとではL-50となるのに対して、後者の遮音等級はL-65となる。この数値が小さいほど遮音性能が高いことになる。

※　「ニードルパンチカーペット」とは、積層した繊維を針で刺して絡み合わせたカーペットで、この裏面は、合成ゴムなどを原料にした塗料でコーティングされている。

(3) **表示尺度と住宅での生活実感との対応例**

① **フローリング衝撃音**

L値が小さいほど、**遮音性が優れている。**

遮音等級	重量床衝撃音（LH値）遮断性能 （子供の走り回り、飛び跳ね等）	軽量床衝撃音（LL値）遮断性能 （椅子の移動音、物の落下音等）
L-30	通常ではまず聞こえない	聞こえない
L-35	ほとんど聞こえない	通常ではまず聞こえない
L-40	かすかに聞こえるが、遠くから聞こえる感じ	ほとんど聞こえない
L-45	聞こえるが、意識することはあまりない	小さく聞こえる
L-50	小さく聞こえる	聞こえる
L-55	聞こえる	発生音が気になる
L-60	よく聞こえる	発生音がかなり気になる
L-65	発生音がかなり気になる	うるさい
L-70	うるさい	かなりうるさい
L-75	かなりうるさい	大変うるさい
L-80	うるさくて我慢できない	うるさくて我慢できない

② **空気音**

D値が大きいほど、**遮音性が優れている。**

遮音等級	界壁の遮音等級（D値） （ピアノ・ステレオ等の大きい音）
D-65	通常では聞こえない
D-60	ほとんど聞こえない
D-55	かすかに聞こえる
D-50	小さく聞こえる
D-45	かなり聞こえる
D-40	曲がはっきりわかる
D-35	よく聞こえる

D-30	大変よく聞こえる
D-25	うるさい
D-20	かなりうるさい
D-15	大変うるさい

4．吸　音

材料に音が入射すると、材料内部で摩擦などの抵抗が生じ、音のエネルギーが熱のエネルギーに変えたりして、音の強さが弱められる。この現象のことを「**吸音**」という。

(1) 吸音率

入射音のエネルギーに対する吸音された音のエネルギーの比で表す。この際、反射音以外は、すべて吸音と考えて吸音率を求める（透過音のエネルギーも吸音に含める）。

(2) 吸音構造と吸音率

①　多孔質型の吸音構造

（ア）ロックウール、グラスウールなど、連続気泡の多孔質による吸音率は、一般的に**低音域では小さく、高音域では大きい。**

（イ）多孔質材料と、コンクリートのような剛壁との間に空気層を設けた吸音構造

（a）空気層の厚さが小さいとき（約10cm程度）には、上記（ア）と同様に**低音域では**吸音率が**小さく、高音域では大きい。**

（b）空気層の厚さが大きいとき（約30cm程度）には、低音域から中高音域までほぼ**均一な吸音率**になる。

②　共鳴器型の吸音構造

共鳴器に入射した音が空気を振動させ、その摩擦熱によって音のエネルギーを熱エネルギーに変えることで、音の強さを弱める型である。

(3) 吸音力〔単位：㎡〕

材料の吸音率 × 材料の表面積（㎡）で表される。その材料が、吸音率1の効果を持つ面何平方メートル分の働きをするかを示すものである。

5．室内騒音の許容値

dB	25	30	35	40	45	50	55
うるささの程度	非常に静か			特に気にならない		騒音を感じる	

❼ 防　水

1．防水の種類

防水は、「**メンブレン防水**」と「**シーリング防水**」に分類できる。

（1）メンブレン防水

　被膜を形成して防水層をつくる工法の総称であり、屋根・屋上・庇（ひさし）・バルコニー・開放廊下・浴室床（在来型）の漏水⑯があっては困る個所に施され、**アスファルト防水・シート防水・塗膜防水**などの種類がある。

　　①　アスファルト防水は、1900年代初期の頃から使われている。

　　②　シート防水・塗膜防水は、1960年代から使われている。

　　③　防水材料の日本産業規格（JIS）は、ほとんどが1970年前後に制定されている。

（2）シーリング防水

　コンクリートの打ち継ぎ部・目地部、各種部材の接合部などからの雨水の浸入を防止するために施す線状の防水のことである。

先生からのコメント

⑯室内への漏水は、屋根防水層の周辺からだけでなく、外壁やサッシまわりからの漏水の場合もある。

2．メンブレン防水

　メンブレン防水の調査・診断では、竣工図で、防水材料・工法・納まりを確認し、漏水箇所の有無および防水材料の劣化状況等の調査結果と照合して、漏水の原因や今後の耐久性を推定する。

　この防水は、防水層の材質・保護層の有無・断熱材の有無等によって、次のような種

類に分類される。

（1）**アスファルト防水**

　アスファルト防水とは、アスファルト系の材料を用いる防水のことであり、施工法によって**熱工法**、**トーチ工法**（トーチバーナーで加熱しながら張り付ける工法）、**複合工法**に分類される。

　このうち、**熱工法**は、紙、合成繊維、ガラス繊維などの芯材にアスファルトを浸透・被覆し、表裏面に鉱物質粉末を付着させたアスファルトルーフィングを、加熱溶融したアスファルトコンパウンドで数層重ねて密着し、防水層を構成する。これは、通常10mm前後の厚さに仕上げられ、**最も古い歴史を持つ**。これに対し、**トーチ工法**は、熱工法に比べて、**施工時の煙や臭気などの発生が少なく、防水層の性能が施工時の気温に左右されにくい**。

① **施工内容**

　アスファルト層とそれを補強する**ルーフィング**（アスファルトルーフィング、ストレッチルーフィング〈動きに追随可能なもの等〉）との積層により、防水層がつくられる。

② **施工の手順・留意点**

（ア）下地の清掃・乾燥の後、プライマーを均一に塗り、乾燥させる。

（イ）アスファルトの溶融温度を高くしすぎると物の性質が変化し、引火の危険がある。逆に、低くすると、工事中の煙や臭いの発生を少なくできるが、低くしすぎる（200℃以下）と接着力が低下する。

（ウ）**ルーフィング**

　（a）ロールが変形しないように縦に置く。

　（b）ルーフィングの張付けは、原則として流し張りとする。そして、重ね部からはみ出す程度のアスファルトを流して、ルーフィングを重ねて密着させる。ルーフィングの重ね幅は、100mm程度とする。

　（c）水勾配に対し、**水下から水上へ張っていく**。

（エ）**パラペット、平部の入隅部やドレンまわりなどの特殊部位**

　ストレッチルーフィングや網状ルーフィングにより増張りする。

　既存のパラペット部の立ち上り防水層について、新たな防水層を施工する場合、

全面撤去方式とかぶせ方式とがある。

　（a）**全面撤去工法**

　　既存の防水層をすべて撤去して、新たな防水層を施工する工法である。

　　これは、新築時と同条件で防水が施工できる反面、保護アスファルトの撤去時に生じる**騒音**や撤去した**廃材処理**、さらには**施工中の降雨による漏水の危険性**などがある。

　（b）**かぶせ工法**

　　既存防水層の**不良部分のみを撤去**し、適切な下地処理を施した上で、**新規の防水層をかぶせて施工**する。

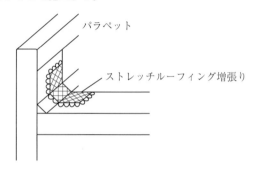

パラペット

ストレッチルーフィング増張り

　（オ）**絶縁工法によるアスファルト露出防水**

　　最下層に**あなあきルーフィング**や粘着層付改質アスファルトシートを使用し、**下地面の湿気を排出する脱気装置**を設け、ふくれを防止する。

　（カ）建築改修工事監理指針によれば、防水層の施工の良否は、施工時の気象条件に大きく左右されるため、冬期の工事において、**外気温の著しい低下が予想**されるときは、原則として、**施工を中止すべき**である。

↑Step Up　防水施工技能士 ・・・

　防水施工に関わる者には、国による技能検定試験がある。この技能検定試験に合格した者は、技能士と称することができる。

③　種類・工法・特徴

種　　類	工　法　・　特　徴
露出アスファルト防水	アスファルトルーフィングを2～3層、熱で溶かしたアスファルト（溶融アスファルト）で接着し一体化させた防水である。
	表層は、砂付ルーフィングであり、工場製作の彩色砂付ルーフィングの場合と現場で保護塗装（トップコート）を施す場合とがある。
	夏は軟らかく、冬は硬くなり、ふくれ、しわ、波打ちなどが生じやすい。
	メンテナンス等のための軽歩行には十分耐えられるが、傷がつきやすく、強度も弱いため、ルーフテラスなど日常使用（歩行・置物）する場所には採用されない。
	防水層の下に断熱材（厚さ30㎜程度の硬質ウレタンフォームなど）を敷き込んだものを断熱工法という。
アスファルト防水コンクリート押さえ	アスファルト防水の上に保護のため、押さえコンクリートを60～100㎜の厚さで打設したもので、保護防水の代表的なものである。
	コンクリートは伸縮するので、縦・横3m程度の間隔で幅2cm程度の伸縮目地を設け、合成樹脂製目地材等を入れる。
	歩行用アスファルト防水ともいわれ、ルーフテラスや屋上利用部分（または全面）に採用される。高層住棟に多い。
	断熱工法として、断熱材が防水層の下の場合と上の場合がある。
	比較的耐久性が高く、30年経っても雨漏りなしという例もあるが、目地材の補修等は必要である。
改質アスファルトルーフィングシート防水	アスファルトにポリマーを添加したもので、通常は1層である。
	トーチ工法、シートに接着性をもたせ自着させる自着工法等がある。
	シートの厚さは、2～3㎜である。
	アスファルト防水に比べ簡便であるが、1層のためシート接合部の接着性、耐久性が問題となる。
	非歩行用防水として採用される。

(2) シート防水工法

シート防水に用いられるルーフィング（シート）の種類には、「合成高分子ルーフィングシート（均質シート）」や、基布その他を積層した「合成高分子ルーフィングシート（複合シート）」などがある。これらのルーフィングを接着剤で下地に張り付ける工法である。

また、シート防水に用いられるプラスチック系の材料等で作られたシートは、**変形能力が大きく下地の動きに対する追従性が高い**。

【種　類】

①　塩化ビニル系樹脂シート防水工法

保護材不要で軽歩行ができる施工法であり、この工法も一般化している。

②　合成ゴム系シート防水工法

厚塗り塗装材を保護層とすることにより、軽歩行も可能となる。

(3) 塗膜防水工法

【種　類】

・ウレタン系塗膜防水工法

突出物の多い屋上・開放廊下・バルコニーの改修工事の際に、施工が容易なため採用されることが多い。

ウレタンゴム（開放廊下の場合、通行制限のため超速硬化型ウレタン塗膜防水が適切）・アクリルゴム・クロロプレンゴム・ゴムアスファルトなどを使い、材料は塗布後に成膜して、防水層が形成される。

3．シーリング防水

ガンなどを用い、目地に専用材料を充てんする工法である。材料硬化後は、弾性体になるため、動きのある目地にも使われる。シーリング目地は、紫外線・地震・気温・日照等の影響を受けて**劣化**するので、必要に応じて**打替え**を行う。

①　マスキングテープ

へら仕上げ後直ちに除去する。シーリング硬化後では、目地ぎわがきれいに仕上がらず、また、除去しにくくなる。

② 種類・工法・特徴

種　　類	特　　徴
ウレタン系シーリング材	性能的・価格的に標準的で最も多用されているシーリング材である。 　紫外線などに弱く劣化が速いので、基本的には**外壁塗装**といっしょに表面塗装できる個所に使用する。 　伸縮性は大きくないので、**コンクリート目地**やサッシ枠まわり、パイプ貫通まわり等に使用される。 　コンクリートのひび割れ補修のUカットシーリング材としても使われる。
ポリサルファイド系シーリング材	**ウレタン系より耐候性・伸縮性等の性能にすぐれているが、表面にかかった塗装ははがれ、変色を起こしやすい。** **タイルの伸縮目地や金属間の目地等に使用**される。 　成分中に鉛が含まれているので、製造中止の方向にある。
変成シリコーン系シーリング材	ポリサルファイド系と同程度の性能である。 　表面に塗装されても問題がないので、**使用個所が制限されない。**
シリコーン系シーリング材	これは、変成シリコーン系に比べ耐候性に優れ高性能であるが、周辺の壁面等を汚染させるおそれがあるので、主として外部のガラス回りに使用される。 　表面に塗装はのらない。

③ シーリング材の劣化症状

劣化症状	定　　義
被着面からの剥離[17]	シーリング材が被着面から剥離する現象。
シーリング材の破断[17]	シーリング材に発生したひび割れが被着体まで達し、完全に破断している状態。 　調査の際は、目視による劣化度の調査のほか、必要があればシーリング材の一部を切断して試験体を作り、引っ張り試験を行う。
被　着　体　の　破　損	シーリング目地周辺の被着体にひび割れや欠落が発生する現象。
白亜化（チョーキング）	**シーリングや塗膜表面の劣化**により、充てん材が離脱しやすくなり、**表面が粉末状**になった状態。 　調査の際は、指先や手のひらで塗装部分に触って付着する塗料の粉の状態で、劣化の程度を判断する。
ひ　　び　　割　　れ	表面に発生した縦・横のひび割れ
汚　れ　・　変　色	飛散浮遊物や内部の成分が表面に付着したもの

軟　化　・　硬　化	紫外線、熱などにより材質が変質すること
変　　　　　形	目地のムーブメントにより、シーリング材が外部方向へふくれたり、くびれたりすることによって生ずるしわ、波打ち、ふくれ等

先生からの

- ⑰シーリングの早期の剥離や破断の原因には、当初施工時のプライマー不良やシーリング厚さ不足等の施工不良がある。

4．耐水対策

　屋上緑化を考える場合は、しっかりとした耐水対策・耐根対策が必要となる。耐根対策として、根が建物を傷めないように強靭な耐根シートを敷き、これに保護シートを敷設する。そして、その上に埴土（しょくど）を敷いて芝生を植えるのがよい。

❽　内装材の使用制限

　建築物の用途・規模・構造に基づいて、仕上げを不燃材料などの燃えにくい材料とする制限を規定している。特に、廊下・階段などの避難に用いられるスペースには、厳しい制限を設けている。

【内装制限を受ける特殊建築物】（建築基準法35条の2）

建築物用途	構造および規模（原則）			内　装　制　限	
	耐火建築物	準耐火建築物	その他	居　室	廊下階段等
共同住宅	用途に供する3階以上の部分の床面積の合計が300 ㎡以上	用途に供する2階部分の床面積の合計が300 ㎡以上	用途に供する部分の床面積の合計が200 ㎡以上	壁※（1.2 m以下を除く）および天井※の室内に面する部分の仕上げを難燃材料またはこれに準ずるものとすること	壁※および天井※の室内に面する部分の仕上げを準不燃材料またはこれに準ずるものとすること

※　火災は、室内では壁や天井の上部を這うように燃え広がるため、壁や天井の仕上げ材には内装制限がある。これに対し、床は一般的に、部屋の火災の最後の段階で燃えるため、床の仕上げ材には内装制限がない。

⑨　熱伝達等に係る用語

1．外皮平均熱貫流率：Ua値（省エネルギー基準）

　従来の「熱損失係数：Q値」は、小規模住宅や、同一床面積でも複雑な形状の住宅では、床面積に対して外皮表面積の割合が大きくなり不利になるケースもある。そこで、外皮表面積1㎡当たりで示される「**外皮平均熱貫流率：ＵＡ値**」を使用するのが適切と考えられている。このUA値とは、どれくらいの熱量が住宅外に失われるかを表す数値で、内外の温度差を1℃とした場合に、住宅外に失われる1時間当たりの「**各部位（天井、外壁、窓、床等）の熱損失量を合計**」し、それを「**外皮表面積の合計**」で割ったもので、「単位温度差あたりの総熱損失量÷外皮表面積の合計」の数式で求めることができる。

　なお、熱損失係数：Q値と異なり、「換気」による熱損失は考慮しない。

2．温熱要素

　人体が感じる暑さ・寒さの感覚のことであり、**気温（温度）・湿度・気流（風速）・放射（周壁の輻射）**の総称である。

3．熱貫流・熱伝達・熱伝導

(1) **熱貫流**とは、「**熱伝達**」と「**熱伝導**」の2つの要素がある。

(2) 「**熱伝達**」とは、熱が周囲流体から固体表面、または固体表面から周囲流体に伝わる移動現象である。

(3) 「**熱伝導**」とは、熱が物体の高温部から低温部に伝わる移動現象である。

4．熱伝達率

　熱伝達率とは、材料とそれに接する空気との間で**熱の伝達のしやすさを示す値**であり、建物の内側か外側かなどの材料表面の位置・風速によってその値は変化するので、材料表面の空気の動きに影響される。なお、熱伝達抵抗は、熱伝達率の逆数となる。

5．熱伝導率（気乾状態）

　熱伝導率とは、熱の移動のしやすさを示す値のことで、「面積1㎡で厚さが1mの材料の、両側の表面温度差が1℃のとき、1時間にどれだけの熱が通過するかという熱量のこと」をいう。この**数値が大きくなると、熱を伝えやすいので、断熱性能が低くなる。**既存の外壁に、同じ厚さであれば**熱伝導率が大きい断熱材を取り付ける方が、熱の損失を軽減する効果が小さくなる。**同じ熱伝導率の材料でも、厚さが増せば、熱は伝わりにくくなるという性質がある。

材　　料	熱伝導率 (W/m・K)※2	材　　料	熱伝導率 (W/m・K)
アルミニウム	210	木材・合板	0.14
鋼材	45	畳	0.11
タイル	1.3	カーペット	0.07
コンクリート	1.2	おがくず	0.07
かわら・スレート	0.9	岩綿板	0.04
板ガラス	0.8	グラスウール保温板	0.04
れんが	0.6	硬質ウレタンフォーム板	0.03

　※1　一般的には、重くて冷たい感じの材料は熱伝導率が大きく、軽くて暖かい感じのものは熱
　　　　伝導率が小さい。
　※2　単位は、ワットパーメートルケルビン（W/m・K）。ケルビンとは、熱力学温度を表す単位
　　　　のことである。

6．熱伝導抵抗

　熱伝導率と材料厚みとで計算される数値（熱伝導率の逆数に材料の厚さをかけたもの）で、**熱の伝わりにくさを示す。この数値が大きいほど、熱を伝えにくい。**

7．熱貫流率

　壁等の熱の伝わりやすさの大小を表し、「室内側と室外側の温度差を1℃としたとき、材料1㎡当たりに対して、1時間にどれだけの熱が通過するかという熱量のこと」をいう。壁本体の熱伝導と壁表面の熱伝達の両者を総合して求められる。つまり、**熱伝導率と熱伝達率の2要素**により決まる。この**数値が低ければ低いほど、熱の移動を少なく抑えられる。**つまり、外壁は、同じ厚さであれば**熱貫流率が大きい方が、結露が発生する可能性が大きくなる。**

8．熱貫流抵抗

熱の伝わりにくさを示す数値である。この数値が大きいほど熱が伝わりにくく、**断熱性がよい**。たとえば、**窓のサッシの二重化**は、窓の**熱貫流抵抗を大きく**し、**熱の損失を軽減する効果が大きくなる**。

9．コールドドラフト

冬期に室内に低温の気流が流れ込むか、または冷たい窓ガラスに触れて冷やされた冷風が室内に下降する現象である。

⑩　マンションの省エネ対策

次の行為は、マンションの省エネルギー対策として、効果がある[18]。

(1) 窓ガラスに**遮熱用フィルムを貼る**。

(2) ラピッドスタート型の蛍光灯器具を**高効率型（Hf 型）の器具に交換**する。

(3) フィラメント使用の電球を**発光ダイオード（LED）使用のものに交換**する。

(4) 既存のエレベーターの**速度を下げて運転**する。

(5) 集会室の**ガラス窓に厚手のカーテンを設置**する。

(6) 屋上の**防水層を断熱材付きのものに変更**する。

(7) 廊下の照明器具に**人感センサーを設置**する。

(8) 夏場の省エネ対策では、**日射をいかに防ぐか**がポイントとなり、**ブラインドやルーバーを用いて直射光が室内に入らないようにする**。

先生からの
コメント

[18] さて、「高置水槽方式をポンプ直送方式に変更する」ことは、省エネ対策となるだろうか？　給水方式には、配水管の水圧を利用して給水する**「直結式（直結直圧方式・直結増圧方式）」**と、配水管から分岐し一旦受水槽に受け給水する**「受水槽式（高置水槽方式・ポンプ直送方式・圧力水槽方式）」**とがある。「受水槽」は、省エネルギーの観点からも「直結給水」の推進が必要となっている。もし、高置水槽方式をポンプ直送方式に変更しても、「受水槽式」間の変更であり、省エネ対策とならない。

⓫　結露防止策等

1．露点温度

　空気の温度が下がっていくとき、空気中の水蒸気の圧力が**飽和水蒸気圧**に達し、**凝結が始まった温度**をいう。それ以下になったとき、壁などの表面で結露する。

2．結露防止

(1) 結露の発生原因と考えられる現象

① 冬季に、住戸の玄関の鋼製ドアの室内側表面に水滴がつく。

② 北側の押入れ内部でカビが発生する。

③ 湿気の多い日の朝方に屋内のモルタル塗りの通路が濡れる。

＊ 「窓サッシの枠と外壁躯体の間から水が垂れる」ことは、雨漏り等、防水上に原因があると考えられる。したがって、結露が発生原因によるものではない。

(2) 結露防止に有効な対策

① **気密性が高い部屋では換気を行う。**

② **輻射**（「放射」、つまり、熱線などが物体から四方に放出される現象のこと）**式の暖房装置（ヒーター等）を取り付ける。**

③ 窓ガラスを単板ガラスから**複層ガラスにして、熱貫流率を小さく**する。

④ **外断熱改修工事を行う。**断熱改修は、夏季の不快な居住環境（「上の階に行くと暑い」「窓際が暑い」）に対して、快適性を大きく改善することが可能である。他方、冬季の不快な居住環境（「底冷えがする」「床が冷たい」）に対して、快適性を大きく改善することが可能である。また断熱改修を行うことによって、壁内の結露を防ぐだけではなく、省エネ性の向上も期待できる。

⑤ **外装材と断熱材が一体化した断熱複合パネル**（断熱性・耐久性・省コスト性が期待できる）を、**外壁の外側に密着するように取り付ける**のがよい。つまり、「外側断熱」は、表面結露[19]も内部結露[20]も防げるし、熱損失を軽減できる。
　なお、壁体の内断熱改修工事を行うと居室の面積が減少する。

⑲**結露**には、「**表面結露**」と「**内部結露**」がある。**表面結露**とは、窓ガラス面や暖房していない部屋の壁など、他より温度の低い個所に、暖かく湿った空気が移動し、表面に水滴となって現れるものである。表面結露の防止には、**断熱構造化**が最も効果的である。

⑳**内部結露**とは、防湿が不十分又は断熱に隙間があるなどの理由で室内の水蒸気が壁の中に浸入して現れるものである。内部結露の防止には、防湿と湿気の排出がある。防湿のためには、水蒸気が壁内や小屋裏、床下に入らないように、天井・壁・床内の室内側に**防湿層を設ける**ことが有効である。

（3）壁体内部結露を防ぐ方策

　室内側の壁を透湿性（湿気伝導率）の小さい材料として内部への透湿を少なくし、かつ、壁体内部を通気工法とするなどの方策を講じる。

3．寒冷時での室内表面温度

①　天井の中では、その**隅角部**が**最も低い**。

②　**表面温度が低い部分**には、**結露が生じやすい**。

⑫　マンションの防犯改修計画・設計

1．改修計画の検討

①　監視性の確保、②　領域性の強化、③　接近の制御、④　被害対象の強化・回避の4つの基本原則を踏まえることが重要である。

2．防犯カメラの設置

①　監視性を確保するため、住棟内の共用部分等には必要に応じ設置する企画を立てるべきである。

②　エレベーターのかご内にも設置することが望まれる。

③　設置すれば、共用部分の見通しの補完につながる。

3．照明設備と平均水平面照度（設計指針）

照明設備	平均水平面照度
共用玄関ホール	床面においておおむね 50 ルクス[1] 以上
共用玄関以外の共用出入口	床面においておおむね 20 ルクス[2] 以上
共用廊下・共用階段	極端な明暗が生じないよう配慮しつつ、床面においておおむね 20 ルクス以上
エレベーターホール	共用玄関の存する階 床面においておおむね 50 ルクス以上
	その他 床面においておおむね 20 ルクス以上
共用メールコーナー	床面においておおむね 50 ルクス以上
エレベーターのかご内	床面においておおむね 50 ルクス以上
駐車場	極端な明暗が生じないよう配慮しつつ、床面においておおむね 3 ルクス[3] 以上

※1　10 m 先の人の顔、行動が明確に識別でき、誰であるか明確にわかる程度の照度。

※2　10 m 先の人の顔、行動が識別でき、誰であるかわかる程度の照度。

※3　4 m 先の人の挙動、姿勢等が識別できる程度の照度。

4．新築住宅建設の主な設計指針

（1）管理人室

　管理人室は、共用玄関、共用メールコーナー（宅配ボックスを含む）およびエレベーターホールを見通せる構造とし、またはこれらに近接した位置に配置する（防犯に配慮した共同住宅の設計指針 3 － 2 (2)）。

（2）エレベーター

　エレベーターのかご内には、防犯カメラ等の設備を設置することが望ましい。また、エレベーターのかご及び昇降路の出入口の扉は、エレベーターホールからかご内を見通せる構造の窓が設置されたものとする（指針 3 － 2 (5)）。

（3）通路

　①　通路（道路に準ずるものを除く）は、道路等、共用玄関または居室の窓等からの見通しが確保された位置に配置する。また、周辺環境、夜間等の時間帯による利用状況および管理体制等を踏まえて、道路等、共用玄関、屋外駐車場等を結ぶ特定の通路に動線が集中するように配置することが望ましい（指針 3 － 2 (9) ア）。

②　通路の照明設備は、路面において概ね 3 ルクス以上の**平均水平面照度を確保することができるものとする**（同イ）。

(4) 集会所等

集会所等の共同施設は、**周囲からの見通しが確保されたものとする**とともに、その利用機会が増えるよう、**設計、管理体制等を工夫する**（指針 3 - 2 (12) ウ）。

5．既存住宅改修の主な設計指針

(1) 既存住宅改修の計画・設計の進め方

居住者の意向による改修は、所有形態、管理体制等による制約条件を整理するとともに、**計画修繕等に併せて改修すべきもの**と**緊急に改修**すべきものとに分けて検討する（指針 4 - 1 (1) エ）。

(2) エレベーター

エレベーターの**かご内**には、**防犯カメラ等の設備**を設置するのが望ましい（指針 4 - 2 (5) ア）。

(3) インターホン

インターホンは、管理人室を設置する場合は、住戸内と管理人室との間で**通話が可能**な機能等を有するものとするのが望ましい（指針 4 - 3 (2) イ）。

(4) バルコニー

接地階の住戸の**バルコニーの外側等の住戸周り**は、住戸の**プライバシーの確保**に配慮しつつ、周囲からの**見通しを確保**するのが望ましい（指針 4 - 3 (4) ウ）。

(5) 共用玄関扉

扉の内外を相互に見通せる構造にするとともに、**オートロックシステムを導入する**ことが望ましい（指針 4 - 2 (1) イ）。また、住戸の玄関扉等は、工具類等の侵入器具を用い、騒音の発生を可能な限り避ける意図をもつ侵入行為に対して、**5 分以上侵入を防止する性能**を有する防犯建物部品等の扉および錠を設置したものとする。

(6) 網入り板ガラス

火災の延焼防止を目的に使用される金網入りガラスである。したがって、**防犯性能**は、フロート板ガラスと同様**期待できない**。

(7) **自転車置場やオートバイ置場**

　道路等、共用玄関または居室の窓等からの見通しが確保されたものとすることが望ましい（指針4－2(7)ア）。また、この照明設備は、4ｍ先の人の挙動、姿勢等が識別できる程度以上となるよう、床面においておおむね**3ルクス以上の平均水平面照度**を確保できるものとする。

(8) **ゴミ置場**

　① 　他の部分と塀、施錠可能な扉等で**区画**されたものとするとともに、**照明設備を設置**したものとすることが望ましい（指針4－2(12)イ）。

　② 　ゴミ置場は、道路等からの**見通しが確保**された位置に配置する。また、住棟と別棟とする場合は、住棟等への**延焼のおそれのない位置**に配置する（指針4－2(12)イ）。

⓭ その他改修等

(1) **透水性アスファルト舗装**は、水を透過することを目的とした舗装である。**雨水を地中に還元**し、**下水への排水量を軽減**する効果が期待できる。

(2) **壁体の断熱改修**を行っても、**窓の断熱改修は必要**である。「壁体の断熱性を高める改修工事」と「窓の断熱性を高める改修工事」は、別のものだからである。

(3) **建築用板ガラス**

　① 　**合わせガラス**

　　2枚以上の板ガラスを特殊な合成樹脂フィルムで接着したガラスで、飛散防止性・耐貫通性に優れたガラスである。防犯ガラスなども合わせガラスの一種である。

　② 　**複層ガラス（ペアガラス）**

　　2枚の板ガラスをスペーサーで一定の間隔に保ち、その周囲を封着材で密閉し、内部に乾燥空気を満たしたガラスで、断熱効果のあるガラスである。ガラスとガラスの間に熱伝導率の低い空気層を持っているので、熱を通しにくい。**遮熱断熱複層ガラス**は、夏を涼しく、冬を暖かく過ごすのに適している。**夏季の日射熱による冷房負荷を軽減**（日差しカット）する効果が期待できる。

　③ 　**強化ガラス**

　　ガラスを加熱したのち、急冷して、耐風圧強度を高めたガラスである。

④　フロート板ガラス（透明ガラス）

熱を通しやすい。

(4)　サッシの改修・種類等

①　サッシの改修

一般的に**共用部分の工事**となる。しかし、既存サッシの**内側に新規サッシを設置**して二重サッシとする場合には、**専有部分の工事**となることがある。

②　種　類

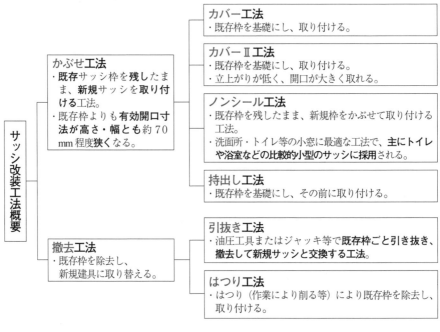

③　アルミ製品の調査・診断・改修

・アルミ製品の調査・診断に当たっては、**主に目視調査**により**耐久性**を推定する。さらに、**光沢度・塗膜付着性**等について**計測機器等を使用**して**計測する方法**もある。

・サッシや手すり等に使用した**アルミニウム合金が腐食**すると、孔食（局所的に孔状の腐食が進行する）を生じ、**白い斑点**が面的に広がるので、改修が必要である。

(5)　**マンション塗装部分の汚れ・付着物の除去方法**〔建築保全標準・同解説 JAMS 4-RC補修・改修設計規準（一般社団法人 日本建築学会)〕

① 塵埃について、**ブラシを用いて水洗い**したことは適切。

② カビについては、**ワイヤブラシでかき落とした後に、塩素系漂白剤等で殺菌処理**をする。水洗いをするだけでは足りない。

③ 油脂類について、**中性洗剤洗い**をした後に、**水洗い**したことは適切。

④ 鉄錆について、**ディスクグラインダーを用いて除去**した後に、**水洗い**したことは適切。

整理　長期修繕計画のまとめ

長期修繕計画で最低限必要なもの	計画期間	**25年程度～30年**
	計画内容	計画修繕の対象となる工事として、 ① 外壁補修 ② 屋上防水 ③ 給排水管取替え ④ 窓および玄関扉等の開口部の改良 等が掲げられ、各部位ごとに修繕周期、工事金額等が定められたものであること。
長期修繕計画の内容の見直し		長期修繕計画の内容については定期的な（**おおむね5年程度ごとに**）見直しをすることが必要である。
経費の充当		長期修繕計画の作成または変更に要する経費および長期修繕計画の作成等のための劣化診断（建物診断）に要する経費の充当については、管理組合の財産状態等に応じて**管理費**または**修繕積立金**のどちらからでもできる。ただし、修繕工事の前提としての劣化診断（建物診断）に要する経費の充当については、修繕工事の一環としての経費であることから、**原則として修繕積立金**から取り崩すこととなる。 　マンション標準管理規約のコメントでは、劣化診断（建物診断）に要する経費の充当については、管理組合の財産状態等に応じ管理費または修繕積立金のどちらからでもできるとしている。

重要度 ▽ **A** 主 **A**

❖ Introduction ❖

「**❶ 建築構造の分類等**」では、それぞれの特徴をつかんで、区別ができるようにしておこう。「**❻ 建築材料等**」では、コンクリートに関連する知識を整理しておく必要がある。

❶ 建築構造の分類等

1. 材料・構造による分類と特徴

(1) 鋼構造(鉄骨構造、S造)	高層建築(超高層マンションでは一般的とはいえない)・大スパン構造が容易である。
	被覆のない鋼材は 500 ℃以上の火熱を受けると、その強度の半分を失い、容易に変形する。
	鋼構造の耐火被覆は、防錆処理とともに不可欠である。
(2) 鉄筋コンクリート構造(RC造)	**鉄筋(引張力に強い)とコンクリート(圧縮力に強い)**の長所を生かすように組み合わせた構造である。コンクリートの特徴として、温度上昇に伴う膨張の程度(**熱膨張率**)は、**鋼材とほぼ等しい**。したがって、鋼材との相性がよい。
	長 所 ① 耐震性・耐久性・耐火性に富んでいる。 ② 一体構造として、ラーメン構造をつくりやすい。 ③ 自由な形の構造物をつくれる。 ④ 材料が安価で経済的である。
	短 所 ① 重い(建物の全重量の 70 〜 80 %が構造物の自重)。 ② ひび割れが生じやすい。 ③ クリープ※変形が大きい。 ※ 一定の荷重が持続して作用する際、材料の変形が時間とともに増大する現象をいう。
	柱型・梁型をなくした住宅・アパート等に都合のよい「**壁式構造**」、工業化した「**プレキャストコンクリート(PC)構造**※1・2」、床スラブ※3を厚くして床荷重を支持する梁をなくした「**フラットスラブ構造**」等、その目的によって自由に構造形式を選ぶことができる。

	※1　プレキャストコンクリート構造で用いられる鉄筋コンクリートの部材の製造は工場で行われるだけではなく、現場の構内で製造することが多くなっている。この原因として、特にマンションでは、プランの多様化による部材点数の増大や交通事情等の悪化が影響していると考えられる。 ※2　プレキャストコンクリートと現場打ちコンクリートを併用する工法を「ハーフプレキャスト」というが、これは、現在多く用いられている。 ※3　鉄筋コンクリート構造の床のこと。
	マンションでは最も一般的な構造であり、高層建築物でも設計例がみられる。また、超高層マンションも可能である。
(3) 鉄骨鉄筋コンクリート構造（SRC造） ＊　前記(1)(2)よりも、耐火・耐震性が高い。	鉄骨構造を鉄筋コンクリートで被覆したものである。
	鉄筋コンクリート構造よりも強さとねばりを持つ耐震耐火構造である。
	大規模の建築や高層建築に適している。もちろん、超高層マンションも可能である。

2．構造形式による分類

構造形式のうち、マンションに主に用いられるのは、次の表の(1)(2)である。

(1) ラーメン※構造 ※　フレームのこと。	**柱・梁・床・壁で構成**され、節点は剛に接合されている。
	柱・梁は主として曲げで外力に抵抗する。
	鋼構造・鉄筋コンクリート造・鉄骨鉄筋コンクリート造・**鋼管コンクリート造**※等に適用される。 ※　チューブ状の鋼管にコンクリートを充填したものを主要な構造部材とする構造方式である。鉄筋コンクリート構造に比べ、施工性・耐久性に優れている。
	自由度の高い内部空間を得ることができる。
	低層建物から高層建物まで幅広く採用されるが、主に**中高層**のマンションに適する。
(2) 壁 式 構 造	①　鉄筋コンクリートの**壁・床を一体にして構成**し、荷重や外力を負担する。
	②　壁の多い**中低層**のマンションに適する。(1)のラーメン構造と比較して経済的な構造である。
	③　**壁式鉄筋コンクリート構造** 　（ア）ラーメン構造との比較 　　　**剛性も高く、強度も大きい**。ただし、壁量の規定がある。 　（イ）適用の範囲等（国土交通省告示1026） 　　　（a）地上5階以下 　　　（b）軒の高さ20 m以下 　　　（c）その他 　（ウ）壁梁のせい（高さのこと）は、原則として45 cm以上とする。

	④　**壁式プレキャスト鉄筋コンクリート構造** （ア）適用の範囲等 　　前記③（イ）と同じ。 （イ）耐力壁の中心線で囲まれた部分の面積 　　60 ㎡以下 （ウ）床スラブ、壁・梁および耐力壁相互の水平方向の接合部 　　　その部分の存在応力を伝えることができるような内容 とする。
（3）ト ラ ス 構 造	部材をピン接合で三角形を組み合わせ、これらをつなぎ合わせた構造であり、外力を接点に作用する部材の軸方向の力に分散して抵抗する構造である。大スパンに適する。
（4）ア ー チ 構 造	曲線状の架構で、ふつうの梁のように荷重を曲げではなく、軸方向の圧縮力で処理する構造である。

3．施工法による分類

乾 式 工 法	木構造・鉄骨構造等のように、その構造体を施工するにあたり、**水を使用せず**、乾いた材料の組立てによって構成されるものをいう。
	工場生産された材料（たとえば石膏ボード、ベニヤ板など）を使用して、現場では**水を使用せず**工期の短縮を図り、大量生産によって経済性を得る工法である。
湿 式 工 法	れんが造、石造、ブロック造等の組積構造および鉄筋コンクリート造、鉄骨鉄筋コンクリート造のように、その施工にあたって**多量の水を使用**する工法をいう。
	水を使用することによって施工上の欠陥を生じやすい。
	工期も長くかかる。
	形状寸法が比較的拘束されず、現場の状況に応じて、適切な納まりを得ることが簡単であり、特殊な仕上げ等では、欠かせない工法である。

4．防災方法による分類

防　火　構　造	火災の延焼防止を目的とし、木造住宅の外壁をモルタル塗り等の不燃材料で有効に被覆した構造である。
耐　火　構　造	主要構造部を鉄筋コンクリート造、れんが造、ブロック造等とした構造で、一定基準以上の耐火性能を有するもので造り、その建物の外壁にある開口部で延焼のおそれのある部分に防火戸を設けたものをいう。
	最も耐火性能が期待できる構法である。
	住宅の内装材についても不燃材料、難燃合板等の難燃材料でつくり、かつ、火災の際の排煙、避難等の処置を講じる必要がある。
準　耐　火　構　造	防火構造と耐火構造との中間的な性質を有するもので、次の3種類に区分される。2階建てや一定条件を満たす3階建てマンションでは採用が可能である。 ①　主要構造部を準耐火構造としたもの ・木材や鉄骨に一定以上の厚さを有する石膏ボードなどの不燃性の面材で防火被覆をしたもの ・一定以上の断面積を有する木造の柱・梁等 ②　外壁を鉄筋コンクリート等の耐火構造とし、屋根を不燃材料でつくる等一定の防耐火性能を有するもの ③　柱・梁を鉄骨造、軽量鉄骨造等の不燃材料でつくり、その他の外壁・床・壁等を準不燃材料でつくり燃えにくくしたもの
免　震　構　造	積層ゴムや滑り機能をもつ**免震装置を設けて**、地震力に対して建物が**ゆっくりと水平移動**し、建物の**曲げや変形を少なくする構造**のことである。
	建物の基礎と上部構造の間に免震装置を設置した例 ①　建物の耐震性能が高まるだけでなく、家具の転倒や非構造部材の破壊が少なくなるなど制振構造にはない長所がある。

	② 免震装置の維持管理が必要になる。 ③ 免震工法を採用した建築物を建築する場合、国土交通大臣は、申請により、建築材料または主要構造部、建築設備その他の建築物の部分で、一定の型式が適合するものであることの認定（「**型式適合認定**」という）ができる（建築基準法68条の10）。この認定申請をしようとする者は、一定の事項を記載した申請書を国土交通大臣に提出し、これを行う必要がある（68条の26第1項）。 ④ 免震構造に用いられる「免震材料」は、鉛直荷重を支持し、建築物の水平方向の変形性能を確保する「支承材」をいうが、これ以外にも、水平方向に荷重と変形の履歴や粘性抵抗により、エネルギーを吸収する「減衰材」等がある。
制 振（震）構 造	建物の骨組み等に**制振装置を設けて、地震のエネルギーを制振部材（ダンパー）で吸収**することにより、建物が負担する地震力を低減する構造のことである。 ① 近年は、地震時において、建築物に生じる加速度を低減する効果を期待する設計が多くなっている。 ② RC造の高層建築物等の地震・風揺れ対策として用いられるが、免震構造とは異なり、地震による加速度を低減する効果はほとんど期待できないため、家具の転倒防止などの効果は免震構造よりは劣る。
耐 震 構 造	従来から用いられてきたもので、地震力に耐えるよう考慮して設計された構造である。壁・床・柱・梁などの剛性や靭性を高める構造である。
エキスパンションジョイント構造	建物を上から見た場合、コの字型やL字型のような形をしているよりも、なるべく整形（長方形や正方形など）に近いほうが、構造的にはしっかりしている。しかし、コの字型やL字型のような建物でも、つなぎ目にエキスパンションジョイントを採用していればこのジョイント部分が余分な動きを吸収（接合部が伸縮する）してくれるので、安心である。 　2以上の部分がこれにより接している場合、構造計算上、それぞれ別の建築物とみなされる（建築基準法施行令81条4項）。

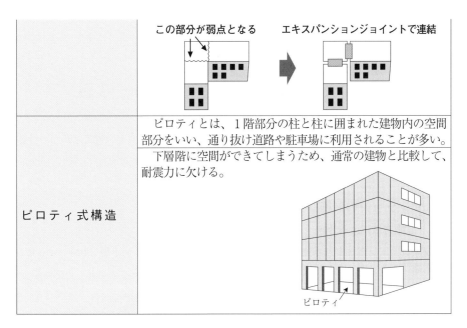

この部分が弱点となる　エキスパンションジョイントで連結

| ピロティ式構造 | ピロティとは、1階部分の柱と柱に囲まれた建物内の空間部分をいい、通り抜け道路や駐車場に利用されることが多い。 |
| | 下層階に空間ができてしまうため、通常の建物と比較して、耐震力に欠ける。 |

ピロティ

5. マンションの供給方式等

(1) センチュリー・ハウジング・システム

　長期間にわたり、快適に住み続けられる住宅を提供するための設計・生産・維持管理にわたる、**トータルシステム**の考え方をいう。

(2) スケルトン・インフィル住宅

　建物各部の耐用年数や利用形態の違いを考慮して、躯体（スケルトン）と内装・設備（インフィル）に**分離して計画**する方式の住宅である。これは、維持・補修、交換・更新等の容易性が確保されるように配慮されている。

(3) 環境共生住宅

　地球温暖化防止等の地球環境保全を促進する観点から、地域の特性に応じ、エネルギー・資源・廃棄物等の面で適切な配慮がなされるとともに、**周辺環境と調和**し、健康で快適に生活できるよう工夫された住宅および住環境のことをいう。なお、暖冷房設備は、設置される。

(4) コンバージョン

　既存のオフィスビルを改修してマンションにするなど、既存建物の利用目的を別の

用途に変えることをいう。

(5) コーポラティブハウス

　組合を結成した人たちが**共同して住宅を取得**する方式のことをいう。所有者となる人が計画当初から参加するので、自由な設計ができるという特徴がある。

(6) 長期優良住宅

　構造・設備の変更の容易性や維持保全の容易性等のほか、住宅の**省エネルギー性能やバリアフリー**（高齢者等対策）**等の確保**が求められる（長期優良住宅の認定基準）。

6．マンションの住棟型式による分類

(1) 配置方法による分類

階段室型（エレベーター室型）	階段室から直接各住戸に入る型式で、廊下型に比べ各住戸の独立性は高い。
タウンハウス型	**各住戸に専用庭を持ち**、ほかにコモンスペース（共用の広場、庭、駐車場など）を持つ**低層の集合住宅**である。
スキップフロア型	2階おき程度にエレベーターの停止階および共用廊下を設け、**エレベーターの停止階以外の階には階段によって各住戸へ達する型式**である。
コア型	20階以上の超高層住宅で多く用いられ、**エレベーター・階段室などを中央に置き**、その**周辺に多くの住戸を配置する型式**で、方位によって居住性（採光・通風）に不利な住戸ができる。
廊下型	**片廊下型**（片側、主に北側に廊下を通し、その廊下に各住戸をつないだ型式）と**中廊下型**（中央の廊下をはさんで、両側に住戸を配した型式）に分類される。

(2) 構造による分類

フラット型	各住戸が1層で構成された、一般的な共同住宅の型式を意味する。
メゾネット型	各住戸が2層以上で構成された型式を意味し、住棟型式の分類とは異なる分類に基づく型式である。

❷　耐震補強等

1．立面と構造計画

(1) 上下方向を通じて、**均一な平面**がよい。特に、ピロティ等で上階と下階の剛性が急変すると、剛性の小さい階に地震力が集中し、非常に危険となる。平面形状のバ

ランスをよくしないと、建物の耐震性能を高めることはできない。この**バランスの良否を示す指標を偏心率**という。この偏心率の算定は、次の手順で求められる。

① **重心**（建物の重さの中心）を求める。

　⬇　地震力（地震時の揺れ）は、建物の各階の重心に作用している。

② **剛心**を求める。

　⬇　建物の骨組み（柱・梁・壁）が、地震に抵抗する度合いを剛性といい、この**剛性の各階の中心**（構造物の床位置に水平力が作用するとき、ある層の床の水平面内における回転中心）を**剛心**という。

③ **偏心率**を求める。

　偏心率は、偏心距離（①と②の距離）からねじり剛性を求めることにより、算定される。この**偏心率が小さいほど、バランスが良い**とされている。つまり、重心と剛心の距離が大きくなると、建物の重心が剛心側に傾いてしまい、建物を壊す可能性がある。

（2）**鉄筋コンクリートの短柱**

① 地震時に水平力が集中し、せん断破壊しやすい。

② 床から腰高程度に張る腰壁や天井から垂れ下がったような形のたれ壁が付いている柱は、柱の内法スパン長さが短く、水平剛性が著しく高いため、同じ層にある腰壁やたれ壁が付いていない柱に比べると応力が集中する。つまり、腰壁やたれ壁が柱を短柱化させることになるが、**短柱は変形能に乏しく、せん断破壊等が生じやすい**。そこで、従来から、腰壁等に**スリット**を入れるなどして、柱と切り離して短柱化を避け、**応力の集中を避ける**方法がとられてきた。

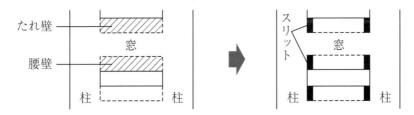

2．耐震性補強等

(1)　**1 階にピロティを持つ既存建物に耐震補強を行う場合は、1 階に耐震壁や鉄骨ブレースを新設して、補強する方法が有効である。鉄骨ブレース**とは、地震などの外力に対し、建物の軸組みを強化するために入れる**斜め材**（筋かい）のことである。**これを設置**したり、**耐震壁を増設**したり、壁の厚さを増大したりすることは、建築物の**構造耐力を向上**させることに結びつく。つまり、これらの対策により、建築物の耐震性能のうち、強度を高めて地震エネルギーを吸収させることができる。

(2)　**耐震基準**

　(ア)　昭和 46 年に、鉄筋コンクリート造の柱のせん断補強筋に関する規定が強化され、柱の帯筋の間隔を狭めるという改正が行われている。

　(イ)　現行耐震基準の施行日（昭和 56 年 6 月 1 日）以降**建築確認を受けた建築物に対して適用**されている。たとえば、昭和 56 年 5 月 31 日以前に建築確認を申請した場合、同年 6 月 1 日以降に確認通知を受けて着工した建築物は、現行耐震基準が適用されている。

(3)　**現行耐震基準の設計目標**

　「**震度 5 強の地震**（中規模地震）[1]~[6]に対して、**軽微な損傷**」「**震度 6 強から震度 7 程度の地震**（大規模地震）に対して、**人命に危害を及ぼすような倒壊、崩壊等を生じない**」ことを目標としている。

先生からのコメント

① 　地震規模を表す**マグニチュード**とは、地震自体の大きさ（規模）を表す指標であり、その値が**1 増える**ごとに地震のエネルギーが**約 32 倍**になる。

② 　**震度**とは、地震による揺れの強さを示す指標であり、日本では、震度の階級を **10 階級**（0・1・2・3・4・5 弱・5 強・6 弱・6 強・7）で示している。

③ 　**震度**は、かつては体感・周囲の状況から推定していたが、平成 8 年 4 月以降は「**計測震度計**」により自動的に**観測**されている。

④ 　**地震波**には、第 1 波である **P 波**と第 2 波である **S 波**がある。**P 波**の方が **S 波よりも**伝播速度が**速い**。

⑤　建築物の地上部分に作用する**地震力**を計算する際に使われる**地震層せん断力係数**は、上階が1階部分の何倍揺れるかを示したもので、**上階ほど大きく**なり、**最上階が最大**となる。

⑥　**長周期地震動**とは、周期（揺れが1往復するのにかかる時間）が長い大きな揺れのことをいい、固有周期の長い高層建築物や免震建物への影響が大きいため、その影響を検討する必要がある。

(4) 従来の耐震診断と現在の耐震診断との相違

従来の耐震診断は、建築物の構造耐力上主要な部分、屋根ふき材等、建築設備について行うものであった。しかし、地盤と建物の共振性が不明などの欠点があったため、現在の耐震診断では、**敷地についても行う**。

(5) q（各階の保有水平耐力）・Is（耐震指標）

現行耐震基準では、地震時に必要な「保有水平耐力（建物が地震による水平方向の力に対して対応する強さ）」を建物が保有しているかどうかの検討を求めている。しかし、昭和56年以前の旧耐震基準による建物は、この方法による検討ができない。そこで、耐震診断では、建物の強度・粘りに加え、その形状・経年状況を考慮した Is（耐震指標）の値を計算することになる。建築物の構造耐力上主要な部分についての耐震診断の結果、Is が 0.3 未満の場合または q が 0.5 未満の場合は、**地震の震動・衝撃に対して倒壊や崩壊する危険性が**高い（建築物の耐震診断の指針別表第六（一））。

つまり、**耐震診断の結果として得られる当該建築物の Is や q の値**については、そ**の値が小さいほど耐震性が低い**とされる。

(6) 壁式構造の耐震性

鉄筋コンクリート造の**中低層マンション**において、**壁式構造**は、一般的に**ラーメン構造と比べ、耐震性に劣っているとはいえない**。

(7) 応急危険度判定とは

大地震により被災した建築物を調査し、その後の余震等による倒壊の危険性や外壁・窓ガラスの落下、付属設備の転倒などの危険性を判定することにより、**二次災害を防止**することを目的としている。この判定における「**危険（赤色）**」は、「**立入りが危険**」である旨の判断を示す。

3．耐震改修工法の種類

各耐震改修工法のねらいは、耐震性能の低い建物の改善すべき点や必要とされる性能等により、次のように分類される。

(1) 強度の向上

大地震に耐え得るだけの強度を有していない建物に対して、建物の壁・柱・梁といった部材を補強・新設し、建物の強度（頑丈さ）を向上させることを目的とする。

① 袖壁による補強	② RC壁の増設
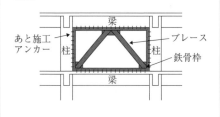	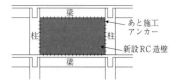
③ 枠付き鉄骨ブレース（筋かい）による補強	④ 外付けフレームによる補強
	これを設置した場合、**専有面積の減少は生じない**が、**バルコニー面積の増[7]減、専用庭や駐車場等の面積の減少が生じる**場合がある。
	⑤ バットレスによる補強
	＊ バットレスとは、壁を補強するため、その壁から<u>直角</u>に<u>突出</u>して作られる短い壁のことである。

先生からのコメント

[7]バルコニーは共用部分であり、一般に無償の専用使用部分とされ、専有部分と一体的に利用できるので、面積が大きいほど専有部分の効用増に寄与する。

(2) 靱性能の向上

建物の強度（頑丈さ）はあるが、靱性能（粘り強さ）がないため、大地震時に破壊されることが想定される建物に対して、次のように建物の柱に鋼板を巻く等により、建物の**靱性能を確保**することを目的とする。

① 鋼板巻立てによる柱補強

② 炭素繊維巻きによる柱補強

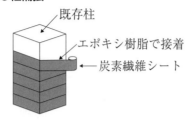

既存柱

エポキシ樹脂で接着

炭素繊維シート

(3) **構造上のバランスの改善**

　一部の階だけ耐震壁が抜けている場合や、構造種別が中間階で変わる場合等、平面的・立面的なバランスが悪い建物に対して、壁などの新設等によって、構造上のバランスを改善することを目的とする（例えば、耐震スリットの新設）。

4．耐震診断方法

　耐震診断基準により、次の3つの診断方法がある。診断法の次数が上がる（下記の(1)より(3)の方）ほど、算定法は詳しくなり、それに伴い結果の信頼性が高まるようになっている。

(1) **1次診断法**

　柱と壁の量によって診断する**簡便法**であるので、耐震性能があると判定するための**構造耐震判定指標の値が高く設定**されている。結果の信頼性は低くなるが、壁の多い建物など耐震性能の高いと思われる建物を診断するのに適している。

(2) **2次診断法**

　柱と壁の量だけでなく、コンクリート強度や配筋を考慮する診断法である。1次診断より**詳細**に検討され、壁が少ない建物を診断するのに適している。1次診断より結果の信頼性が上がる。

(3) **3次診断法**

　柱や壁だけでなく、梁の強度や壁の回転などを考慮する診断法である。建物の特性が2次診断よりさらに**詳細**に検討され、2次診断より結果の信頼性が上がる。2次診断と併用することが望まれる。

❸ 荷　重

(1) 固定荷重

「固定荷重」は、**躯体・仕上げ材料等・建築物自体**の重量をいい、屋根・床・壁等の建築物の部分別に定められた数値により計算できる。

(2) 積載荷重

「積載荷重」は、**人・家具・調度物品等・移動が比較的簡単にできるもの**の重量をいい、住宅の居室・事務室・自動車車庫等・室の種類別に定められた数値により計算できるが、建築基準法施行令85条の表の数値（省略）を用いて、単位面積当たりの重量（N/㎡）に室の面積を掛け合わせて積載荷重を求めることもできる。

床の単位面積当たりの積載荷重は、構造計算の対象により異なり、**住宅の居室**について、その数値を**大きい順**に並べると、①**床の構造計算をする場合**（**1,800 N/㎡**）、②**大梁、柱または基礎の構造計算をする場合**（**1,300 N/㎡**）、③**地震力を計算する場合600 N/㎡**である（建築基準法施行令85条1項）。

(3) 積雪荷重

① 積雪荷重は、「**積雪の単位荷重**」×「**屋根の水平投影面積**」×「**その地方における垂直積雪量**」として求める（86条1項）。

② 積雪の単位荷重は、**積雪量1㎝ごとに20 N/㎡以上**としなければならない。ただし、特定行政庁が規則で特段の定めをすることができる（同2項）。

(4) 風圧力

「**速度圧**」×「**風力係数**」として計算しなければならない（87条1項）。

(5) 地上部分の地震力

「**当該部分の固定荷重と積載荷重の和**」×「**当該高さにおける地震層せん断力係数**」として計算するが、特定行政庁が指定する**多雪区域**においては、**固定荷重と積載荷重の和に更に積雪荷重を加える**ものとする（88条1項）。

❹　建築物の構成

建築物はその機能によって、次のいくつかの部分に分けられる。

1．基礎構造

「基礎」とは、建築物の最下部にあって、一般に上部構造からの荷重を地盤に伝達する部分を総称していう。「基礎」は、上部構造と一体となっている「基礎スラブ（基礎盤）部分」とその下に設けられる割ぐり・杭などのように基礎スラブを支えるために主として地盤内部に設置される「地業」とからなっている。

基礎は、地業の形式によって「浅い基礎（直接基礎）」と「深い基礎（杭基礎・ケーソン基礎）」に分類される。

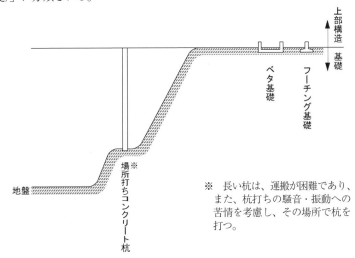

※　長い杭は、運搬が困難であり、また、杭打ちの騒音・振動への苦情を考慮し、その場所で杭を打つ。

2．主体構造部材

建築物全体を支える働きをするものであり、さまざまな作用外力を受け止めて基礎に伝える働きをする部材である。つまり、建築物を構成するあらゆる部材に力が作用する

261

が、通常の設計では比較的大きな部材のみを取り出して、建築物に働くと想定される力に耐えられるように、部材の大きさを決める「構造計算」を行う。

このような構造計算の対象となるものを「**主体構造部材**」と呼ぶ。

3．非構造部材

地震等の場合の被害を見ると、柱や梁等が無事でも、それ以外の「非構造部材」が被害を受ける場合がかなり多い。設計上で十分なる配慮が必要である。

4．設備部材

建築物にはさまざまな設備が設けられており、「設備機器」と「配線・配管」とからなっている。

❺　建築各部の構成

1．基礎の役割

(1) 「常時」においては建築物の自重を地盤に伝え、安定的に建築物を支持し、地震や台風時のような「非常時」荷重に対しても、建築物の安全を保つ必要がある。

(2) 上部構造との接点として地震時には下部からの外力を上部へ伝える力の受け渡しをする部位である。

2．基礎の種類

(1) **直接基礎**

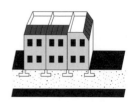

「建築物が比較的軽量である場合」「良質の土層が地表近くに存在（軟弱地盤には不適）している場合」には、**杭等を使用せず**に建築物の荷重を基礎を通じて**直接地盤に支持**させることができる。このような基礎を「直接基礎」といい、「フーチング基礎」と「ベタ基礎」がある。

①　**フーチング基礎**

（ア）柱や壁の直下にあって建物の荷重や外力を地盤面に分散させる機能をもつ基礎形式をいう。

（イ）建物荷重が小さい低層住宅で主に用いられる。

（ウ）壁下や一連の柱を結んで帯状になったフーチング基礎を「**布基礎**（連続フーチング）」という。

② **ベタ基礎**

（ア）許容地耐力度に比較して建物の荷重が大きい場合に、建築物の全平面にわたって一体となったフーチングを設ける。このような基礎をいう。

（イ）「地下室が設けられるような比較的深い掘削が行われる場合」や「3〜4階建て程度のマンションの場合」によく用いられる。

（2）**杭基礎**

① 軟弱な土層が地表から相当深く、「基礎スラブ（基礎盤）」底面の地盤で上部構造を支持できないときに、建築物の重量を下部地盤に伝達させる方法として「杭地業」がある。基礎スラブと杭地業を総称して「杭基礎」という。

② 杭基礎は荷重の支持機能により、「支持杭」と「摩擦杭」に分類できる。

③ 原則として、同一の建築物または工作物に、**支持杭と摩擦杭を混用しない**こと。また、**打込杭・埋込抗および場所打ち杭の混用、材種の異なった杭の使用**は、なるべく**避ける**こと

（ア）**支持杭**

軟弱地盤を貫いて下部の強固な支持層に杭先端を到達させ、杭先端の支持力と杭周面摩擦の支持力によって建築物の重量を支えるものである。

（イ）**摩擦杭**

「建築物の重量が比較的軽量の場合」または「軟質地盤が非常に厚く存在する場合」に用いられ、上部荷重はすべて**杭周面と土の摩擦力により支持**される。

3．主体構造部材

（1）**柱**

① 柱は、基本的に建築物の隅角部や壁の交わる部分に配置する。

② 小屋組や梁からの荷重を受け、通常は**圧縮力**[1]が作用する。

③ 地震時等には**曲げモーメント**[2]・**せん断力**[3]が作用するので、これらの応力

に対して安全であることが必要である。

※1 軸方向に縮めようとする力をいう。

※2 部材を横から見たとき、その長方形の形を扇形状に変形させようとする力のこと。

※3 物体をはさみ切るような作用をする力。物体のある断面に、平行で互いに反対向きの一対の力を作用させると、物体はたわんで、切断されるような作用を受ける。このような作用を及ぼす力をいう。外的なせん断力が作用することで、ひび割れにつながることがある。

(2) 梁（柱の間を渡す部材）

① 梁には「**大梁**」と「**小梁**」がある。

② 大梁は、通常床荷重による応力を受けているが、ラーメン構造の場合は、地震時には強い「**曲げモーメント**」と「**せん断力**」も受ける。

③ 鉄骨造の大梁は、たわみに対する検討が必要である。部材の剛性が足りないとたわみが大きくなり振動障害が生じる。

④ 小梁は、床荷重のみを支持しており、これは大梁に伝達される。

(3) 耐震壁

① 「ラーメン構造」において**水平力**を負担させる壁を「耐震壁※」という。
※ 水平方向の力に対抗する目的でつくられた壁。

② 柱・梁と一体になった壁は、地震時の**水平荷重**※による骨組みの変形を防ぎ、建築物全体の剛性を高め、耐震要素として非常に重要な構造部材である。
※ 鉛直荷重ではない。

③ 耐震壁がつりあいよく配置されていない建物は、場所によって強度が異なり、地震時にねじれ振動が生じやすい。

(4) 階　段

① 高さの異なる床を、段形に上昇または下降して連絡する交通部分であり、足がかりとなる「水平面の**踏面**」と「垂直面の**蹴上げ**」で構成される。

② 階段・踊場の幅、蹴上げ・踏面の寸法（建築基準法施行令 23 条）

主な階段の用途	階段およびその踊場の幅※1 (cm)	蹴上げの寸法※2 (cm)	踏面の寸法※2 (cm)
（ア）直上階の居室の床面積合計＞200 ㎡の地上階用 （イ）居室の床面積合計＞100 ㎡の地階又は地下工作物内のもの	≧120	≦20	≧24
（ウ）上記（ア）（イ）の階段以外のもの	≧75	≦22	≧21

※1　屋外階段の幅は、直通階段では 90 cm 以上、その他のものでは 60 cm 以上とする。

※2　共同住宅の共用の階段を除く住宅の階段の蹴上げは 23 cm 以下、踏面は 15 cm 以上とすることができる。

③ 回り階段の部分における**踏面の寸法**は、踏面の狭い方の端から **30 cm** の位置において測る。

④ 階段・踊場に、手すりや階段の昇降を安全に行うための設備でその高さが 50 cm 以下のもの（手すり等）が設けられた場合における**階段・踊場の幅**は、**手すり等の幅が 10 cm を限度**として、**ないものとみなして算定**する。

⑤ **踊場の位置と踏幅**（24 条）

「階段の高さ」とは、一般的には、その階段が接続するある床面（地盤面）から、次の床面（屋上面）までの高さをいう。高さがあまりにも高くなると、通常の使用だけでなく、避難時にも危険が増すため、途中に踊場の設置を定めてその安全性を確保できるようにしている。

（ア）**居室の階段**

階段の**高さ 4 m 以内**ごとに踊場を設けなければならない。

（イ）**踊場の設置位置**

特に規定はないが、安全上階段の高さの中間に設けるのが一般的である。

（ウ）**直階段の踊場の踏幅**

1.2 m 以上とされている。

⑥ **階段等の手すり等**（25 条）

（ア）**高さ 1 m 超の階段の部分**には、**手すり**を設けなければならない。

（イ）**階段およびその踊場の両側**（手すりが設けられた側を除く）には、**側壁またはこれに代わるもの**を設けなければならない。

（ウ）階段の幅が**3 m を超える場合**

（a）**中間に手すりを設けなければならない。**

（b）蹴上げが 15 cm 以下で、かつ、踏面が 30 cm 以上のものにあっては、上記（a）の必要はない。

（c）**高さ 1 m 以下**の階段の部分には、上記（ア）〜（ウ）（a）（b）を**適用しない。**

＊　②〜⑥の規定は、昇降機機械室用階段等の特殊の用途に専用する階段には適用しない（27 条）。

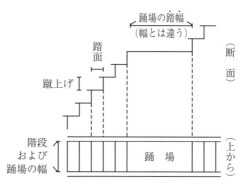

　建築物移動等円滑化基準では、不特定かつ多数の者が利用しまたは主として高齢者、障害者等が利用する**階段**は、**踊場を「除いて」手すりを設ける**こととしている。

⑦　階段に代わる**傾斜路⑧の勾配**は、高さが 16 cm 以下のものにあっては、1/8 を超えてはならない（建築基準法施行令 26 条 1 項 1 号、バリアフリー法施行令 18 条 2 項 7 号ニ (2)）。

先生からのコメント

⑧「長寿社会対応住宅設計指針」および「長寿社会対応住宅設計指針の補足基準（建設省住備発 68 号通達）」における傾斜路の基準に関する数値から判断する（指針 3）。

　（ア）傾斜路は、できる限り **1/ 12 以下**の勾配とする。

　（イ）傾斜路は、高低差 75 cm ごとに 1.5 m 以上の踊り場を設ける。

　（ウ）傾斜路の手すりの設置高さは、床面から 75 cm を標準とする。

　（エ）傾斜路の手すりの端部は、できる限り 20 cm 以上水平に延ばす。

4．非構造部材

(1) 外壁

①　自然条件や外敵の遮断、荷重に耐える目的を持っている。雨・風・日射等の遮断性、風荷重・衝撃等からの安全性、建築物の耐用年限まで性能を維持する耐久性、耐火性、意匠性等の機能が要求される。

【内断熱仕様の外壁を構成する建材の配置】

（室内側）	室内仕上げ材（ビニールクロス）	石膏ボード	防湿フィルム	断熱材（グラスウール）	コンクリート躯体	外部仕上げ材（塗装）	（屋外側）

②　**建築用仕上塗材の種類**

（ア）**建築用薄付け仕上塗材**

最も古い形の吹付け仕上げによる材料で、通称「**樹脂リシン**」と呼ばれている。

（イ）**厚付け仕上塗材**

合成樹脂エマルションを使用した建築用厚付け吹付材で、立体感に富んだ重厚な壁面を形成する。

（ウ）**複層仕上塗材**

合成樹脂・セメントなどの結合材および骨材、充てん材を主原料とし、下塗り・主材塗り・上塗りの3層で構成される仕上塗材で、通称「**吹付タイル**」と呼ばれている。

（エ）**可とう形改修用仕上塗材**

改修工事専用の塗材で、下地調整機能の特徴を持ち、通称「**微弾性フィラー**」と呼ばれている。

(2) 内壁（間仕切り壁）

　内部空間を構成する要素である。住戸や集会室等を必要な大きさに区切り、間仕切られた部屋に要求される条件を満足させるものが内壁である。音・光・熱等の遮断性、人の与える衝撃に耐える強度・耐久性、防火性とともに法規的な要求を満たさなければならない。

(3) 開口部

① 「開口部」は、採光・通風・人の出入り口として建築物には不可欠の部分である。

② 外壁と違い遮断性だけでなく、必要に応じて開閉できる透過性も要求される。

(4) 天井

① **特定天井**※の構造は、構造耐力上安全なものとして、国土交通大臣が定めた構造方法を用いるものまたは国土交通大臣の認定を受けたものとしなければならない（施行令39条3項）。

　　※ **特定天井**とは、脱落によって重大な危害を生ずるおそれがあるものとして国土交通大臣が定める天井をいう。

② **特定天井**で特に腐食、腐朽その他の劣化のおそれのあるものには、腐食、腐朽その他の劣化しにくい材料または有効なさび止め、防腐その他の劣化防止のための措置をした材料を使用しなければならない（4項）。

(5) 仕上げ材料

① **木材**

　大気中では含水率が大きいと腐朽菌の害、虫害（シロアリ等）を受けやすいので、**含水率はできるだけ小さい方が望ましい**。

② **集成材**

　挽き板（ラミナ）または小角材などについて、繊維方向を長さの方向に平行に組み合わせ、接着剤により集成したものであり、構造材・内装材として用いられる。主に、柱・梁・造作の板材などに使用される。

③ **ファイバーボード**

　繊維材ともいわれ、木材などの植物質繊維を原料として成形した面材の総称である。

④　**石膏ボード**

　焼石膏を芯材として両面に石膏液をしみこませた厚紙を貼り、圧縮成形した面材であり、**防火性・遮音性に優れ**、天井や壁の内装材として広く用いられる。しかし、**耐衝撃性には劣る**ので、床仕上げ材には使用されない。

⑤　**押出し法ポリスチレンフォーム**

　発泡プラスチック系の断熱材であり、断熱性能が高く、耐吸湿性もあるので、断熱材（外断熱・内断熱を問わない）として使用される。

❻　建築材料等

「建築材料」とは、建築物の主体構造および屋根・壁・床・ガラス等を構成するすべての材料の総称である。

1．コンクリート

（1）コンクリートの定義

　「コンクリート」とは、セメントと水を練ったセメントペーストによって砂、砂利等の骨材を固めたものであり、セメントペーストに砂等の細骨材を混練したものを**モルタル**といい、広義にはコンクリートの一種である。

（2）コンクリートの組成

①　一般に**セメント、水、骨材、混和材料、空隙**※からなっている。

　※　空隙は、コンクリートの実質が欠如している現象であり、できるだけ少ないほうが望ましい。間隙と同様の意味である。

②　**コンクリートの組成（体積比）は、およそ「セメント：水：骨材＝1：2：7」**である。

③　骨材の性質として問題となるのは、岩質、粒形、粒度等である。

④　コンクリート中の空隙は、「練り混ぜの際含まれるもの」と「コンクリートの硬化後に混練水の一部が乾燥により失われたあとに残ったもの」とからなる。

（3）コンクリートの種類

①　**フレッシュコンクリート**

まだ固まらない状態にあるコンクリートをいう。

② **プレーンコンクリート**

鉄筋や混和材料を含まないコンクリートをいう。

③ **レディーミクストコンクリート**（生コンクリート）

工場で生産され、まだ固まらない状態のまま現場にコンクリートミキサー車など で運搬されるコンクリートをいう。

(4) **コンクリートの調合**

① コンクリートの調合は、セメント・水・骨材の混合の割合を調合（配合）する ことをいう。

② 水は、セメントに対する比率で示すことが多く、セメントに対する水の重量比 を「**水セメント比**（$\dfrac{水}{セメント} \times 100$）」（最高65%）といい、「**W／C**」の記号 で示す。

③ 調合を定める際には、所要のワーカビリチー、所要の強度・耐久性、経済性等 が要素となる。

④ 一般的には、**水を多くするほどワーカビリチーと経済性は高まるが、乾燥収 縮による亀裂が生じやすく、圧縮強度・耐久性も低下する。**

(5) **ワーカビリチー**（施工軟度）**と分離**

① **ワーカビリチー**

（ア）**定 義**

完全な打上りを前提とした、フレッシュコンクリートの作業性の難易の程度を いう。

（イ）**軟 度**

「軟らかさ」は、**スランプ**によって示される。

（a）**スランプ値**

ⅰ）フレッシュコンクリートの**軟らかさの程度を示す指標**のことをいう。

ⅱ）スランプコーンにコンクリートを充てんし、スランプコーンを引き上げ た**直後に測った頂部からの下がり**（㎝）で表す。

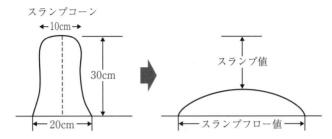

（b）スランプフロー

i）フレッシュコンクリートの**流動性の程度を示す指標**のことをいう。

ii）スランプコーンを引き上げた直後に、**円状に広がったコンクリートの直径**で表す。

② **分　離**

　水の多い軟練の場合　➡　**セメントペーストと骨材の分離**が生じる。

2．コンクリート材料

（1）**セメント**

　ものを膠着^{こうちゃく}※する材料の総称であり、通常単に「セメント」といえばコンクリート用のポルトランドセメントを指す。マンションで使われているコンクリートは、ほとんどがポルトランドセメントである。

※　固定するという意味である。

（2）**水**

① 清浄で、有害量の油、酸、アルカリ、塩類、有機物を含まないこと

② **海水は、鉄筋コンクリートには使用しない。**

3．混和材料

（1）**コンクリートまたはモルタルの性質を改善**し、かつ、新しい特性を付与する材料を総称していう。

（2）混和材料にはAE剤、減水剤、フライアッシュ等がある。

① **AE剤**　➡　空気連行剤ともいわれ、コンクリートの**ワーカビリチー**および耐久性を向上させるために用いる混和剤である。

② **減水剤** ➡ セメントの粒子を分散作用させることによって**単位水量を減少**させ、コンクリートの均質性、作業性を改善するとともに強度、水密性を増進させる。

＊　多量に用いるとコンクリートの強度を著しく低下させるので注意が必要となる。

③ **AE減水剤** ➡ AE剤および減水剤の両者の効果を併せもつ表面活性剤である。

④ **フライアッシュ**（石炭の排煙から出る粉じん）**の混合による効果**

（ア）水酸化カルシウムの流失を防ぐ

（イ）ワーカビリチーが改善される

（ウ）乾燥収縮を少なくする　等

4．コンクリートの施工（養生）

(1) 打込み後、**24時間**はその上を歩行してはならない。

(2) 打込み後、**5日間以上**は、コンクリートの温度を**2℃以上に保つ**必要がある（早強は3日間以上）。

(3) 打込み後、**7日間以上**は、**散水や養生マットにより湿潤に保つ**（早強は5日間以上）。

(4) セメントの**水和熱**により、部材中心部温度が外気温より25℃以上高くなるおそれがある場合、マスコンクリートに準じ、**温度応力の影響がないように養生**を行う。

5．コンクリートの耐久性

(1) **乾燥収縮によるひび割れ防止**

次のような対策が有効である。

① **単位水量**※1　　➡ **少なくする**（スランプを小さくする）

② **単位セメント量**※2　➡ **少なくする**

③ **粗骨材の最大寸法**　➡ できるだけ**大きくする**

④ **単位骨材量**　　　➡ **多くする**

⑤ **細骨材の粒度**　　➡ 所要のワーカビリチーが得られる範囲で**粗にする**

⑥ **細骨材率**　　　　➡ **小さくする**

※1　フレッシュコンクリート1㎥中に含まれる**水量**のことをいう。骨材中の水量は含まない。

※2　フレッシュコンクリート1㎥中に含まれる**セメントの質量**のことをいう。

(2) 中性化

① 定義等

> （ア）コンクリートは、**アルカリ性**の性質をもつため、鉄を腐食から保護している。長い年月の間に、pH12〜13程度の強アルカリ性の性質を持つ硬化したコンクリート中の**水酸化カルシウム**が、空気中の**炭酸ガス（二酸化炭素）**と反応して表面部分から次第にアルカリ性を失い、**炭酸カルシウム**になる現象を「**中性化**」という。

（イ）一般的に、屋外より**屋内**において**中性化が進行**しやすい。

（ウ）豆板（ジャンカ）があると、その周囲で**中性化が進行**しやすい。

（エ）**水洗いの不十分な海砂を用いたコンクリート**

（オ）中性化が鉄筋位置まで進行していなくても、**鉄筋が腐食**することがある。

② 中性化とコンクリートの強度

鉄筋コンクリート造等では、中性化が進むとコンクリート中の鉄筋が錆び、膨張して**コンクリートにひび割れ**が発生する。しかし、中性化によって、**コンクリートそのものの強度が低下するわけではない。**

③ 中性化対策

（ア）**AE剤を用いたコンクリート**

一般的に、混和剤を用いないコンクリートよりも、**中性化は進行**しにくい。

（イ）**混合セメントを用いたコンクリート**

一般的に、普通ポルトランドセメントを用いたコンクリートよりも、**中性化は進行**しやすい。

（ウ）**中性化速度と水セメント比**

中性化速度は、コンクリートの強度、気候風土、コンクリートを保護する塗装の有無等で変わる。**中性化が鉄筋に到達するまでの年数**を長くするためには、**鉄筋のかぶり厚さ**（鉄筋まわりのコンクリートの厚さ）**の確保**が重要である。[9]

先生からの コメント

⑨中性化深さは経過年数の平方根（$\sqrt{t}$）に比例し、これを式で表すと次のようになる。

　　　$d = \alpha\sqrt{t}$〔d：中性化深さ（mm）　α：中性化速度係数　t：経過時間（年）〕

たとえば、竣工後25年の時点で測定された中性化深さが20mm、中性化速度係数が不明の場合、かぶり厚さ40mmの鉄筋に中性化深さが到達するまでの年数を考えてみよう。

まず、$20 = \alpha\sqrt{25}$　$20 = 5\alpha$　α（中性化速度係数）＝4となる。

次に、$40 = 4\sqrt{t}$　$10 = \sqrt{t}$　t＝100となる。つまり、かぶり厚さ40mmの鉄筋に中性化深さが到達するまでは100年となる。

竣工後25年経過時点からの年数は100年－25年となり、鉄筋に到達するまで約75年かかると考えられる。

　　(エ)　**中性化の進行を遅らせる**

　　　　モルタル塗り等の仕上げが有効である。なお、表面から**アルカリ性を増す塗材を塗布含浸**させたり、**表面保護材を塗布**したりすることでも、中性化の進行を遅らせることができる。

(3)　**コールドジョイント**

　　1回のコンクリート打設の範囲内で生じるコンクリートの**打継ぎ跡**をいう。打設したコンクリートに、一定時間（打重ね時間）をおいて打ち足した場合に生じる。

(4)　**アルカリ骨材反応**

　　①　コンクリート中のアルカリ濃度が異常に高い場合

　　　　コンクリートに含まれるアルカリ性の水溶液が骨材（砂利や砂）の特定成分と反応し、コンクリートがひび割れ等を起こし、強度が低下することがある。

　　②　この反応を抑制する手段

　　　　「コンクリート中の**アルカリ総量の抑制**」や「**抑制効果のある混合セメントの使用**」、さらに「**安全と認められる骨材の使用**」といった抑制対策のうち、いずれか1つについて確認をとらなければならない。

(5) コンクリートの強度

コンクリートの強度とは、通常、コンクリートの圧縮強度を指す。これは、コンクリート製造条件によって異なるが、他の条件が同一なら、一般的に次のようになる。

① **水セメント比** ➡ **小さくなるほど大きくなる。**

② **材　　　齢** ➡ **大きくなるほど大きくなる。**

③ **骨材の粗粒率** ➡ **大きくなるほど大きくなる。**

④ **空　　　隙** ➡ **少ないほど**（密実なものほど）**大きくなる。**

⑤ 空中養生したものより、**水中養生したものの方が大きくなる。**

⑥ 養生温度が高いほど、短期に発現する強度は大きくなる。

6．タイル

(1) 外装タイル

タイルは、汚れにくいし、外装仕上げ材料の中で**最も耐候性に優れる**ため、マンションの外壁に多く使用されている（JIS A 5209陶磁器質タイル）。

外壁に使用される主なタイルの種類

分　類	概　要	材　質		一般的な呼称・寸法	
		素地の質	吸水率	呼　称	寸法(mm)
外装タイル	外装使用の平物の表面積50cm²超の大きさのタイル	I類	3.0％以下	小口	108×60
				二丁掛	227×60
				三丁掛	227×90
		II類	10.0％以下	四丁掛	227×120
				ボーダー	227×40等
モザイクタイル	内外壁・床使用の平物の表面積50cm²以下のタイル	III類	50.0％以下	50角	45×45
				50二丁	95×45

(2) 外装タイル下地

これには、モルタルとコンクリートがある。このうち、コンクリートには、①「現場打ちコンクリート」と②「プレキャストコンクリート」がある。

① 現場打ちコンクリート

壁面全体にモルタルを施すものと、型枠の継ぎ目部分など段差が生じた場合に部

分的にモルタルによる補修が施されるものがある。

② **プレキャストコンクリート**

バルコニー・開放廊下・階段室の手すり壁や建物の外壁などに使用され、工場での生産時にタイルが先付けされる。

コンクリート下地に直接タイルを張る工法は、**直張り**と呼ばれており、近年マンションでは、直張りが多くなっている。

(3) セラミックタイル

セラミックタイルは、焼成によって溶けたガラス質の皮膜である「**うわぐすり**」の**有無**により、うわぐすりに含まれる顔料により表面の色をつくる「**施ゆうタイル**」と、素地そのものの色を味わいとする「**無ゆうタイル**」に分類される。いずれも**外壁用のタイル**にも用いられる。

7．鉄骨造

【斜材、壁などの配置】（建築基準法施行令69条）

① 鉄骨造は、基本的に軸組で構成されているが、軸組、床組および小屋ばり組には、すべての方向の水平力に対してバランスを保ち、安全であることを要する。

② 形鋼、棒鋼、構造用ケーブルの斜材、または鉄筋コンクリート造の壁、屋根版、床版は、構造耐力上安全が確かめられた場合を除き、**つりあいよく配置**しなければならない。

8．鉄筋コンクリート造

(1) コンクリートの材料（建築基準法施行令72条）

鉄筋コンクリート造に使用するコンクリートの材料は、次に定めるところによらなければならない。

① 骨材、水および混和材料は、鉄筋を錆びさせ、またはコンクリートの凝結および硬化を妨げるような酸、塩、有機物または泥土を含まないこと

② 骨材は、鉄筋相互間および鉄筋とせき板との間を容易に通る大きさであること

③ 骨材は、適切な粒度および粒形のもので、かつ、当該コンクリートに必要な強度、耐久性および耐火性が得られるものであること

(2) 柱の構造（77 条）

構造耐力上主要な部分である柱は、次に定める構造としなければならない。

① **主筋は 4 本以上**とすること

② **主筋は帯筋と緊結**すること

③ **帯筋の径は 6 mm 以上**とし、その**間隔は 15 cm**（柱に接着する壁、梁その他の横架材から上方または下方に柱の小径の 2 倍以内の距離にある部分においては、10 cm）以下で、かつ、最も細い主筋の径の**15 倍以下**とすること

④ 帯筋比（柱の軸を含むコンクリートの断面の面積に対する帯筋の断面積の和の割合）は、0.2 %以上とすること

⑤ 柱の小径は、その構造耐力上主要な支点間の距離の 1/15 以上とすること。ただし、国土交通大臣が定める基準に従った構造計算によって構造耐力上安全であることが確かめられた場合、適用しない。

⑥ 主筋の断面積の和は、コンクリートの断面積の 0.8 %以上とすること。なお、主筋の全断面積の算定においては、増打部分も含め実際の断面積に対して求める。

(3) 床版の構造（77 条の 2）

構造耐力上主要な部分である床版は、原則として、次の構造とする。

① **厚さは 8 cm 以上**とし、かつ、短辺方向における有効張り間長さの 1/40 以上とすること

② 最大曲げモーメントを受ける部分における引っ張り鉄筋の間隔は、短辺方向において 20 cm 以下、長辺方向において 30 cm 以下で、かつ、床版の厚さの 3 倍以下とすること

(4) 梁の構造（78 条）

① 構造耐力上主要な部分である梁は、**複筋梁**とし、原則として、これに**あばら筋**を梁の丈の**3/4 以下**の**間隔で配置**しなければならない。

② プレキャスト鉄筋コンクリートで造られた梁で、2 以上の部材を組み合わせるものの接合部は、構造計算によって構造耐力上安全であることが確かめられた場合には、①の必要はない。

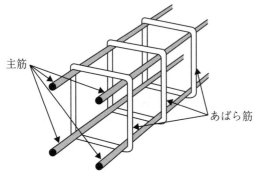

主筋

あばら筋

主筋は片側2本以上、
あばら筋の間隔は、
梁丈の3/4以下

(5) 耐力壁（78条の2）

① 耐力壁は、次に定める構造としなければならない。

(ア) **厚さは12cm以上**とすること

(イ) 開口部周囲に径12mm以上の補強筋を配置すること

(ウ) 構造計算によって構造耐力上安全であることが確かめられた場合を除き、径9mm以上の鉄筋を縦横に30cm（複配筋として配置する場合においては、45cm）以下の間隔で配置すること

(エ) 周囲の柱・梁との接合部[10]は、その部分の存在応力を伝えることができるものとすること

先生からの
コメント ....

[10] ラーメン構造において耐力壁を設ける場合は、その耐力壁は、柱・梁と構造的に一体となるようにする。

② **壁式構造の耐力壁**

上記①の規定によるほか、さらに次に定める構造としなければならない。

(ア) **長さは45cm以上**とすること

(イ) その端部および隅角部に径12mm以上の鉄筋を縦に配置すること

(ウ) 各階の耐力壁は、その頂部および脚部を当該耐力壁の厚さ以上の幅の壁梁（最下階の耐力壁の脚部にあっては、布基礎または基礎梁）に緊結し、耐力壁の存在応力を相互に伝えることができるようにすること

（6）鉄筋に対するコンクリートのかぶり厚さ（79条1項）

　鉄筋に対するコンクリートのかぶり厚さは、次の表のように部位別に必要な厚さが決められている。

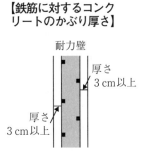

【鉄筋に対するコンクリートのかぶり厚さ】

建 築 物 の 部 分			かぶり厚さ(cm 以上)
壁	耐力壁以外	一　般	2
		土に接する	4
	耐 力 壁	一　般	3
		土に接する	4
床	一　般		2
	土に接する		4
柱・梁	一　般		3
	土に接する		4
基礎	布基礎の立上り		4
	捨コンクリートを除いた基礎		6

9．鉄骨鉄筋コンクリート造

（1）鉄骨に対するコンクリートのかぶり厚さ（建築基準法施行令79条の3）

　鉄骨に対するコンクリートのかぶり厚さは、**5cm以上**としなければならない。

（2）鉄骨造・鉄筋コンクリート造の規定の準用（79条の4）

　鉄骨鉄筋コンクリート造の建築物または**建築物の構造部分**については、柱の防火被覆など一部の規定を除いた**鉄骨造の規定**と、柱の帯筋比の規定を除いた**鉄筋コンクリート造の規定が準用**される。

10．補強コンクリートブロック

塀

（1）高さの基準・壁の厚さ

　① 補強コンクリートブロック造の塀の高さは、原則として、**2.2m以下**としなければならない（建築基準法施行令62条の8第1号）。

　② 壁の厚さは、原則として**15cm**（高さ**2m以下**の塀にあっては**10cm**）**以上**としなければならない（62条の8第2号）。

(2)　控壁の基準

　塀の高さが **1.2 m を超える**場合、**長さ 3.4 m 以下**ごとに、所定の基準に従った**控壁**（径 9 mm 以上の鉄筋を配置した控壁で基礎の部分において壁面から高さの 1/ 5 以上突出したもの）を設けなければならない（62 条の 8 第 5 号）。

(3)　**基礎の丈と根入れ深さの基準**

　塀の高さが **1.2 m を超える**場合、**塀の基礎の丈は 35 cm 以上**とし、**根入れの深さは 30 cm 以上**としなければならない（62 条の 8 第 7 号）。

11．合板

　木材から切削した単板 **3 枚以上**を、主としてその繊維方向を互いにほぼ**直角**にして、接着・積層したものである。

第 2 編

マンション管理適正化法

第 **1** 章

マンションの管理の適正化の推進に関する法律

重要度 マ **A** 主 **C**

❖ Introduction ❖

　いかなる法律も、ある「目的」を達成するために存在する。また、その法律で規定する内容を明確にするために、「定義」がもうけられる。この「目的」と「定義」を知らずに学習を進めても、なかなか理解ができないし、記憶も定着しない。逆に、「目的」と「定義」をしっかり押さえておけば、応用問題にも対処できるようになる。

　マンション管理適正化法においても、「目的」「定義」は重要である。

❶ 目的（1条）

　この法律は、土地利用の高度化の進展その他国民の住生活を取り巻く環境の変化に伴い、多数の区分所有者が居住するマンションの重要性が増大していることに鑑み、基本方針の策定、マンション管理適正化推進計画の作成およびマンションの管理計画の認定ならびに**マンション管理士の資格**[1]および**マンション管理業者の登録**制度[2]等について定めることにより、マンションの管理の適正化の推進を図るとともに、マンションにおける良好な居住環境の確保を図り、もって国民生活の安定向上と国民経済の健全な発展に寄与[3]することを目的とする。

　　※1　管理に必要な専門的知見を得て、
　　　　1．修繕計画の立案
　　　　2．管理組合の適正な運営による駐車場・集会所の運営
　　　　3．積立金の確保等
　　　　が可能となる。
　　※2　管理業者に最低限必要とされるノウハウ・資質を担保し、管理の適正化をもたらす施策
　　　　1．マンションストック水準の維持向上
　　　　2．居住者の居住の安定
　　※3　国民生活の安定向上と国民経済の健全な発展に寄与
　　　　1．地域住民の生活の向上
　　　　2．周辺の住環境、市街地環境の良好な維持等

❷ 定義（2条）

1. マンションとは

(1) 次の①かつ②の要件を満たす**建物**と、その**敷地・附属施設**

① 2以上の区分所有者[※1]が存する

② 人の居住の用に供する専有部分[※2]がある

> [※1] 賃貸マンションの場合、同一の賃貸人が建物の各部分を区分して所有することも考えられるが、このようなマンションは対象ではない。数個を同一の者が所有しても、区分所有者は1となる。
>
> [※2] 全部が事務所（建築計画概要書上の主要用途が事務所）ならマンションでない。

(2) 次の要件を満たす一団地内の**土地・附属施設**（駐車場・ごみ集積所等。これらに関する権利を含む）

土地・附属施設が、団地内にある上記(1)の建物を含む数棟の建物の所有者（専有部分のある建物については区分所有者）の共有に属する場合

*1 団地内の「戸建て住宅」はマンションに該当しない。

*2 団地内で、マンションの建物等の所有者の共有に属するものもマンションに該当する。

ケーススタディ 1

次の建物は、マンション管理適正化法上の「マンション」に該当するか。

(ア) 区分所有者が2人、専有部分のうち1つは住居として使用されている分譲マンション

➡ (1)①②を満たすので、「マンション」に該当する。

(イ) 区分所有者が存在しない賃貸マンション

➡ (1)①②を満たさないので、「マンション」に該当しない。

(ウ) 区分所有者10人、すべての専有部分が事務所として使用されているオフィスビル

➡ (1)②を満たさないので、「マンション」に該当しない。

2．マンションの区分所有者等（以下「区分所有者等」という）

前記 **1.**(1)(2) の建物の区分所有者や土地・附属施設の所有者をいう。

3．管理組合

> マンションの管理を行う区分所有法上の団体または管理組合法人

* ＊　管理組合のないマンションはない。
* ＊　管理規約を定めることが、管理組合の成立要件ではない。
* ＊　2以上の区分所有者が存在するマンションにおいて、現に居住している者がすべて賃借人である場合でも、管理組合は存在する。

4．管理者等

管理組合の管理者または理事（管理組合法人には必ず理事が置かれる）

5．マンション管理士①

(1) 一定の登録を受け、

(2) マンション管理士の名称を用いて、

(3) 管理組合の運営等マンションの管理に関し、

(4) 管理組合の管理者等または区分所有者等の相談に応じ、

(5) **助言・指導・援助**を行うことを業務[1~3]とする者

[1]　他の法律においてその業務を行うことが制限されているものは除かれる。

[2]　自らが管理者等に就任している管理組合に対し、助言等を行うこともできる。

[3]　甲マンションの区分所有者Aから、個別の相談業務を行っている場合でも、その業務の終了如何にかかわらず、甲マンションの他の区分所有者からも新たな依頼を受けることができる。

6．管理事務②

> マンションの管理に関する事務であり、**基幹事務**[1·2]を含むもの[3]

[1]　「基幹事務」とは、

(1) マンション管理の基幹的マネジメント業務であり、これを委託することは、管理組合にとってマンションの管理の包括的委任となる。

(2) 各区分所有者から徴収する修繕積立金等の金銭を取り扱うほか、修繕計画の策定・実施は、マンションの資産価値にも影響を及ぼすため財産保護の観点から業務の適正な遂行が求められる。

(3) 多数の区分所有者を相手とする業務を含み、会計・建物構造等に関する専門的知識を要する。

※2　基幹事務の内容
(1) 管理組合の会計の収入および支出の調定（調査して確定する）
(2) 管理組合の出納（お金の出し入れ）事務
(3) マンション（専有部分を除く）の維持または修繕に関する企画または実施の調整

※3　これは、基幹事務のすべてを含む管理事務を行う行為で、業として行うもののことである。したがって、基幹事務の一部を行う行為は、管理事務に該当しないので、業として行うものでも、マンション管理業とはいえない。

7．マンション管理業③

管理組合から委託を受けて、**管理事務**を行う行為で、**業として行うもの**

8．マンション管理業者

一定の登録を受けてマンション管理業を営む者

9．管理業務主任者④

一定の手続により、管理業務主任者証の交付を受けた者

先生からの
コメント

①マンション管理士は、管理組合・区分所有者側の立場で業務を行うことを期待されているのであるから、マンション管理業者・管理業務主任者とは立場を異にする。したがって、マンション管理士は、マンション管理業者の事務所に置かれることは義務づけられていないし、マンション管理業者の事業の適切な実施の確保に資すること等が求められているわけではない。さらに、マンション管理士は、管理業務主任者に対して適切な指導を行うことを業務としているわけではない。

②清掃業務・警備業務等は、「管理事務」ではない。

③区分所有者等が、自分のマンションについて行う管理事務は「マンション管理業」ではない。

④管理業務主任者は、一定の要件のもとで、マンション管理業者の事務所に置くことが義務づけられる。

くわしくは、第3節で学習する。

❸　基本方針の策定（3条）

(1) **国土交通大臣**は、マンションの管理の適正化の推進を図るための基本的な方針（以下「**基本方針**」という）を定めなければならない。

(2) 基本方針においては、次の事項を定める。

> ① マンションの管理の適正化の推進に関する基本的な事項
>
> ② マンションの管理の適正化に関する目標の設定に関する事項
>
> ③ 管理組合によるマンションの管理の適正化に関する基本的な指針（以下「**マンション管理適正化指針**」という）に関する事項
>
> ④ マンションがその建設後相当の期間が経過した場合その他の場合において当該マンションの建替えその他の措置が必要なときにおけるマンションの建替えその他の措置に向けたマンションの区分所有者等の合意形成の促進に関する事項（③の事項を除く）
>
> ⑤ マンションの管理の適正化に関する啓発および知識の普及に関する基本的な事項
>
> ⑥ マンション管理適正化推進計画の策定に関する基本的な事項その他マンションの管理の適正化の推進に関する重要事項

(3) 基本方針は、住生活基本法15条1項に規定する全国計画との調和が保たれたものでなければならない。

❹　マンション管理適正化推進計画（3条の2）

(1) 都道府県（市の区域内にあっては当該市、町村であってマンション管理適正化推進行政事務を処理する町村の区域内にあっては当該町村。以下「**都道府県等**」という）は、基本方針に基づき、当該都道府県等の区域内におけるマンションの管理の適正化の推進を図るための計画（以下「**マンション管理適正化推進計画**」という）を作成できる（「任意」1項）。

(2) マンション管理適正化推進計画においては、次の事項を定める（2項）。

> ① 当該都道府県等の区域内におけるマンションの管理の適正化に関する目標
>
> ② 当該都道府県等の区域内におけるマンションの管理の状況を把握するために当該都道府県等が講ずる措置に関する事項

③ 当該都道府県等の区域内におけるマンションの管理の適正化の推進を図るための施策に関する事項

④ 当該都道府県等の区域内における管理組合によるマンションの管理の適正化に関する指針（以下「都道府県等マンション管理適正化指針」という）に関する事項

⑤ マンションの管理の適正化に関する啓発および知識の普及に関する事項

⑥ 計画期間

⑦ その他当該都道府県等の区域内におけるマンションの管理の適正化の推進に関し必要な事項

(3) **都道府県等**は、マンション管理適正化推進計画の作成および変更ならびにマンション管理適正化推進計画に基づく措置の実施に関して特に**必要があると認めるとき**は、関係**地方公共団体**、**管理組合**、「**マンション管理業者**」その他の関係者に対し、**調査を実施するため必要な協力を求める**ことができる（6項）。

❺ 国および地方公共団体の責務（4条）

(1) 国および地方公共団体は、マンションの管理の適正化の推進を図るため、必要な施策を講ずるよう努めなければならない。

(2) 国および地方公共団体は、マンションの管理の適正化に資するため、管理組合またはマンションの区分所有者等の求めに応じ、必要な情報および資料の提供その他の措置を講ずるよう努めなければならない。

❻ 管理組合等の努力（5条）

(1) **管理組合**は、**マンション管理適正化指針**（管理組合がマンション管理適正化推進計画が作成されている都道府県等の区域内にある場合は、マンション管理適正化指針および都道府県等マンション管理適正化指針）の定めるところに留意して、マンションを適正に管理するよう**自ら努める**とともに、国および地方公共団体が講ずるマンションの管理の適正化の推進に関する**施策に協力するよう努めなければならない**（1項）。

(2) **区分所有者等**は、マンションの管理に関し、管理組合の一員としての役割を適切に果たすよう**努めなければならない**（2項）。

❼ 助言・指導等（5条の2）

(1) **都道府県等**は、マンション管理適正化指針に即し、管理組合の管理者等（管理者等が置かれていないときは、当該管理組合を構成する区分所有者等）に対し、マンションの管理の適正化を図るために必要な**助言**および**指導**をすることができる。

(2) 知事（市またはマンション管理適正化推進行政事務を処理する町村の区域内では、それぞれの長。以下「**知事等**」という）は、管理組合の運営がマンション管理適正化指針に照らして著しく不適切であることを把握したときは、当該管理組合の「**管理者等**」に対し、マンション管理適正化指針に即したマンションの管理を行うよう**勧告**できる。

❽ 管理計画の認定（5条の3）

(1) 管理組合の**管理者等**は、当該管理組合によるマンションの管理に関する計画（以下「**管理計画**」という）を作成し、**マンション管理適正化推進計画を作成**した都道府県等の長（以下「**計画作成知事等**」という）の**認定を申請**できる。

(2) 管理計画には、次の事項を記載しなければならない。

　① 当該マンションの修繕その他の管理方法
　② 当該マンションの修繕その他の管理に係る資金計画
　③ 当該マンションの管理組合の運営状況
　④ その他国土交通省令で定める事項

❾ 認定基準（5条の4）

計画作成知事等は、**認定の申請**があった場合、当該申請に係る管理計画が次の基準に適合すると認めるときは、その認定ができる。

① マンションの**修繕その他の管理方法**が国土交通省令で定める基準に**適合**するものであること

② **資金計画**がマンションの修繕その他の管理を確実に遂行するため**適切**なものであること

③ **管理組合の運営状況**が国土交通省令で定める基準に**適合**するものであること

④ その他**マンション管理適正化指針**および**都道府県等マンション管理適正化指針**に照らして**適切**なものであること

⑩ 認定の通知（5条の5）

計画作成知事等は、認定をしたときは、速やかに、その旨を当該認定を受けた者（以下「**認定管理者等**」という）に通知しなければならない。

⑪ 認定の更新（5条の6）

(1) 認定は、**5年ごと**にその**更新**を受けなければ、その期間の経過によって、その効力を失う（同1項）。

(2) 認定の更新の申請があった場合、認定の有効期間の満了日までにその申請に対する処分がされないときは、従前の認定は、認定の有効期間の満了後もその処分がされるまでの間は、なおその効力を有する（同3項）。

(3) 認定の更新がされたときは、その認定の有効期間は、従前の認定の有効期間の満了日の翌日から起算する（同4項）。

⑫ 認定を受けた管理計画の変更（5条の7）

認定管理者等は、認定を受けた**管理計画の変更**（国土交通省令で定める「軽微な変更」を除く）をしようとするときは、**計画作成知事等の認定**を受けなければならない（同1項）。

⓭　報告の徴収（5条の8）

　計画作成知事等は、認定管理者等〔認定管理計画に係るマンション（以下「**管理計画認定マンション**」という）に係る管理組合に**管理者等が置かれなくなったとき**は、当該管理組合を構成する区分所有者等。次の**⓮⓯**において同じ〕に対し、**管理計画認定マンションの管理状況**について**報告を求める**ことができる。

⓮　改善命令（5条の9）

　計画作成知事等は、**認定管理者等が**認定管理計画に従って管理計画認定マンションの**管理を行っていない**と認めるときは、当該認定管理者等に対し、相当の期限を定めて、その**改善に必要な措置を命ずる**ことができる。

⓯　管理計画の認定の取消し（5条の10）

（1）**計画作成知事等**は、次の場合には、**認定**（変更の認定を含む）を**取り消す**ことができる。

> ①　認定管理者等が**改善命令に違反**したとき
> ②　認定管理者等から認定管理計画に基づく管理計画認定マンションの管理を取りやめる旨の申出があったとき
> ③　認定管理者等が不正の手段により認定又は認定の更新を受けたとき

（2）**計画作成知事等**は、認定を取り消したときは、速やかに、その旨を当該**認定管理者等であった者**に**通知**しなければならない。

⓰　委託で公社の行う管理計画認定マンションの修繕に関する企画・実施の調整業務（5条の11第1項）

　地方住宅供給公社は、地方住宅供給公社法に規定する業務のほか、**委託**により、**管理計画認定マンションの修繕に関する企画または実施の調整に関する業務**を行うことができる。

整理　管理計画の認定の流れ

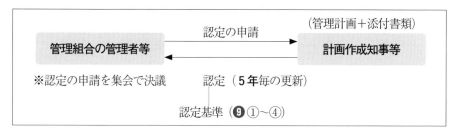

マンション管理士

重要度 マ**A** 主**C**

❖ Introduction ❖

　マンション管理士になるには、試験に合格した後、登録をすることが必要である。もっとも、マンション管理士として不適格な人が登録を受けてしまうことのないように、「登録の拒否事由」が規定されている。

　また、「マンション管理士の義務」を明らかにすることにより、マンション管理士に対する社会の信頼を確保しようとしている。

❶ マンション管理士の資格

1. 資格（6条）

　マンション管理士試験（以下この節において「試験」という）に合格①した者は、マンション管理士となる資格を有する。

先生からの
コメント

　①合格の段階では、まだ「資格者」であるから、登録を受けるまでは、「マンション管理士」の名称を使用したり、マンション管理士として業務を行うことはできない。

2. マンション管理士の試験（7条2項）

　管理業務主任者試験の合格者に対しては、試験の一部（マンション管理適正化法）が免除される。

❷ マンション管理士の登録（30条〜39条）

1．登録（30条1項）

(1) マンション管理士となる資格を有する者で、次の**2．登録の拒否事由**のいずれにも該当しない者は、国土交通大臣の登録を受けることができる。

　　登録は任意で、義務ではない。

(2) マンション管理士の登録は、国土交通大臣が、マンション管理士登録簿に、次の事項を登載して行う（30条2項、施行規則26条1項）。

① 氏名

② 生年月日

③ 住所

④ 本籍（日本の国籍を有しない者にあっては、その者の有する国籍）および性別

⑤ 試験の合格年月日および合格証書番号

⑥ 登録番号および登録年月日

　　※ 事務所開設に関する事項は存在しない。

(3) 国土交通大臣は、登録講習機関から講習の課程を修了したことを証する書面が交付されたときは、講習の修了年月日および講習を行った機関の氏名・名称を、マンション管理士登録簿に記載する（施行規則26条2項）。

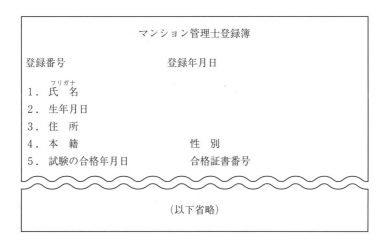

マンション管理士登録簿

登録番号　　　　　　　　　　登録年月日

1．氏　名（フリガナ）

2．生年月日

3．住　所

4．本　籍　　　　　　　　　　性　別

5．試験の合格年月日　　　　　合格証書番号

（以下省略）

(4) 登録事項の変更の届出（32条）

① マンション管理士は、その登録簿の登載事項に変更②があった場合、遅滞なく、その旨を**国土交通大臣に届け出**なければならない（1項）。

② 変更の届出をする場合には、当該届出に登録証を添えて**提出**し、その**訂正を受け**なければならない（2項）。

先生からの
コメント

②変更の届出対象である「氏名・住所・本籍」を、特に覚えておくこと。

2．登録の拒否事由（30条1項ただし書）

次のいずれかの者は、登録を受けることができない。

(1) 一定の刑に処せられた場合 （1号・2号）	① **禁錮以上の刑**③に処せられ、その執行を終わり、または執行を受けることがなくなった日から2年を経過しない者 ② **マンション管理適正化法違反により罰金の刑**※に処せられ、その執行を終わり、または執行を受けることがなくなった日から2年を経過しない者	
	※ たとえば、道路交通法違反の罪で罰金の刑に処せられても登録できる。	
(2) マンション管理士の登録を取り消された場合（3号）	次のいずれかに該当し登録を取り消され、取消しの日から2年を経過しない者 ① 偽りその他不正の手段により登録を受けたとき ② 信用失墜行為の禁止規定に違反したとき ③ 講習受講義務規定に違反したとき ④ 秘密保持義務規定に違反したとき	
(3) 管理業務主任者の登録を取り消された場合（4号）	① 管理業務主任者	次のいずれかに該当し登録を取り消され、取消しの日から2年を経過しない者 (ア) 偽りその他不正の手段により登録を受けたとき (イ) 偽りその他不正の手段により管理業務主任者証の交付を受けたとき (ウ) 指示処分事由に該当し情状が特に重いとき (エ) 事務の禁止処分に違反したとき
	② 管理業務主任者登録者	次のいずれかに該当し登録を取り消され、取消しの日から2年を経過しない者 (ア) 偽りその他不正の手段により登録を受けたとき (イ) 管理業務主任者としてすべき事務を行い、情状が特に重いとき

(4) マンション管理業者が登録を取り消された場合 （5号、83条2号・3号）	① 次のいずれかに該当し登録を取り消され、取消しの日から2年を経過しない者 （ア）偽りその他不正の手段により登録を受けたとき （イ）業務停止命令事由に該当し情状が特に重いとき （ウ）業務停止命令に違反したとき ② 法人が①の登録取消処分を受けた場合に、**取消しの日前30日以内にその法人の役員であった者で取消しの日から2年を経過しない者** 
(5) **心身の故障** （6号）	心身の故障によりマンション管理士の業務を適正に行うことができない者として「国土交通省令で定めるもの※」 ※ 精神の機能の障害によりマンション管理士の業務を適正に行うに当たって必要な認知、判断および意思疎通を適切に行うことができない者である。

* （1）について
i）①の「禁錮以上の刑」とは、死刑・**懲役・禁錮**である。
ii）「執行猶予期間」中は、登録を拒否されるが、執行猶予期間が満了した場合は、犯罪者ではなかったことになるので、2年間を待たずに登録を受けることができる。
iii）「控訴」・「上告」中は、まだ犯罪者であると確定したわけではないので、登録を受けることができる。

先生からのコメント

③禁錮以上の刑に処せられると、マンション管理適正化法違反の場合に限らず、どんな罪名であっても登録拒否事由となる。

なお、マンション管理士試験は、禁錮以上の刑に処せられその執行を終わり、または執行を受けることがなくなった日から2年を経過していない者でも、受験はできる。受験ができなくなるのは、試験に関して不正行為があり処分を受けた場合である（9条）。

* （3）①（ウ）について
「指示処分事由」とは、管理業務主任者が次の3つのいずれかに該当する場合である。

i）マンション管理業者に自己が専任の管理業務主任者として従事している事務

　　　所以外の事務所の専任の管理業務主任者である旨の表示をすることを許し、当
　　　該マンション管理業者がその旨の表示をしたとき（専任が兼任)
　　ii）他人に自己の名義の使用を許し、当該他人がその名義を使用して管理業務
　　　主任者である旨の表示をしたとき（名義貸し）
　　iii）管理業務主任者として行う事務に関し、不正または著しく不当な行為をし
　　　たとき

　＊　(3)②（イ）について
　　　管理業務主任者登録者が、「事務所を代表する者またはこれに準ずる地位にあ
　　る者」であって、「人の居住の用に供する独立部分が5以下」の管理組合から委
　　託を受けて行う管理事務について、管理業務主任者に代わって、管理業務主任
　　者としてすべき事務を行う場合は、例外である。

　＊　(4)①（イ）について
　　　「業務停止命令事由」…第5節「監督処分・罰則」を参照。

　＊　(4)②について
　　　「役員」…業務を執行する社員、取締役、執行役またはこれらに準ずる者。単な
　　る専任の管理業務主任者は、「役員」にあたらない。

3. マンション管理士登録証 (31条)

(1) **国土交通大臣**は、マンション管理士の登録をした場合、申請者に、一定事項（前
　　記**1.** (2) 参照）等を記載した**マンション管理士登録証**（以下「登録証」という）
　　を交付する。なお、この登録証の提示義務はないし、有効期間の定めもない。

```
┌─────────────────────────────────────────────────┐
│              マンション管理士登録証                │
│                                                   │
│  氏      名                                        │
│                          （　年　　月　　日生）    │
│  住      所                                        │
│  本      籍                                        │
│  性      別                                        │
│  試験の合格年月日                                  │
│  合 格 証 書 番 号                                 │
│  登 録 番 号                                       │
│  登 録 年 月 日                                    │
│                                                   │
│            国 土 交 通 大 臣        ㊞            │
│            指定登録機関代表者                      │
│                発行番号　第　　　　号              │
└─────────────────────────────────────────────────┘
```

(2) 登録証再交付の申請等（施行規則29条）

① マンション管理士は、登録証を**亡失**・滅失・汚損・破損した場合、国土交通大臣に登録証の再交付を**申請できる**（1項）。これは任意であり、申請しなければならないということではない。

② 再交付を申請しようとする者は、登録証再交付申請書を提出しなければならない（2項）。

③ 汚損・破損を理由とする登録証の再交付は、汚損・破損した登録証と引換えに新たな登録証を交付して行うものとする（3項）。

④ マンション管理士は、登録証の亡失によりその再交付を受けた後において、亡失した登録証を発見した場合、速やかに、発見した登録証を**国土交通大臣に返納**しなければならない（4項）。

↑Step Up　登録免許税および手数料（35条）‥‥‥‥‥‥‥‥‥‥‥‥‥

（1）マンション管理士の登録を受けようとする者は、登録免許税（9,000円）を国に納付しなければならない（附則7条）。

（2）登録証の再交付・訂正を受けようとする者は、手数料（2,300円）を国に納付しなければならない（施行令7条）。

‥‥‥‥‥‥‥‥‥‥‥‥‥‥‥‥‥‥‥‥‥‥‥‥‥‥‥‥‥‥‥‥‥‥‥‥‥

4．死亡等の届出（施行規則31条）

　マンション管理士が次のいずれかに該当した場合、当該マンション管理士または戸籍法に規定する届出義務者（下記③については同居の親族）・法定代理人は、**遅滞なく**、登録証を添え、その旨を**国土交通大臣**に**届け出**なければならない。

	届出義務者
① 死　亡 　失踪宣告を受けた	・戸籍法に規定する届出義務者 ・法定代理人
② 登録拒否事由に該当 　（マンション管理士の登録を取り消された場合を除く）	・マンション管理士本人 ・法定代理人
③ 精神機能の障害により認知・判断・意思疎通を適切に行えない状態となった	・マンション管理士本人 ・マンション管理士の同居の親族 ・法定代理人

＊　戸籍法上の届出義務者は、以下の順序に従って届出義務がある。
　　① 同居の親族
　　② その他の同居者
　　③ 家主、地主または家屋もしくは土地の管理人
　（死亡の届出は、同居の親族以外の親族も、届け出ることができる）

5．登録簿の登録の訂正等（施行規則32条）

　国土交通大臣は、登録事項の変更の届出、死亡等の届出があった場合、またはマンション管理士の登録を取り消し、もしくはマンション管理士の名称の使用の停止を命じた場合、マンション管理士登録簿の当該マンション管理士に関する登録を訂正・消除し、または当該マンション管理士の名称の使用の停止をした旨をマンション管理士登録簿に記載するとともに、それぞれ登録の訂正・消除または名称の使用の停止の理由・その年月日を記載する。

❸　マンション管理士の義務等（40条～43条）

1．信用失墜行為の禁止（40条）〈罰則なし〉

　マンション管理士は、マンション管理士の信用を傷つけるような行為をしてはならない。
　＊　たとえば、法外な報酬の要求、管理業者の利益になるよう誘導する、など。

2．講習（41条、施行規則41条）〈罰則なし〉

　マンション管理士は、マンションの管理に関する最新の知識を定期的に補充する必要があり、適正な管理を推進するための専門的な知識水準を維持するためには、不可欠となる。

(1) マンション管理士は、5年ごとに、登録講習機関が行う講習を受けなければならない。

　　※　マンションの管理事務に関して一定の実務経験があっても、この受講義務は免除されない。

(2) 講習の修了（施行規則42条の4第5号）
　　国土交通大臣は、「登録講習機関」に、マンション管理士の登録事務を行わせることができる（36条1項）。そして、当該登録講習機関は、登録講習の課程を修了した者に対して、**修了証を交付**する。

　　※　登録証の更新を受けるということではない。

3．秘密保持義務（42条）〈罰則あり〉

マンション管理士は、**正当な理由**④がなく、その業務に関して知りえた秘密を漏らしてはならない。**マンション管理士でなくなった後**においても、同じである。

先生からのコメント

④「正当な理由」とは、①本人の承諾があった場合、②裁判所に証人として呼ばれた場合、等である。

4．名称の使用制限（43条）

マンション管理士でない者は、マンション管理士またはこれに紛らわしい名称を使用してはならない⑤。

ただし、マンション管理士でない者でも、マンション管理士の名称を用いなければ、マンション管理士の業務を行うことはできる。

先生からのコメント

⑤マンション管理士の義務として、登録証の携帯までは要求されていないので、登録証を紛失した場合でも、マンション管理士の名称を使用できる。

管理業務主任者

重要度 マ **B** 主 **A**

❖ **Introduction** ❖

　管理業務主任者については、マンション管理士と類似した定めが多いので、比較しながら学習すると効率がよい。

　「管理業務主任者の設置」「管理業務主任者証」については、マンション管理士にはなかった論点なので、特にしっかり押さえておこう。

❶ 専任の管理業務主任者

【専任の管理業務主任者の設置（56条、施行規則61条、62条）】

(1) 設置数

原則	マンション管理業者は、事務所ごとに、30管理組合に1人以上（端数については1人と数える）の成年者である専任の管理業務主任者[1][2]を置かなければならない。これが、管理業務主任者が責任をもって管理できる管理組合数と考えられている。 　＊「マンションの定義」に該当することと、「主任者の設置義務」とは別次元である。
例外	**人の居住の用に供する独立部分が5以下の管理組合から委託を受けた管理事務**を、その業務とする事務所については、成年者である専任の管理業務主任者の**設置義務はない**。このような事務所については、主任者の代わりに事務所の代表者等が事務を行えばよい。 　＊（理由）住宅部分が少ないマンションについては、一般的に区分所有者の数が少なく、住宅管理としての観点からすれば、管理業務が容易であるから。

先生からの コメント

①管理業務主任者について、「成年者である専任の」という限定がつくのは、この場面だけである。したがって、後述の、「重要事項の説明」「契約の成立時の書面の交付」「管理事務の報告」の場面では、管理業務主任者は、未成年者であってもよいし、パート・アルバイトであっても法には違反しない。

②専任の管理業務主任者の「**専任**」とは、原則として、マンション管理業を営む事務所に**常勤**（管理業者の通常の勤務時間を勤務すること）して、**専らマンション管理業に従事**する状態をいう。ただし、当該事務所がマンション**管理業以**

外の業種を兼業している場合等で、当該事務所において**一時的にマンション管理業の業務が行われていない間**に他の業種に係る業務に従事してもよい（国総動第 309 号第三 1）。

(2) みなし管理業務主任者

マンション管理業者（法人である場合は、その役員）が管理業務主任者である場合、その者が自ら主として業務に従事する事務所については、その者は、その事務所に置かれる成年者である専任の管理業務主任者とみなされる。

(3) 専任の管理業務主任者不足の場合の措置

マンション管理業者は、管理業務主任者の設置義務に抵触する事務所を開設してはならず、既存の事務所がこれに抵触するに至ったときは、**2週間以内**に、適合させるための必要な措置をとらなければならない。

ケーススタディ　2

株式会社甲は、A・B・C・Dの4つの事務所を有するマンション管理業者である。それぞれの事務所に設置すべき成年者である専任の管理業務主任者の数は何人か。

① A事務所は、管理組合45組合から委託を受けた管理事務をその業務としており、当該管理組合に係るマンションは、すべて人の居住の用に供する独立部分が6以上である。

　➡　45 ÷ 30 ＝ 1.5

　　　A事務所に設置すべき成年者である専任の管理業務主任者の数は**2人**である。

② B事務所は、人の居住の用に供する独立部分が5以下の管理組合2

組合から委託を受けた管理事務をその業務としている。

➡　B事務所に設置すべき成年者である専任の管理業務主任者の数は**0人**である。

この場合、事務所を代表する者は、管理業務主任者がなすべき事務を行うことができる。

③　C事務所は、人の居住の用に供する独立部分が6以上である管理組合20組合および独立部分が5以下の管理組合1組合から委託を受けた管理事務をその業務としている。

➡　$20 \div 30 = 0.66\cdots$

C事務所に設置すべき成年者である専任の管理業務主任者の数は**1人**である。

④　D事務所は、人の居住の用に供する独立部分が6以上である管理組合110組合から委託を受けた管理事務をその業務としている。

➡　$110 \div 30 = 3.66\cdots$

D事務所に設置すべき成年者である専任の管理業務主任者の数は**4人**である。

❷　登録内容（59条1項本文・2項、施行規則72条等）

1．登録要件

試験合格者で、管理事務に関し、(1)「**2年以上の実務の経験を有するもの**」または(2)「国土交通大臣がその実務の経験を有するものと同等以上の能力を有すると認めたもの」は、**国土交通大臣**の登録ができる。

※　登録には有効期間はない。

2．管理業務主任者登録簿への登載事項

国土交通大臣は、「管理業務主任者登録簿」に、次の事項を登載することで登録を行う。

① 登録番号・登録年月日

② 氏名

③ 生年月日

④ 本籍（日本の国籍を有しない者にあっては、その者の有する国籍）・性別

⑤ 住所

⑥ 試験の合格年月日・合格証書番号

⑦ 実務の経験を有する者である場合は、申請時現在の実務経験の期間・その内容、従事していたマンション管理業者の商号・名称および登録番号

⑧ 国土交通大臣から能力を有すると認められた者である場合は、当該認定の内容・年月日

⑨ マンション管理業者の業務に従事する者にあっては、当該管理業者の商号・名称および登録番号

↑Step Up

国土交通大臣は、次の①～③の場合には、それぞれの事項を管理業務主任者登録簿に記載する。

事　項	記載内容
① 指示・事務禁止の処分をした場合	当該指示・処分をした年月日およびその内容
② 管理業務主任者証を交付した場合	当該管理業務主任者証の交付年月日、有効期間の満了する日および発行番号
③ 管理業務主任者証の交付の申請にあたって講習の修了証明書等が添付されている場合	当該修了証明書等に係る講習の修了年月日および講習を行った機関の氏名・名称

```
┌─────────────────────────────────────────────────────────┐
│                   管理業務主任者登録簿                      │
│                                                           │
│  (1) 登録番号              登録年月日                       │
│                                                           │
│      フリガナ                                              │
│  (2) 氏　名                                                │
│                                                           │
│  (3) 生年月日                                              │
│                                                           │
│  (4) 本　籍              性　別                            │
│                                                           │
│  (5) 住　所                                                │
│                                                           │
│  (6) 試験合格年月日        合格証書番号                     │
│                                                           │
│  (7) 実務試験に関する事項                                  │
│      実務経験の期間に従事していたマンション管理業者の登録番号、商号、│
│      名称または氏名およびそこでの職務内容                   │
│                        合計      期間                     │
│                                                           │
│  (8) 国土交通大臣の認定に関する事項                        │
│        認定の内容      認定年月日                          │
│                                                           │
│  (9) 業務に従事するマンション管理業者に関する事項          │
│        商号、名称または氏名                                │
│        登録番号                                            │
│                                                           │
│  (10) 事務禁止等の処分                                      │
│        年月日        内容                                 │
│        年月日        内容                                 │
│                                                           │
│  (11) 管理業務主任者証に関する事項                          │
│        交付年月日      有効期間の満了する日      発行番号   │
│  〜〜〜〜〜〜〜〜〜〜〜〜〜〜〜〜〜〜〜〜〜〜〜〜〜〜〜〜│
│                      （以下省略）                          │
└─────────────────────────────────────────────────────────┘
```

3．登録事項の変更の届出（62条1項）

　管理業務主任者の登録を受けた者は、登録を受けた事項（**2.②④⑤⑨**）に変更があった場合、**遅滞なく**、その旨を**国土交通大臣**に**届け出**なければならない。

❸　登録の拒否事由（59条1項ただし書）

1．拒否事由

次のいずれかに該当する者は、登録を受けることができない。[③]

(1) 破産者（1号）	破産手続開始の決定を受けて復権を得ない者[④]
(2) 一定の刑に処せられた場合 （2号・3号）	① **禁錮以上の刑**に処せられ、その執行を終わり、または執行を受けることがなくなった日から**2年**を経過しない者 ② **マンション管理適正化法違反により罰金の刑**に処せられ、その執行を終わり、または執行を受けることがなくなった日から**2年**を経過しない者
(3) マンション管理士の登録を取り消された場合（4号）	次のいずれかに該当し登録を取り消され、取消しの日から2年を経過しない者 ① 偽りその他不正の手段により登録を受けたとき ② 信用失墜行為の禁止規定に違反したとき ③ 講習受講義務規定に違反したとき ④ 秘密保持義務規定に違反したとき

(4) 管理業務主任者の登録を取り消された場合（5号）	① 管理業務主任者	次のいずれかに該当し登録を取り消され、取消しの日から2年を経過しない者 （ア）偽りその他不正の手段により登録を受けたとき （イ）偽りその他不正の手段により管理業務主任者証の交付を受けたとき （ウ）指示処分事由に該当し情状が特に重いとき （エ）事務の禁止処分に違反したとき
	② 管理業務主任者資格者＊	次のいずれかに該当し登録を取り消され、取消しの日から2年を経過しない者 （ア）偽りその他不正の手段により登録を受けたとき （イ）管理業務主任者としてすべき事務を行い、情状が特に重いとき

＊登録を受けただけの者（主任者証の交付を受けていない）を「資格者」という。

(5) マンション管理業者が登録を取り消された場合 （6号、83条2号・3号）	① 次のいずれかに該当し登録を取り消され、取消しの日から2年を経過しない者 （ア）偽りその他不正の手段により登録を受けたとき （イ）業務停止命令事由に該当し情状が特に重いとき （ウ）業務停止命令に違反したとき ② 法人が①の登録取消処分を受けた場合に、**取消しの日前30日以内**にその法人の**役員**であった者で取消しの日から2年を経過しない者
(6) **心身の故障** （7号）	心身の故障により管理業務主任者の事務を適正に行うことができない者として国土交通省令で定めるもの

先生からの
コメント

③未成年者は含まれていないので、「営業に関し成年者と同一の行為能力を有しない未成年者」であっても、登録を受けることができる。

④マンション管理士の登録拒否事由と異なる点は、「破産手続開始の決定を受けて復権を得ない者」が入っている点だけである。なお、破産者は、復権を得れば、直ちに登録を受けることができる。

2．死亡等の届出（施行規則80条、31条）

　管理業務主任者が次のいずれかに該当した場合、当該管理業務主任者または戸籍法に規定する届出義務者（下記③については同居の親族）・法定代理人は、遅滞なく、その旨を**国土交通大臣**に届け出なければならない。

	届出義務者
① 死亡 　　失踪宣告を受けた	・戸籍法に規定する届出義務者 ・法定代理人
② 登録拒否事由に該当 　　（管理業務主任者の登録を取り消された場合を除く）	・管理業務主任者本人 ・法定代理人
③ 精神機能の障害により認知・判断・意思疎通を適切に行えない状態となった	・管理業務主任者本人 ・管理業務主任者の同居の親族 ・法定代理人

＊　戸籍法上の届出義務者は、以下の順序に従って届出義務がある。
　　① 同居の親族
　　② その他の同居者
　　③ 家主、地主または家屋もしくは土地の管理人
　（死亡の届出は、同居の親族以外の親族も、届け出ることができる）

❹　管理業務主任者証

1．管理業務主任者証の交付等

（1）管理業務主任者証の交付申請（60条、施行規則74条1項）

　登録を受けている者は、**国土交通大臣**に対し、次の事項等を記載した管理業務主任者証の交付を申請できる。

① **氏名**

② 生年月日

③ 登録番号および登録年月日

④ 管理業務主任者証の交付年月日

⑤ 管理業務主任者証の有効期間の満了する日

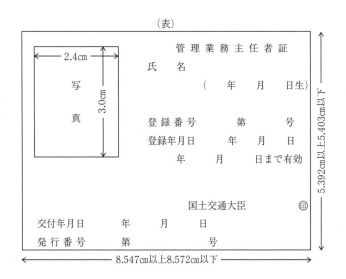

(表)

(2) 管理業務主任者証の記載事項（**氏名**）に変更があったときは、管理業務主任者証を添えて⑤**提出**し、その**訂正**を受けなければならない（62条2項）。

先生からのコメント

⑤管理業務主任者証の再交付について、管理業務主任者証の記載事項の変更に伴い届出がされる際、添付される従前の管理業務主任者証は写しで差し支えない。その場合、従前の管理業務主任者証の原本と引換えに新たな管理業務主任者証を交付して行う。

(3) 講習の受講

　管理業務主任者証の交付を受けようとする者は、**登録講習機関が行う講習**で、交付の申請の日前6ヵ月以内に行われるものを受けなければならない。

　ただし、試験に**合格した日から1年以内**に管理業務主任者証の交付を受けようとする者は、講習を受講する義務はない。

(4) 管理業務主任者証の有効期間

　有効期間は、**5年**である。

(5) 管理業務主任者証の返納・提出

① 返　納

　管理業務主任者は、次のいずれかに該当した場合、**速やかに**、管理業務主任者証を国土交通大臣に**返納**しなければならない（60条4項）。

　（ア）**登録が消除**されたとき

　（イ）管理業務主任者証がその**効力を失った**とき（主任者証を更新せずに、有効期間を経過したときも失効する）⑥

先生からの コメント

⑥管理業務主任者は、上記の（ア）（イ）のときは、速やかに、管理業務主任者証を国土交通大臣に返納する必要がある（マンション管理適正化法60条4項）。速やかに、管理業務主任者証を国土交通大臣に返納しなかった管理業務主任者は、10万円以下の過料に処せられる（113条2号）。

　（ウ）管理業務主任者証の亡失によりその再交付を受けた後において、亡失した管理業務主任者証を発見したとき（施行規則77条4項）

② 提　出

　管理業務主任者は、事務の禁止の処分を受けた場合、**速やかに**、管理業務主任者証を国土交通大臣に**提出**しなければならない（60条5項）。

　なお、国土交通大臣は、事務の禁止の期間が満了した場合、**提出者から返還の請求があったとき**は、直ちに返還しなければならない。

2．管理業務主任者証の有効期間の更新（61条）

　管理業務主任者証の有効期間は、申請をして更新できる[⑦]。更新後の有効期間も5年となる。

・・

　⑦更新を希望する者は、講習を受けなければならない。

・・

3．管理業務主任者証の再交付等（施行規則77条）

(1) 管理業務主任者は、管理業務主任者証を亡失・滅失・汚損・破損した場合、国土交通大臣に管理業務主任者証の再交付を申請できる。

(2) 再交付を申請しようとする者は、管理業務主任者証用写真を添付した管理業務主任者証再交付申請書を提出しなければならない。

(3) 汚損・破損を理由とする管理業務主任者証の再交付は、汚損・破損した管理業務主任者証と引換えに新たな管理業務主任者証を交付して行うものとする。

(4) 管理業務主任者は、管理業務主任者証の亡失によりその再交付を受けた後において、亡失した管理業務主任者証を発見した場合、速やかに、**発見した管理業務主任者証を返納**しなければならない。

4．管理業務主任者証の提示（63条）

　管理業務主任者は、その事務を行うに際し、区分所有者等その他の関係者から**請求があった場合**、管理業務主任者証を**提示**しなければならない。

【管理業務主任者証の提示義務のまとめ】

(1) 関係者から請求があったとき
管理業務主任者は、その事務を行うに際し、区分所有者等その他の関係者から請求があったときは、管理業務主任者証を提示しなければならない。
(2) 重要事項説明時[8]
管理業務主任者は、重要事項の説明をするときは、説明の相手方に対し、管理業務主任者証を提示しなければならない。
(3) 管理事務報告時[8]
管理業務主任者は、管理事務の報告の説明※をするときは、説明の相手方に対し、管理業務主任者証を提示しなければならない。

※　第4節で詳細に学習するが、管理者等が置かれている場合は「報告の説明」、管理者等が置かれていない場合は「説明会において報告の説明」をすることになり、このいずれの場合にも主任者証の提示が必要となる。

先生からの
コメント

・[8](2)(3)は、**「請求」の有無にかかわらず**提示しなければならない。

・管理受託契約成立時の書面を交付する際に、提示義務はない。

整理　マンション管理士と管理業務主任者の相違点

❶　資　格

（1）マンション管理士

（2）**管理業務主任者**

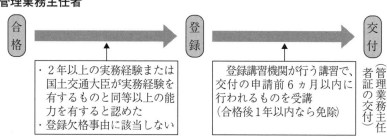

❷　登録事項

　管理業務主任者については、次の(1)～(3)が加わる点以外は、マンション管理士と共通する。

（1）管理事務に関し**2年以上の実務経験者**

（2）国土交通大臣指定講習受講者等、国土交通大臣が**実務経験者と同等以上の能力を有すると認められた者**

（3）マンション管理業者の**業務に従事する者**

❶ マンション管理業者 重要度 マ **A** 主 **A**

❖ **Introduction** ❖

　マンション管理業者については、マンション管理士・管理業務主任者との共通点を踏まえた上で、異なる点を押さえていけば効率がよい。

　また、宅地建物取引業者に対する規制と共通する点も多いので、すでに宅地建物取引業法を勉強した方は、どこが異なるのか、注意して学習しよう。

❶ マンション管理業者の登録内容（44条〜55条）

1．登　録

　マンションの定義に該当し、1つでも人の居住の用に供する専有部分がある区分所有建物の管理受託を行う場合、すべてマンション管理業の登録が必要である。

(1) マンション管理業を営もうとする者は、国土交通省に備える**マンション管理業者登録簿**に登録を受けなければならない。

(2) **登録の有効期間**

　　登録の**有効期間**は、5年である。

(3) 更新の登録と申請期間

　有効期間の満了後引き続きマンション管理業を営もうとする者は、更新の登録を受けなければならない。

　更新の登録を受けようとする者は、登録の有効期間満了の日の90日前から30日前までの間に登録申請書を提出しなければならない（施行規則50条）。

(4) 有効期間満了日まで申請の処分がないとき

　更新の登録の申請があった場合、有効期間の満了の日までにその申請に対する処分がなされないときは、従前の登録は、その有効期間の満了後もその処分がなされるま

での間は、なお**効力を有する**。

　この場合、更新の登録がなされたときは、その登録の有効期間は、**従前の登録の有効期間満了日の翌日**から起算される。

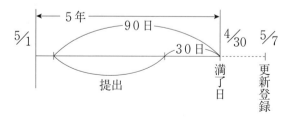

2．登録の申請（45条）と登録事項の変更届出（48条）

（1）登録を受けようとする申請者は、国土交通大臣に、次の事項を記載した登録申請書を提出しなければならない（45条1項）。

> ① 商号、名称・氏名、住所
>
> ② **事務所**[※1]**の名称、所在地**、当該事務所が「成年者である専任の管理業務主任者を置かなくてもよい」事務所であるかどうかの別
>
> ③ **法人**である場合、その**役員の氏名**
>
> ④ **未成年者**[※2]である場合、その**法定代理人の氏名**、住所（法定代理人が法人である場合、その商号・名称、住所、その役員の氏名）①
>
> ⑤ **事務所ごとに置かれる成年者である専任の管理業務主任者**（その者とみなされる者を含む）**の氏名**

※1　「事務所」（施行規則52条）

　（ア）本店・支店（商人以外の者にあっては、主たる事務所または従たる事務所）

　（イ）継続的に業務を行うことができる施設を有する場所で、マンション管理業に係る契約の締結・履行に関する権限を有する使用人を置くもの

※2　法律上、成年者と同一の行為能力があるか否かの区分をしていないが、実質的に法定代理人の許可があったか否かで区分する（後述❷7.参照）にあたり、登録申請書提出の段階では把握できないことを考慮の上で区分しなかったと考えられる。

先生からの**コメント**

① 上記③～⑤のうち、「住所」が入っているのは、④だけである。

(2) マンション管理業者は、前記**2.**(1)の事項に変更があった場合、その日から30日以内に、その旨を**国土交通大臣に届け出**なければならない（48条1項）。

(3) 登録申請書には、登録申請者が登録拒否事由のいずれにも該当しない者であることを誓約する書面その他一定の書類を添付しなければならない（45条2項）。なお、変更届出についても同様に、一定の添付書類が必要となる。

3．登録の実施（46条）

国土交通大臣は、登録の申請書・添付書類の提出があったときは、後記**❷**の登録を拒否する場合を除くほか、遅滞なく、前記**2.**(1)の事項、登録年月日・登録番号を、マンション管理業者登録簿に登録しなければならない。

4．マンション管理業者の登録簿等の閲覧（49条、施行規則57条）

(1) 国土交通大臣は、マンション管理業者登録簿その他一定の書類を、一般の閲覧に供しなければならない。

(2) 閲覧所の設置
① **国土交通大臣**は、マンション管理業者登録簿等を一般の閲覧に供するため、**マンション管理業者登録簿閲覧所**（以下「閲覧所」という）を設けなければならない。
② **国土交通大臣**は、閲覧所を設けた場合、当該閲覧所の**閲覧規則**を定めるとともに、当該閲覧所の**場所および閲覧規則を告示**しなければならない。

5．登録の消除（51条）

国土交通大臣は、マンション管理業者の登録がその効力を失った場合、その登録を消除しなければならない。

↑Step Up　登録免許税および手数料（52条） ....

　マンション管理業者の登録を受けようとする者は、登録免許税（90,000円）を、その更新の登録を受けようとする者は、手数料（12,100円）を、それぞれ国に納付しなければならない（施行令11条）。

❷　登録の拒否事由（47条）

　国土交通大臣は、登録申請者が次のいずれかの事由に該当する場合、その登録を拒否しなければならない。

1．破産者②	破産手続開始の決定を受けて復権を得ない者
2．一定の刑に処せられた場合②	(1) **禁錮以上の刑**に処せられ、その執行を終わり、または執行を受けることがなくなった日から**2年**を経過しない者 (2) **マンション管理適正化法違反により罰金の刑**に処せられ、その執行を終わり、または執行を受けることがなくなった日から**2年**を経過しない者
3．マンション管理業者が登録を取り消された場合（47条2号・3号）	(1) 登録を取り消され、取消しの日から**2年**を経過しない者 (2) 法人が(1)の登録取消処分を受けた場合に、**取消しの日前30日以内**にその法人の**役員**であった者で取消しの日から**2年**を経過しない者
4．心身の故障（8号）	心身の故障によりマンション管理業を適正に営むことができない者として国土交通省令で定めるもの
5.	マンション管理業者の**業務の停止**を命じられ、その停止の期間が経過しない者
6.	暴力団員による不当な行為の防止等に関する法律に規定する暴力団員または暴力団員（「暴力団員等」という）でなくなった日から**5年**を経過しない者
7.	マンション管理業に関し「**成年者と同一の行為能力を有しない未成年者**」※1で、その法定代理人（法定代理人が法人である場合、その役員を含む）が、上記**1.～6.**のいずれかに該当する場合
8.	法人の**役員**のうち、上記**1.～6.**のいずれかに該当する者がいる場合
9.	暴力団員等がその事業活動を支配する者
10.	事務所について、「**成年者である専任の管理業務主任者の設置**」の要件を欠く者
11.	マンション管理業を行うために必要と認められる国土交通省令で定める基準に合う財産的基礎（基準資産額※2 **300万円以上**）を有しない者
12.	登録申請書・添付書類の重要な事項について虚偽の記載があり、または重要な事実の記載が欠けている場合

※1　「成年者と同一の行為能力を有しない未成年者」…法定代理人から営業の許可を受けていない
　　　　　　　　　　　　　　　　　　　　　　　　　　　　未成年者のことをいう。

　　　　　　　　　成年者と同一の行為能力を有する　　➡　　未成年者本人
　　未成年者
　　　　　　　　　成年者と同一の行為能力を有しない　➡　　未成年者本人＋法定代理人

※2　「基準資産額」（施行規則54条、55条）
　　(1) 基準資産額は、貸借対照表または資産に関する調書（以下「基準資産表」という）に計上
　　　　された**資産**（創業費その他の繰延資産および営業権を除く。以下同じ）の**総額**から当該基準
　　　　資産表に計上された**負債の総額**に相当する金額を控除した額とする。
　　(2) 資産または負債の評価額が基準資産表に計上された価額と異なることが明確であるときは、
　　　　当該資産または負債の価額は、その評価額によって計算^(注)するものとする。
　　(注)　市場性の認められる資産の再販価格の評価額が基準資産表計上の資産額を上回る旨の
　　　　　証明があったとき（ある不動産について、決算時は取引価格で算定していたが、事後的
　　　　　に当該不動産について不動産鑑定による再評価をした場合等）は、その評価額によって
　　　　　資産を計算することが認められる。
　　(3) 算定される額に増減があったことが明確であるときは、当該増減後の額を「基準資産額」^(注)
　　　　とするものとする。
　　(注)　「基準資産額」
　　　　　　①　公認会計士や監査法人による監査証明を受けた中間決算の場合
　　　　または、
　　　　　　②　増資、贈与、債務免除等があったことが証明された場合
　　　　で、増減があったときは、その額を基準資産額とできる。

・・・
②　**1. 2.** は、管理業務主任者の登録拒否事由と共通である。
・・・

❸　廃業等の届出（50条）

(1)　マンション管理業者が次のいずれかに該当した場合、次の者は、**その日**（**死亡の
場合は、その事実を知った日**）から**30日以内**に、その旨を**国土交通大臣に届け出**
なければならない。

事　　由	届　　出　　者		期　　　　限
	個人業者	法人業者	
①　死　　亡	相　　続　　人	――	その事実を知った日から30日以内
②　法人の合併消滅	――	消滅した法人の代表役員であった者	その日から30日以内
③　破産手続開始の決定	破 産 管 財 人	破 産 管 財 人	
④　法 人 の 解 散	――	清　算　人	
⑤　廃　　　止	個　　　人	法人の代表役員	

(2) マンション管理業者が、上記のいずれかの事由に該当した場合、マンション管理業者の登録は、その効力を失う。

　　そして、国土交通大臣は、マンション管理業者の登録が効力を失った場合、その登録を消除しなければならない（51条）。

❹　管理業者の禁止行為

１．無登録営業の禁止（53条）

マンション管理業者の登録を受けない者は、マンション管理業を営んではならない。

２．名義貸しの禁止（54条）

　マンション管理業者は、自己の名義をもって、他人にマンション管理業を営ませてはならない。

整理　マンション管理業者に関する数字のまとめ

① 　登録の有効期間　➡　「5年」

② 　更新の登録　　　➡　「有効期間満了の日の90日前から30日前まで」

③ 　変更の届出　　　➡　「30日以内」
　　　　　　　　　　　　＊「遅滞なく」ではない。

④ 　登録を受けるために必要な基準資産額

　　　　　　　　　　　➡　「300万円以上」

⑤ 　廃業等の届出　　➡　「30日以内」（死亡の場合は「知った日から30日以内」）
　　　　　　　　　　　　＊「遅滞なく」ではない。

❷マンション管理業者の業務

重要度 ▽ **A** 主 **A**

❖ **Introduction** ❖

　マンション管理業者の業務に対する規制は、試験対策上最も重要なところである。特に、「重要事項の説明等」「契約成立時の書面の交付」「管理事務の報告」は、似たような表現が出てくるので、しっかり区別をつけなければならない。

　また、マンション管理業者の業務の中で、管理業務主任者がどのように関わっているのか、という点にも注意しよう。

❶ 重要事項の説明等（72条）

１．新規の場合

（1）説　明

　マンション管理業者は、管理組合と**管理受託契約**※1①を締結しようとする場合、原則として、**あらかじめ、一定の説明会を開催**※2し、当該管理組合を構成する「区分所有者等および当該管理組合の管理者等②」に対し、**管理業務主任者**をして、重要事項について説明をさせなければならない。マンション管理士にさせることはできないので注意のこと。

　重要事項の説明は、管理事務の委託を受けた事務所に所属する管理業務主任者にさせることまでは求められていない。

※1　管理業者は、管理受託契約を締結するに当たって、①「新たに建設されたマンションの分譲に通常要すると見込まれる期間（最初の**購入者に引き渡し後1年間**）で満了する委託契約の場合（完成売りマンション）や②すでに建設されたマンションの再分譲に通常要すると見込まれる期間（再分譲後の最初の**購入者に引き渡し後1年間**）で満了する委託契約の場合（リノベマンション）は、あらかじめ説明会を開催して**重要事項の説明をすることは不要**となる（72条1項かっこ書、施行規則82条）。

※2　「**説明会の開催**」（83条）
　①　説明会は、できる限り説明会に参加する者の参集の便を考慮して開催の日時・場所を定め、管理事務の委託を受けた管理組合ごとに開催するものとする。

②　マンション管理業者は、①の説明会の開催日の1週間前までに説明会の開催の日時・場所について、当該管理組合を構成する「区分所有者等および当該管理組合の管理者等」の見やすい場所に掲示しなければならない。

(2) 書面の交付

マンション管理業者は、当該説明会の日の1週間前までに、当該管理組合を構成する「区分所有者等および当該管理組合の管理者等の全員」に対し、一定の場合を除き、重要事項ならびに「説明会」の日時・場所を記載した書面を交付しなければならない（72条1項）。

【重要事項】（施行規則84条）

① マンション管理業者の商号・名称、住所、登録番号および登録年月日

② 管理事務の対象となるマンションの所在地に関する事項

③ 管理事務の対象となるマンションの部分に関する事項

④ 管理事務の内容および実施方法（後述する財産の分別管理の方法を含む）

⑤ 管理事務に要する費用ならびにその支払いの時期・方法

⑥ 契約期間に関する事項

⑦ 免責に関する事項

⑧ 管理事務の一部の再委託に関する事項

⑨ 契約の更新に関する事項

⑩ 契約の解除に関する事項

⑪ 保証契約に関する事項

先生からのコメント

①当該管理受託契約には、次の **2.** の更新（従前の管理受託契約と**同一の条件で更新**しようとするとき）は除かれる。したがって、従前の管理受託契約の条件を変更して更新するときは、新規契約の扱いとなる。

②管理業者は、「**団地組合**」が形成されており、その内部に**複数の別の管理組合が存在**している場合で、これらの組合からそれぞれ委託を受けて管理事務を行っている場合には、**重要事項説明**は、**それぞれの管理組合の管理者等及び区分所有者等に対して行わなければならない**（国総動第309号第一4）。

2．更新の場合

　マンション管理業者は、従前の管理受託契約と同一の条件③で、管理組合との管理受託契約を更新しようとする場合

（1）管理者等が不設置の場合

　マンション管理業者はあらかじめ、当該管理組合を構成する「区分所有者等全員」に対し、一定の場合を除き、重要事項を記載した**書面を交付**しなければならない。説明・説明会は不要。

（2）管理者等が設置されている場合

①　マンション管理業者は、当該「管理者等」に対し、一定の場合を除き、**管理業務主任者**をして、重要事項について、これを記載した**書面を交付**して説明をさせなければならない（72条2項・3項本文）。説明会は不要。なお、この場合でも、書面は「区分所有等全員」に交付する。

②　①の場合、**認定管理者等**から重要事項について説明を**要しない旨の意思の表明**があったときは、管理業者による当該認定管理者等に対する**重要事項を記載した書面の交付**をもって、これに**代える**ことができる（3項ただし書）。

先生からのコメント

③「**同一の条件**」で「**更新**」する場面であることに注意しよう。また、従前の管理受託契約と同一条件で更新しない扱いとなる場合には、更新後の契約期間を延長するケースが考えられる。

「同一の条件」を具体的に述べると、次のとおりとなる（国総動第309号第一5）。

①　マンション管理業者の商号・名称、登録年月日および登録番号の変更

②　従前の管理受託契約と管理事務の内容および実施方法を同一とし、管理事務に要する費用の額を「**減額**」しようとする場合

> ③　従前の管理受託契約に比べ管理事務の内容および実施方法の範囲を「**拡大**」
> し、管理事務に要する費用額を同一としまたは「**減額**」しようとする場合
> ④　従前の管理受託契約に比べ管理事務に要する費用の支払い時期を後に変更
> （前払いを当月払いもしくは後払い、または当月払いを後払い）しようとす
> る場合
> ⑤　従前の管理受託契約に比べ更新後の契約期間を「**短縮**」しようとする場合
> ⑥　管理事務の対象となるマンションの所在地の名称が変更される場合

3．管理業務主任者証の提示（72条4項）

　管理業務主任者は、重要事項の説明をするときは、説明の相手方に対し、管理業務主任者証を提示しなければならない。

4．重要事項説明書への記名（72条5項）

　マンション管理業者は、一定の場合を除き、重要事項（および説明会の日時・場所）を記載した書面を交付するときは、**管理業務主任者をして、当該書面に記名**④させなければならない。

先生からの コメント

> ④「**記名**」されるべき**管理業務主任者**は、原則として、重要事項について**十分に調査検討**し、それらの事項が**真実に合致し誤りおよび記載漏れがないかどうか等を確認した者**であって、実際に当該**重要事項説明書をもって重要事項説明を行う者**である（国総動第309号第一2（2）イ）。

5．電子情報処理組織を使用する方法等

　マンション管理業者は、上記**1.2.**による**書面の交付に代えて**、当該管理組合を構成する**区分所有者等**または当該管理組合の**管理者等の承諾**を得て、当該書面に記載すべき事項を**電子情報処理組織を使用する方法**その他の情報通信の技術を利用する方法であって、上記**4.**による措置に準ずる措置を講ずるものとして国土交通省令で定めるものにより提供できる（72条6項・7項）。

↑ Step Up　**書面交付による場合**………………………………………………

重　要　事　項　説　明　書
（第一面）

年　　月　　日

殿

商号又は名称

代表者の氏名

　貴管理組合と締結する管理受託契約の内容及びその履行に関する事項について、マンションの管理の適正化の推進に関する法律（平成12年法律第149号。以下、「法」という）第72条の規定に基づき、次のとおり説明します。この内容は重要ですから、十分理解されるようお願いします。

説明をする管理業務主任者	氏　　名	
	登　録　番　号	
	業務に従事する事務所	電話番号（　　　）　　　－

説 明 に 係 る 契 約 の 別	新　規	更　新 （同一条件でない場合）	更　新 （同一条件である場合）

1　商号又は名称、住所、登録番号及び登録年月日

商　号　又　は　名　称	
住　　　　　　　　所	
登　録　番　号	（　　）第　　　　号
登　録　年　月　日	年　　　　月　　　　日

（第二面）

2　管理事務の対象となるマンションの所在地に関する事項

マ ン シ ョ ン の 名 称	
マ ン シ ョ ン の 所 在 地	

3　管理事務の対象となるマンションの部分に関する事項

敷　　　地	面　　　積	m²
建　　　物	構 造 等	鉄骨鉄筋コンクリート造　地上　　階　地下　　階　塔屋 　　　階建共同住宅 建築面積　　　　　m²　延床面積　　　　　　m²
	専有部分	住宅　　　戸　事務所　　　戸　店舗　　　戸
	①　専有部分以外の建物の部分	
	②　専有部分に属しない建物の付属物	
	③　規約共用部分	
附 属 施 設		

（第三面）

4　管理事務の内容及び実施方法

管理事務の名称	基幹事務	①　管理組合の会計の収入及び支出の調定
		②　出　納
		③　マンション（専有部分を除く）の維持又は修繕に関する企画又は実施の調整
	基幹事務以外の管理事務	①　管理員業務
		②　清掃業務
		③　設備管理業務
		④　その他の管理事務

（第四面）
4－2　法第76条の規定により管理する財産の管理の方法

修繕積立金等の種類			金　銭　・　　有価証券		
管　理　方　法		マンションの管理の適正化の推進に関する法律施行規則第87条第2項第1号		イ　・　ロ　・　ハ	
		項　　目	収納口座	保管口座	収納・保管口座
金銭	口　座　名　義	管理組合法人			
		管理者等（　　　）			
		マンション管理業者			
		その他（　　　）			
	預貯金通帳・印鑑等の保　　管　　者	通帳			
		印鑑			
		その他（　　　）			
		備　　考			
	修繕積立金等金銭の収　納　方　法				
	収納に関する再委託先				
	修繕積立金等金銭の保管及び管理の方法				
	〈出納フロー図〉				
有価証券					

5　管理事務に要する費用並びにその支払いの時期及び方法

定額委託業務費	定額委託業務費の額	合　計　月　額　　　　　　　　　円 消　費　税　額　等　　　　　　　円 消費税額等抜き価格　　　　　　　円
	支　払　期　日	毎月○日までにその○月分を支払う。
	日　割　計　算	期間が1月に満たない場合は1月を○日として日割り計算を行う。
定額委託業務費以外の費用の支払いの時期及び方法		

（第五面）

6　管理事務の一部の再委託に関する事項

再委託する管理事務の有無		
再 委 託 す る 管理事務の名称	基幹事務	基幹事務以外の管理事務

7　保証契約に関する事項

保証する第三者の氏名		
保 証 契 約 の 名 称		
保 証 契 約 の 内 容	①保証契約の額 　及び範囲	
	②保証契約の 　期間	年　　月　　日から　　　　年　　月　　日まで
	③更新に関する 　事項	
	④解除に関する 　事項	
	⑤免責に関する 　事項	
	⑥保証額の支払 　に関する事項	

8　免責に関する事項

9　契約期間に関する事項

年　　月　　日　　から　　年　　月　　日　　まで

（第六面）

10　契約の更新に関する事項

11　契約の解除に関する事項

12　法第79条に規定する書類の閲覧方法

13　原本を交付した者の氏名

（以下省略）

❷　契約成立時の書面交付（73 条、施行規則 85 条）

１．契約成立時の書面交付

（1）管理者等が設置されている場合

　マンション管理業者は、管理組合から管理事務の委託を受けることを内容とする契約を締結した場合、当該「管理者等」に対し、一定の場合を除き、**遅滞なく**、次の事項を記載した書面⑤を交付しなければならない。

（2）マンション管理業者が管理者等の場合・管理者等が不設置の場合

　「区分所有者等全員」に対し、一定の場合を除き、**遅滞なく**、書面を交付しなければならない（73 条 1 項）。

必要的記載事項⑥	①　管理事務の対象となる**マンションの部分**
	②　管理事務の内容および実施方法（後述する財産の分別管理の方法を含む）
	③　管理事務に要する費用、支払いの時期・方法
	④　契約期間に関する事項
	⑤　管理受託契約の当事者の名称および住所ならびに法人である場合においては、その代表者の氏名
	⑥　後述する管理事務の報告に関する事項
	⑦　管理事務として行う管理事務に要する費用の収納に関する事項
	⑧　免責に関する事項
任意的記載事項⑦	⑨　管理事務の一部の再委託に関する**定めがあるとき**は、その内容
	⑩　契約の更新に関する**定めがあるとき**は、その内容
	⑪　契約の解除に関する**定めがあるとき**は、その内容
	⑫　マンション管理業者による管理事務の実施のため必要となる、区分所有者等の行為制限またはマンション管理業者による区分所有者等の専有部分への立入りもしくは共用部分（建物の区分所有等に関する法律に規定する共用部分をいう）の使用に関する**定めがあるとき**は、その内容
	⑬　マンションが滅失しまたは損傷（毀損）した場合において、管理組合およびマンション管理業者が当該滅失または損傷の事実を知ったときはその状況を契約の相手方に通知すべき旨の**定めがあるとき**は、その内容
	⑭　宅地建物取引業者からその行う業務の用に供する目的でマンションに関する情報の提供を要求された場合の対応に関する**定めがあるとき**は、その内容
	⑮　毎事業年度開始前に行う当該年度の管理事務に要する費用の見通しに関する**定めがあるとき**は、その内容

＊　「重要事項」と共通するもの…①〜④、⑧〜⑪

先生からのコメント

⑤マンション管理業者が管理組合と管理受託契約を締結するにあたって、標準管理委託契約書を使用することは、法的義務ではない。

先生からの
コメント

⑥まずは、必要的記載事項（必ず記載すべきもの）を押さえておこう。

⑦任意的記載事項とは「定めがあれば」記載しなければならない事項であり、定めがなければ省略できる。

2．交付すべき書面への記名

マンション管理業者は、交付すべき書面を作成する場合、管理業務主任者をして、当該書面に記名させなければならない（73条2項）。

3．電子情報処理組織を使用する方法等

マンション管理業者は、上記1．による書面の交付に代えて、当該管理組合の管理者等または当該管理組合を構成する区分所有者等の承諾を得て、当該書面に記載すべき事項を電子情報処理組織を使用する方法その他の情報通信の技術を利用する方法であって、上記2．（管理業務主任者による書面への記名）による措置に準ずる措置を講ずるものとして国土交通省令で定めるものにより提供できる（73条3項）。

❸ 管理事務の報告（77条、施行規則88条、89条）

1．管理者等が設置されている場合

マンション管理業者は、定期に、当該「管理者等」に対し、管理業務主任者をして、当該管理事務に関する報告をさせなければならない。

マンション管理業者は、この報告を行う場合、管理事務を委託した管理組合の事業年度終了後、一定の場合を除き、遅滞なく、当該期間における管理受託契約に係るマンションの管理の状況について次の事項を記載した管理事務報告書を作成し、管理業務主任者をして、これを「管理者等」に交付して説明させなければならない（77条1項、施行規則88条1項）※。説明会は不要。

① 報告の対象となる期間

② 管理組合の会計の収入・支出の状況

③ ①②のほか、管理受託契約の内容に関する事項

※ 管理事務報告書には、管理業務主任者をして記名をさせる必要はない。

2．管理者等が不設置の場合

　マンション管理業者は、**定期に説明会を開催**し、当該管理組合を構成する「区分所有者等」に対し、管理業務主任者をして、当該管理事務に関する報告（説明会の中でする報告）をさせなければならない（77条2項）。

(1) マンション管理業者は、この**報告**を行う場合、管理事務を委託した管理組合の事業年度の終了後、一定の場合を除き、**遅滞なく**、当該期間における管理受託契約に係るマンションの管理の状況について前記**1.**①～③の事項を記載した**管理事務報告書を作成**し、**「説明会」を開催**し、管理業務主任者をして、これを当該管理組合を構成する「区分所有者等」に**交付して説明をさせなければならない**（施行規則89条1項）。

(2) 説明会は、できる限り説明会に参加する者の参集の便を考慮して開催の日時・場所を定め、管理事務の委託を受けた管理組合ごとに開催するものとする。この「説明会の開催」に代えて、管理事務報告書を閲覧させるという扱いはできない（施行規則89条2項）。

(3) マンション管理業者は、説明会の開催日の1週間前までに**説明会の開催の日時・場所**について、当該管理組合を構成する「区分所有者等」の見やすい場所に掲示しなければならない（施行規則89条3項）。

3．電子情報処理組織を使用する方法等

　マンション管理業者は、上記1.2.による**管理事務報告書の交付に代えて**、当該管理事務報告書を交付すべき**管理者等**または当該管理組合を構成する**区分所有者等**（以下「相手方」という）**の承諾**を得て、当該管理事務報告書に記載すべき事項（以下「記載事項」という）を**電子情報処理組織を使用する方法**その他の情報通信の技術を利用する方法であって、一定の電磁的方法により提供できる。この場合、当該マンション管理業者は、当該管理事務報告書を交付したものとみなされる（施行規則88条2項、89条4項）。なお、マンション管理業者は、この記載事項を提供しようとするときは、あらかじめ、当該相手方に対し、その用いる電磁的方法の種類および内容を示し、書面または電子情報処理組織を使用する方法その他の情報通信の技術を利用する方法であって、一定の方法による「承諾」を得なければならない（88条4項、89条4項）。

4．管理業務主任者証の提示（77条3項）

管理業務主任者は、管理事務の報告の説明をするときは、説明の相手方に対し、管理業務主任者証を提示しなければならない。

❹　財産の分別管理（76条、施行規則87条）

マンション管理業者は、管理組合から委託を受けて管理する**修繕積立金**その他「**国土交通省令で定める財産**」については、整然と管理する方法として「国土交通省令で定める方法」により、「自己の固有財産・他の管理組合の財産」と**分別**して**管理**しなければならない。

1．分別管理の対象となる財産（87条1項）

管理組合・区分所有者等から受領した管理費用に充当する「金銭・有価証券」をいう。

2．各口座の意義（87条6項）

（1）収納口座（1号）

区分所有者等から徴収された「**修繕積立金等金銭や分別管理の対象となる財産**」を預入し、**一時的**に預貯金として管理するための口座をいう。

（2）保管口座（2号）

区分所有者等から徴収された「**修繕積立金**」を預入し、または「**修繕積立金等金銭や分別管理の対象となる財産の残額**（後記**3．**(1)①②をいう）」を収納口座から移し換え、これらを預貯金として管理するための口座であって、「**管理組合等（管理組合・その管理者等）**」を名義人とするものをいう。

（3）収納・保管口座（3号）

区分所有者等から徴収された「**修繕積立金等金銭**」を預入し、預貯金として管理するための口座であって、「**管理組合等**」を名義人とするものをいう。

3．管理の方法（87条2項）

（1）修繕積立金等が金銭の場合の方法（1号）

①　区分所有者等から徴収された修繕積立金「等」金銭を収納口座に預入し、毎月、その月分として徴収された**修繕積立金等金銭から当該月中の管理事務に要した費用を控除した残額を**、翌月末日までに**収納口座から保管口座に移し換え**、当該保管口座において**預貯金として管理**する方法（**イ方式**）

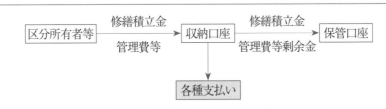

※　今月分としての収納の翌月末日までに、保管口座へ資金を移動する。
※　収納口座の名義は問わない。

②　区分所有者等から徴収された修繕積立金（金銭に限る）を保管口座に預入し、当該**保管口座において預貯金として管理**するとともに、区分所有者等から徴収された「国土交通省令で定める財産（金銭に限る）」を収納口座に預入し、毎月、その月分として徴収されたその**分別管理の対象となる財産から当該月中の管理事務に要した費用を控除した残額を**、翌月末日までに**収納口座から保管口座に移し換え**、当該保管口座において**預貯金として管理**する方法（**ロ方式**）

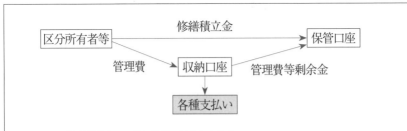

※　修繕積立金は、保証措置の対象とならない。
※　今月分としての収納の翌月末日までに、保管口座へ資金を移動する。
※　収納口座の名義は問わない。

③　区分所有者等から徴収された修繕積立金「等」金銭を収納・保管口座に預入し、当該収納・保管口座において**預貯金として管理**する方法（**ハ方式**）

※　収納口座と保管口座を分けない。1つの口座しか認められない。

(2) 修繕積立金等が有価証券の場合の方法（2号）

金融機関・証券会社に、当該有価証券（以下「**受託有価証券**」という）の保管場所を自己の固有財産・他の管理組合の財産である有価証券の保管場所と**明確に区分**させ、かつ、当該**受託有価証券**が受託契約を締結した**管理組合の有価証券であること**を判別**できる状態で管理**させる方法

4．保証契約の締結（3項）

(1) 原　則

マンション管理業者は、**イ方式**または**ロ方式**で修繕積立金等金銭を保管口座において管理する場合、区分所有者等から徴収される1月分の修繕積立金等金銭・分割管理の対象となる財産の合計額以上の額につき「**有効な保証契約[8]**」を締結していなければならない。

先生からの
コメント

[8]「有効な保証契約」とは、管理業者が**保証契約を締結していなければならないすべての期間**にわたって、施行規則87条3項に規定する**保証契約を締結**していることが必要であるとの趣旨であり、管理委託契約の**契約期間の途中で保証契約の期間が満了**する場合、当該**保証契約の更新等**をしなければならない（平成21年9月9日国総動47号、標準管理委託契約書別表1の1（2）関係コメント⑥）。

（2）例　外

次の**いずれにも該当**する場合、**保証契約の締結は不要**である。

① 「修繕積立金等金銭や分別管理の対象となるの財産が、区分所有者等からマンション管理業者が受託契約を締結した管理組合・その管理者等（以下「管理組合等」という）**を名義人とする収納口座に直接預入**される場合」または「マンション管理業者やマンション管理業者から委託を受けた者が、区分所有者等から修繕積立金等金銭や分別管理の対象となる財産を**徴収しない場合**」

② マンション管理業者が、**管理組合等を名義人とする収納口座に係る当該管理組合等の印鑑、預貯金の引出用のカード**その他これらに類するもの（通帳は対象外）を**管理しない**場合

5．印鑑・引出用カード等による管理の禁止（4項）

（1）原　則

マンション管理業者は、保管口座または収納・保管口座に係る管理組合等の印鑑、預貯金の引出用のカードその他これらに類するものを**管理してはならない**。

（2）例　外

管理組合に**管理者等が置かれていない**場合、**管理者等が選任**されるまでの比較的短い期間に限り保管する場合は、**管理してよい**。

6．会計の収入・支出の状況に関する書面の作成・交付等（5項）

（1）収入・支出の状況書面の作成・交付

マンション管理業者は、**毎月**、管理事務の委託を受けた管理組合のその月（以下「**対象月**」という）における会計の「**収入・支出の状況に関する書面を作成**」※し、翌月末日までに、当該書面を当該管理組合の**管理者等に交付**しなければならない。

※ この書面は、電磁的方法により交付できる（民間事業者等が行う書面の保存等における情報通信の技術の利用に関する法律6条1項、施行規則別表4）。

(2) 収入・支出の状況書面の備付・閲覧

　マンション管理業者は、管理組合に**管理者等が置かれていないとき**は、当該書面の交付に代えて、対象月の属する当該管理組合の**事業年度の終了日から2ヵ月を経過する日までの間**、当該書面をその**事務所ごとに備え置き**、当該管理組合を構成する区分所有者等の求めに応じ、当該マンション管理業者の業務時間内において、これを**閲覧**させなければならない。

⑤　その他の業務

1．業務処理の原則（70条）

　マンション管理業者は、**信義**を旨とし、**誠実**にその業務を行わなければならない。

2．標識の掲示（71条）

　マンション管理業者は、その**事務所ごと**に、公衆の見やすい場所に、国土交通省令で定める**標識を掲げ**なければならない。

【標識（施行規則81条、別記様式26号）】

マンション管理業者票	
登　録　番　号	国土交通大臣（　　　）第　　　号
登　録　の　有　効　期　間	年　月　日から　　年　月　日まで
商号、名称又は氏名	
代　表　者　氏　名	
この事務所に置かれている専任の管理業務主任者の氏名	
主たる事務所の所在地	電話番号　　（　　　　）

（縦30cm以上、横35cm以上）

3．再委託の制限（74条）

　マンション管理業者は、管理組合から委託を受けた管理事務のうち基幹事務[9]については、これを一括して他人に委託してはならない。基幹事務をすべて一括で再委託することを禁止したものであり、結局基幹事務のすべてを複数の者に分割して委託する場合も再委託が禁止される。しかし、基幹事務の一部を他人に委託することはできる。

先生からの コメント

[9]前記のとおり、「基幹事務」とは、
(1) 管理組合の会計の収入および支出の調定
(2) 管理組合の出納事務
(3) マンション（専有部分を除く）の維持または修繕に関する企画または実施の調整
をいうので、「管理組合の消防計画の届出の補助業務」等は、「基幹事務」に含まれない。よって、これを一括再委託することは可能である。

4．帳簿の作成等（75条、施行規則86条）

(1) マンション管理業者は、管理組合から委託を受けた管理事務（基幹事務以外の事務も対象）について、国土交通省令で定めるところにより、**帳簿を作成**し、これを保存しなければならない。

(2) マンション管理業者は、管理受託契約を締結したつど、業務に関する**帳簿**に次の事項を記載し、その事務所ごとに、**備えなければならない。**

① 管理受託契約を締結した年月日
② 管理受託契約を締結した管理組合の名称
③ 契約の対象となるマンションの所在地および管理事務の対象となるマンションの部分に関する事項
④ 受託した管理事務の内容
⑤ 管理事務に係る受託料の額
⑥ 管理受託契約における特約その他参考となる事項

(3) マンション管理業者は、**帳簿**（一定の要件を満たすファイルまたは磁気ディスク等を含む）を各事業年度の末日をもって閉鎖するものとし、閉鎖後**5年間保存**しなければならない。

5．管理業務主任者としてすべき事務の特例（78条）

マンション管理業者は、人の居住の用に供する独立部分が**5以下**のマンション管理組合から委託を受けた場合の管理事務については、管理業務主任者に代えて、当該**事務所を代表する者**またはこれに準ずる地位にある者をして、**管理業務主任者としてすべき事務を行わせる**ことができる。

6．書類の閲覧（79条、施行規則90条）

マンション管理業者は、当該「マンション管理業者の**業務および財産の状況を記載した書類**」[※1〜3]をその事務所ごとに**備え置き**、その業務に係る関係者の求めに応じ、これを**閲覧**させなければならない[⑩]。

※1　マンション管理業者の業務および財産の状況を記載した書類は、業務状況調書、貸借対照表および損益計算書またはこれらに代わる書面（以下「業務状況調書等」という）とする。

※2　マンション管理業者は、業務状況調書等（一定の要件を満たすファイルまたは磁気ディスク等を含む。※3においても同じ）を事業年度ごとに当該事業年度経過後**3ヵ月以内**に作成し、遅滞なく、**事務所ごとに**備え置くものとする。

※3　この書類は、事務所に備え置かれた日から起算して**3年**を経過する日までの間、当該**事務所に備え置く**ものとし、当該事務所の営業時間中、その業務に係る関係者の求めに応じて**閲覧させる**ものとする。

先生からのコメント

[⑩]業務および財産の状況を記載した書類は、備え置く義務はあるが、掲示義務はない。

7．秘密保持義務（80条、87条）

(1) マンション管理業者は、**正当な理由**[⑪]がなく、その業務に関して知りえた秘密を漏らしてはならない。**マンション管理業者でなくなった後においても**、同様である。

(2) マンション管理業者の使用人その他の従業者は、**正当な理由**[11]がなく、マンションの管理に関する事務を行ったことに関して、知りえた秘密を漏らしてはならない。**マンション管理業者の使用人その他の従業者でなくなった後においても、**同様である。

[11]裁判において証人尋問を受けた際、その業務に関して知りえた秘密について証言しても、正当な理由に当たり、秘密を証言で漏らしても違反しない。

8. 従業者証明書の携帯・提示義務 (88条)

(1) 携帯させる義務

マンション管理業者は、使用人その他の従業者[※]に、その従業者であることを証する**証明書を携帯**させなければ、その者をその業務に従事させてはならない。

[※] 管理業者が管理事務を委託した、別の管理業者における管理事務の従業員も含まれる。

(2) 提示義務

マンション管理業者の使用人その他の従業者は、マンションの管理に関する事務を行うに際し、区分所有者等その他の関係者から**請求**があったときは、この証明書を提示しなければならない[12]。

[12]従業者証明書は、請求がなければ、提示義務はない。

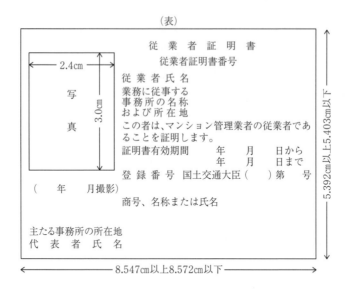

9．みなしマンション管理業者（89条）

　マンション管理業者の登録がその効力を失った場合であっても、当該**マンション管理業者であった者**またはその一般承継人は、当該管理業者の管理組合からの委託に係る管理事務を結了する目的の範囲内において、なお**マンション管理業者とみなされる**（89条）。

10．適用の除外（90条）

　マンション管理業に関する規定（44条〜89条）は、**国**および**地方公共団体**には、適用されない。

整理　管理業務主任者の事務

❶　重要事項の説明等

<table>
<tr><td rowspan="12">1．内容</td><td colspan="4">（1）新規の場合</td></tr>
<tr><td rowspan="6">原則</td><td colspan="2">義務者</td><td>マンション管理業者</td></tr>
<tr><td colspan="2">時期</td><td>管理受託契約を締結しようとするとき、あらかじめ</td></tr>
<tr><td colspan="2">相手方</td><td>区分所有者等および管理者等全員</td></tr>
<tr><td rowspan="3">方法</td><td colspan="2">①　説明会を開催し、管理業務主任者をして、重要事項の説明をさせなければならない。</td></tr>
<tr><td colspan="2">②　マンション管理業者は、説明会の日の1週間前までに、区分所有者等および管理者等の全員に対し、重要事項ならびに説明会の日時および場所を記載した書面を交付</td></tr>
<tr><td colspan="2">しなければならない。</td></tr>
<tr><td rowspan="1">例外</td><td colspan="3">新築マンションで、建設工事完了の日から1年内に契約期間が満了する管理受託契約については、重要事項の説明は不要である。</td></tr>
<tr><td colspan="4">（2）更新の場合</td></tr>
<tr><td colspan="4">　従前の管理受託契約と同一の条件で、管理組合との管理受託契約を更新しようとするとき</td></tr>
<tr><td colspan="2">義務者</td><td colspan="2">マンション管理業者</td></tr>
<tr><td rowspan="1">①重要事項の説明</td><td>管理者等</td><td>（ア）なし</td><td>説明不要</td></tr>
</table>

<table>
<tr><td rowspan="3">1．内容</td><td>①重要事項の説明</td><td>管理者等</td><td>（イ）あり</td><td>管理者等に説明する。</td></tr>
<tr><td rowspan="2">②重要事項書面の交付</td><td rowspan="2">管理者等</td><td>（ア）なし</td><td>区分所有者等全員に交付が必要</td></tr>
<tr><td>（イ）あり</td><td>区分所有者等全員および管理者等に交付が必要</td></tr>
<tr><td colspan="1">2．管理業務主任者証の提示</td><td colspan="4">管理業務主任者は、重要事項の説明をするときには、説明の相手方に対し、管理業務主任者証を提示しなければならない。</td></tr>
<tr><td colspan="1">3．書面への記名</td><td colspan="4">マンション管理業者は、重要事項を記載した書面を作成するときは、管理業務主任者をして、記名させなければならない。</td></tr>
</table>

❷　契約成立時の書面交付

<table>
<tr><td rowspan="5">1.
内
容</td><td>義務者</td><td colspan="2">マンション管理業者</td></tr>
<tr><td>時　期</td><td colspan="2">管理事務委託契約を締結したときは遅滞なく</td></tr>
<tr><td rowspan="3">相手方</td><td>(1) 管理者等 ➡ あり</td><td>管理者等に交付が必要</td></tr>
<tr><td>(2) マンション管理業者が管理
組合の管理者等である場合</td><td rowspan="2">区分所有者等全員に交付が必要</td></tr>
<tr><td>(3) 管理者等 ➡ なし</td></tr>
<tr><td colspan="2">2.　書面への
　　記名</td><td colspan="2">マンション管理業者は、交付すべき書面を作成するときは、管理業
務主任者をして、書面に記名させなければならない。</td></tr>
</table>

❸　管理事務の報告

<table>
<tr><td colspan="2">1.　義務者</td><td colspan="2">マンション管理業者</td></tr>
<tr><td colspan="2">2.　時　期</td><td colspan="2">定期に</td></tr>
<tr><td colspan="2" rowspan="2">3.　相手方</td><td rowspan="2">管理者等</td><td>(1) あり</td><td>管理者等</td></tr>
<tr><td>(2) なし</td><td>区分所有者等</td></tr>
<tr><td colspan="2" rowspan="2">4.　内　容</td><td rowspan="2">※
管理者等</td><td>(1) あり</td><td>① 管理業務主任者をして、
② 当該管理事務に関する報告をさせなければならない。</td></tr>
<tr><td>(2) なし</td><td>① 説明会を開催し、
② 管理業務主任者をして、
③ 当該管理事務に関する報告をさせなければならない。</td></tr>
</table>

※　管理業者が管理者等に選任された場合も、この規定は適用される。もちろん、管理業者以外の管
　理者等が存在するときは、この者に対して管理事務の報告をするのが望ましい。

❹　その他の業務

<table>
<tr><td>1.　標　識</td><td>事務所ごとに公衆の見やすい場所に掲げる。</td></tr>
<tr><td>2.　帳　簿</td><td>事務所ごとに備え、各事業年度の末日をもって閉鎖するものとし、
閉鎖後5年間当該帳簿を保存しなければならない。</td></tr>
<tr><td>3.　書類の
　　閲覧</td><td>事務所ごとにマンション管理業者の業務および財産の状況を記載し
た書類を備え、その業務に係る関係者の求めに応じ、これを閲覧させ
なければならない。
＊　事務所に備え置かれた日から起算して3年を経過する日まで</td></tr>
<tr><td>4.　従業者
　　証明書</td><td>(1) マンション管理業者は、使用人その他の従業者に証明書を携帯さ
せなければ、その者を業務に従事させてはならない。
(2) マンションの管理に関する事務を行うに際し、関係者から請求が
あれば、この証明書を提示しなければならない。</td></tr>
</table>

監督処分・罰則

重要度 ⊽ **B** 主 **B**

❖ **Introduction** ❖

マンション管理適正化の担い手であるマンション管理士、管理業務主任者、マンション管理業者に、不正があった場合には、法は強い態度で対処している。

❶ マンション管理士に対する監督処分

1. 登録の取消し等（33条）

(1) 必要的登録取消し

　国土交通大臣は、マンション管理士が次のいずれかに該当する場合、その登録を取り消さなければならない[1]。知事が取り消すのではない。

① マンション管理士の登録の拒否事由（マンション管理士登録を取り消された場合を除く）のいずれかに該当するに至ったとき

② 偽りその他不正の手段により登録を受けたとき

(2) 任意的登録取消し等

　国土交通大臣は、マンション管理士が、次のいずれかの義務等に違反したときは、その**登録を取り消し**、または期間を定めてマンション管理士の**名称の使用の停止**を命ずることができる（**任意**）[1]。

① 信用失墜行為の禁止

② 講習受講義務

③ 秘密保持義務[2]

先生からの コメント

①(1)の場合は、必ず取り消されるが、(2)の場合、必ず取り消されるわけではない。

②マンション管理士が、マンションの区分所有者Aの秘密を漏らした場合、このAに金銭的損害が生じたか否かにかかわらず、登録の取消しや名称の使用停止処分を受けることがある。

（3）**登録の取消しの通知等**（施行規則 30 条）

　　①　国土交通大臣は、マンション管理士の登録を取り消し、またはマンション管理士の名称の使用の停止を命じたときは、理由を付し、その旨を登録の取消しまたは名称の使用の停止の処分を受けた者に**通知**しなければならない（1 項）。

　　②　マンション管理士の登録を取り消された者は、①の**通知を受けた日から起算して 10 日以内**に、登録証を国土交通大臣に**返納**しなければならない（2 項）。

　　　※　名称の使用の停止を命ぜられた場合は、返納の対象にならない。

２．登録の消除（34 条）

　国土交通大臣は、マンション管理士の登録がその効力を失った（死亡等）ときは、その登録を消除しなければならない。

３．登録簿の登録の訂正等（施行規則 32 条）

　国土交通大臣は、登録事項の変更の届出、死亡等の届出があったとき、またはマンション管理士の登録を取り消し、もしくはマンション管理士の名称の使用の停止を命じたとき③は、マンション管理士登録簿の当該マンション管理士に関する登録を訂正し、もしくは消除し、または当該マンション管理士の名称の使用の停止をした旨をマンション管理士登録簿に記載するとともに、それぞれ登録の訂正もしくは消除または名称の使用の停止の理由およびその年月日を記載する。

先生からのコメント

・③マンション管理士に対しては、指示・事務禁止処分はない（後記❷と比較）。

❷　管理業務主任者に対する監督処分

１．指示（64 条 1 項）

　国土交通大臣は、管理業務主任者が次のいずれかに該当する場合、当該管理業務主任者に対して、**必要な指示**ができる。

　　①　マンション管理業者に自己が専任の管理業務主任者として従事している事務所以外の事務所の専任の管理業務主任者である旨の表示をすることを許し、当該マンション管理業者がその旨の表示をしたとき

② 他人に自己の名義の使用を許し、当該他人がその名義を使用して管理業務主任者である旨の表示をしたとき

③ 管理業務主任者として行う事務に関し、不正または著しく不当な行為をしたとき

2．事務の禁止（64 条 2 項）

　国土交通大臣は、管理業務主任者が次のいずれかに該当する場合、当該管理業務主任者に対し、**1 年以内**の期間を定めて、管理業務主任者としてすべき事務を行うことを禁止できる。

① 指示処分に該当するとき

② 指示に従わないとき

3．登録の取消し（65 条）

（1）管理業務主任者に対する必要的登録取消し

　　国土交通大臣は、管理業務主任者が次のいずれかに該当する場合、その登録を**取り消さなければならない**（1 項）。

① 管理業務主任者の登録の拒否事由（管理業務主任者登録を取り消され、2 年を経過しない者を除く）のいずれかに該当するとき

② 偽りその他不正の手段により登録を受けたとき

③ 偽りその他不正の手段により管理業務主任者証の交付を受けたとき

④ 指示処分に該当し情状が特に重いとき、または、事務の禁止の処分に違反したとき

（2）管理業務主任者資格者に対する必要的登録取消し

　　国土交通大臣は、登録を受けている者で管理業務主任者証の交付を受けていないものが次のいずれかに該当する場合、その登録を**取り消さなければならない**（2 項）。

① 管理業務主任者の登録の拒否事由（管理業務主任者登録を取り消された場合を除く）のいずれかに該当するとき

② 偽りその他不正の手段により登録を受けたとき

③ 管理業務主任者としてすべき事務を行った場合※であって、情状が特に重いとき

※　管理業務主任者登録を受けている者で管理業務主任者証の交付を受けていないものが、「特例で事務所を代表する者またはこれに準ずる地位にある者」であって、「人の居住の用に供する独立部分が5以下」の管理組合から委託を受けて行う管理事務について行う場合は除かれている。

(3) 登録の取消しの通知等（施行規則78条）

①　国土交通大臣は、管理業務主任者の登録を取り消したときは、理由を付し、その旨を登録の取消しの処分を受けた者に**通知**しなければならない（1項）。

②　管理業務主任者の**登録を取り消された者**（65条1項）は、①の**通知**を受けた日から10日以内に、管理業務主任者証を国土交通大臣に**返納**しなければならない（2項）。

4．登録の消除（66条）

国土交通大臣は、管理業務主任者の登録がその効力を失った（死亡等）場合、その登録を消除しなければならない。

5．報告（67条）

国土交通大臣は、管理業務主任者の事務の適正な遂行を確保するため**必要があるとき**は、その必要な限度で、管理業務主任者に対し、**報告をさせる**ことができる。

❸　マンション管理業者に対する監督処分

処分基準によると、次の指示処分、業務停止処分または登録取消処分をする場合の基準を定めたものである。

1．指示（81条）

国土交通大臣は、マンション管理業者が次のいずれかに該当する場合、当該マンション管理業者に対し、必要な指示ができる。

①　業務に関し、管理組合または区分所有者等に損害を与えたとき、または損害を与えるおそれが大であるとき

②　業務に関し、その公正を害する行為をしたとき、またはその公正を害するおそれが大であるとき

③　業務に関し他の法令に違反し、マンション管理業者として不適当であると認められるとき

④　管理業務主任者が、次の処分を受けた場合において、マンション管理業者の責めに帰すべき理由があるとき

（ア）指示

（イ）事務の禁止

（ウ）登録の取消し

⑤　マンション管理適正化法の規定に違反したとき

2．業務停止命令（82条）

国土交通大臣は、マンション管理業者が次のいずれかに該当する場合、当該マンション管理業者に対し、**1年以内**の期間を定めて、その業務の全部または一部の停止を命ずることができる。

処分基準によれば、この処分を受けたマンション管理業者は、業務停止期間中、業務停止の開始日前に締結された管理受託契約に基づく管理事務を執行する行為を除き、マンション管理業に関する行為はできない。

(1)　指示処分事由のうち一定のもの（前記**1.**③④）に該当するとき

(2)　次の規定に違反したとき

①　登録事項の変更の届出（48条1項）

②　名義貸しの禁止（54条）

③　「成年者である専任の管理業務主任者」の設置措置（56条3項）

④　標識の掲示（71条）

⑤　重要事項の説明等（72条1項～3項・5項）

⑥　契約の成立時の書面の交付（73条）

⑦　基幹事務の一括再委託の禁止（74条）

⑧　帳簿の作成等（75条）

⑨　財産の分別管理（76条）

⑩　管理事務の報告（77条1項・2項）

⑪　書類の閲覧（79条）

⑫　秘密保持義務（80条）

⑬　使用人その他の従業者に、従業者証明書を携帯させる義務（88条1項）

(3)　指示に従わないとき

(4)　マンション管理適正化法の規定に基づく国土交通大臣の処分に違反したとき

(5)　マンション管理業に関し、不正または著しく不当な行為をしたとき

(6)　**営業に関し成年者と同一の能力を有しない未成年者**である場合、その**法定代理人**（法定代理人が法人である場合その役員を含む）が業務の停止をしようとするとき以前**2年以内**にマンション管理業に関し、不正または著しく不当な行為をしたとき

(7)　**法人**である場合において、**役員のうちに業務の停止をしようとするとき以前2年以内**にマンション管理業に関し、不正または著しく不当な行為をした者があるに至ったとき

3．登録の取消し（83条）

　国土交通大臣は、マンション管理業者が次のいずれかに該当する場合、その登録を**取り消さなければならない**。

　　①　マンション管理業者の登録拒否事由（マンション管理業者登録を取り消された場合と、業務停止命令期間中の場合を除く）のいずれかに該当するに至ったとき

　　②　偽りその他不正の手段により登録を受けたとき

　　③　業務停止命令事由（上記**2．**）のいずれかに該当し情状が特に重いとき、または業務の停止の命令に違反したとき

4．監督処分の公告等

(1)　**監督処分の公告**（84条、施行規則91条）

　国土交通大臣は、マンション管理業者に対し、**業務停止・登録の取消し**処分をしたときは、その旨を**公告**（官報による）しなければならない。

(2)　**報告**（85条）

　国土交通大臣は、マンション管理業の適正な運営を確保するため**必要があるとき**は、その必要な限度で、マンション管理業を営む者に対し、**報告をさせる**ことができる。

(3) 立入検査（86条1項）

　国土交通大臣は、マンション管理業の適正な運営を確保するため**必要があるときは**、その必要な限度で、その職員に、マンション管理業を営む者の事務所その他その業務を行う場所に立ち入り、帳簿、書類、その他必要な物件を検査させ、または関係者に質問させることができる。

❹ 罰　則

1．罰則の種類とその適用

(1) 1年以下の懲役または50万円以下の罰金（106条）

　① 偽りその他不正の手段によりマンション管理業者名簿に登録（更新の登録を含む）を受けたとき

　② 無登録で、マンション管理業を営んだとき

　③ 名義貸しの禁止規定に違反して、他人にマンション管理業を営ませたとき

　④ マンション管理業者が、業務の停止の命令に違反して、マンション管理業を営んだとき

(2) 1年以下の懲役または30万円以下の罰金（107条）

　マンション管理士が、秘密保持義務の規定に違反したとき④（告訴がなければ公訴を提起できない※）

　※ このような罪を「親告罪」という。被害者の意思を問わずに公開裁判を行うと、秘密にしておきたいことが世間にさらされてしまうような性質の罪であるため、このような手続にしている。

(3) 30万円以下の罰金（109条）

　① 認定管理者等が、計画作成知事等に対する管理計画認定マンションの管理状況についての報告をしないときや、管理業務主任者・マンション管理業を営む者が、国土交通大臣に対する報告をせずまたは虚偽の報告をしたとき

　② マンション管理士の名称の使用の停止を命ぜられた者が、当該停止を命ぜられた期間中に、マンション管理士の名称を使用したとき

③　マンション管理士でない者が、マンション管理士またはこれに紛らわしい名称を使用したとき

④　マンション管理業者が、登録事項の変更の届出をせず、または虚偽の届出をしたとき

⑤　マンション管理業者が、成年者である専任の管理業務主任者の設置義務規定に抵触するに至った場合で、2週間以内に必要な措置をとらないとき

⑥　マンション管理業者が、従業者証明書の不携帯者を業務に従事させたとき

⑦　マンション管理業者が、契約成立時の書面の交付義務規定に違反して、書面を交付しなかったり、法定事項を記載しない書面や虚偽の記載のある書面を交付したとき　等

⑧　マンション管理業者が、契約成立時に書面を交付すべき者に対して、管理業務主任者による記名のない書面を交付したとき

⑨　マンション管理業者・使用人その他の従業者が、秘密保持義務の規定に違反したとき④（告訴がなければ公訴を提起できない）

⑩　立入検査の規定による立入り・検査を拒み・妨げ・忌避し、または質問に対して陳述をせず・虚偽の陳述をしたとき

⑪　指定法人が、保証業務に係る契約の締結の制限規定に違反して契約を締結したとき

(4)　10万円以下の過料⑤（113条）

①　マンション管理業者が、廃業等の届出を怠ったとき（50条1項）

②　マンション管理業者が、標識の掲示義務に違反したとき（71条）

③　管理業務主任者が、管理業務主任者証の返納義務に違反したとき（60条4項）

④　管理業務主任者が、管理業務主任者証の提出義務に違反したとき（60条5項）

⑤　管理業務主任者が、**重要事項の説明時**に、管理業務主任者証を**提示しなかった**とき（72条4項）

⑥　管理業務主任者が、**管理事務に関する報告の説明時**に、管理業務主任者証を提示しなかったとき（77条3項）

④マンション管理士が秘密保持義務規定に違反した場合の罰則（1年以下の懲役
　または30万円以下の罰金）は、マンション管理業者が違反した場合（30万
　円以下の罰金）よりも、かなり重い。
⑤「過料」は、行政罰であり、「罰金」「科料」等の刑罰とは異なる。

2．両罰規定（111条）

　法人の代表者または法人・人の代理人、使用人その他の従業者が、その法人・人の業務に関して、前記**1**.(1)、(3)①④〜⑦⑨〜⑪（②③⑧を除く）の違反行為をしたときは、その行為者を罰するほか、その法人・人に対しても、これらの罰金刑が科される。

整 理　監督処分

	マンション管理士	管理業務主任者	マンション管理業者
指　　　示		〇	〇
事 務 の 禁 止	──	〇	──
業 務 停 止 命 令		──	
登 録 取 消 し	〇	〇	〇
名称の使用停止		──	──

【罰　則】

①　マンション管理業の登録制度を無視するような者に対しては、一番重い罰則

　➡　1年以下の懲役または50万円以下の罰金

②　管理業務主任者証関連の違反に対しては、一番軽い罰則

　➡　10万円以下の過料

マンション管理業者の団体

重要度 **C** 主 **C**

❖ Introduction ❖

　一般社団法人マンション管理業協会は、マンション管理適正化法95条に規定する指定法人の指定を受けている。試験用としては、主に業務内容を押さえておこう。

❶ 管理業者の団体の指定（95条1項）

　国土交通大臣は、マンション管理業者の業務の改善向上を図ることを目的とし、かつ、マンション管理業者を社員とする**一般社団法人**であって、後記❷の業務を適正かつ確実に行うことができるものを、その申請により、業務を行う者として指定できるようになっており、実際に「一般社団法人マンション管理業協会」が指定されている。

❷ 指定法人の業務内容等

1．指定法人の業務（95条2項）

　指定を受けた法人（以下「指定法人」という）は、次の業務を行うものとする。

① 社員の営む業務に関し、社員に対し、この法律またはこの法律に基づく命令を遵守させるための**指導、勧告**その他の業務を行うこと。
＊ 立入り、帳簿等の検査を行うまでは含まれない。

② 社員の営む業務に関する管理組合等からの**苦情の解決**を行うこと。

③ 管理業務主任者その他マンション管理業の業務に従事し、または従事しようとする者に対し、**研修**を行うこと。

④ マンション管理業の健全な発達を図るための**調査・研究**を行うこと。

⑤ その他、マンション管理業者の業務の改善向上を図るために必要な業務を行うこと。

2．保証業務（95条3項）

　指定法人は、前記**1.**の業務のほか、社員であるマンション管理業者との契約により、当該マンション管理業者が管理組合または区分所有者等から受領した管理費、修繕積立金等の返還債務を負うことになった場合、その返還債務を保証する業務（以下「保証業務」という）を行うことができる（任意）[①]。

　①保証業務は、必須業務ではない。

3．苦情の解決（96条）

(1) 指定法人は、管理組合等から社員の営む業務に関する苦情について解決の申出があったときは、その相談に応じ、申出人に必要な**助言**をし、その苦情に係る事情を**調査**するとともに、当該社員に対し、その**苦情の内容を通知してその迅速な処理を求めなければならない**。

(2) 指定法人は、上記(1)の申出に係る苦情の解決について必要があると認めるときは、当該社員に対し、文書もしくは口頭による説明を求め、または資料の提出を求めることができる。

(3) 社員は、指定法人から上記(2)の求めがあったときは、正当な理由がないのに、これを拒んではならない。

(4) 指定法人は、上記(1)の申出、当該苦情に係る事情およびその解決の結果について、社員に周知させなければならない。

4．保証業務の承認等（97条、施行規則98条）

(1) 指定法人は、**保証業務**を行う場合においては、あらかじめ、**国土交通大臣の承認**を受けなければならない。

(2) 指定法人は、資産の総額または保証業務方法書もしくは保証委託契約約款に記載した事項について変更があった場合は、**2週間以内**に、その旨を**国土交通大臣に届け出**なければならない。

（3）　この承認を受けた指定法人は、**保証業務**を**廃止**したときは、その旨を国土交通大臣に**届け出**なければならない。

5．保証業務に係る契約の締結の制限（98条、施行規則99条）

　国土交通大臣の承認を受けた指定法人は、その保証業務として社員であるマンション管理業者との間において締結する契約に係る保証債務の額の合計額が、**保証基金の額に100を乗じて得た額**を超えることとなるときは、当該契約を締結してはならない。

整理　**管理業者の団体**

1．団体の指定	マンション管理業者の団体とは、管理業者の業務の改善向上を図ることを目的とし、**管理業者を社員とする一般社団法人**で、**国土交通大臣から指定**されたものをいう。
2．業　　務	①　**指導、勧告** ②　**苦情解決** ③　**研修** ④　調査、研究 ⑤　改善向上を図るため必要な業務 ⑥　保証業務（任意）

マンション管理適正化推進センター

重要度 マ **B** 主 **C**

❖ Introduction ❖

　公益財団法人マンション管理センターは、マンション管理適正化法91条に規定する指定法人の指定を受けている。試験用としては、主に業務内容を押さえておこう。

❶ センターの指定（91条）

　国土交通大臣は、管理組合によるマンションの管理の適正化の推進に寄与することを目的とする一般財団法人であって、後記❷に掲げる業務（以下「管理適正化業務」という）に関し、一定の基準に適合すると認められるものを、その申請により、全国に1つに限って、マンション管理適正化推進センター（以下「センター」という）として指定することができるようになっており、実際に「公益財団法人マンション管理センター」が指定されている。

❷ センターの業務内容

1．センターの業務①（92条）

① マンションの管理に関する**情報および資料の収集および整理**をし、ならびにこれらを管理組合の管理者等その他の関係者に対し**提供**すること。

② マンションの管理の適正化に関し、管理組合の管理者等その他の関係者に対し**技術的な支援**※を行うこと。
　※ マンション修繕積立金の算出・マンションの構造全般に関する相談等

③ マンションの管理の適正化に関し、管理組合の管理者等その他の関係者に対し**講習**を行うこと。

④ マンションの管理に関する苦情の処理のために必要な**指導**および**助言**※を行うこと①。
　※ ペット問題・騒音問題等のマンション住民間の管理にかかわるトラブルの処理、管理費・修繕積立金の滞納等の管理組合と区分所有者間のトラブル等の処理等

⑤　マンションの管理に関する**調査・研究**を行うこと。

⑥　マンションの管理の適正化の推進に資する**啓発活動・広報活動**を行うこと。

⑦　その他、マンションの管理の適正化の推進に資する業務を行うこと。

先生からの コメント

①(1)「苦情の解決」は、業務に含まれていない。

　(2)紛争解決のためのあっせん・調停・仲裁は、業務に含まれていない。

２．センターの知事又は市町村長による技術的援助への協力（92条の2）

センターは、マンション建替え等円滑化法（101条2項、163条2項等）により**知事または市町村長から協力を要請**されたときは、当該要請に応じ、**技術的援助**（101条1項、163条1項等）**に関し協力**するものとする。

❸　センターへの情報提供等（93条）

国土交通大臣は、センターに対し、管理適正化業務の実施に関し必要な情報・資料の提供または指導・助言を行うものとする。

整　理　公益財団法人マンション管理センター

1．センターの指定	マンション管理適正化推進センターとは、管理組合によるマンションの管理の適正化の推進に寄与することを目的として設立された**一般財団法人**で、**国土交通大臣から指定**されたものをいう（全国で1つだけ）
2．業　　務	①　情報・資料の収集・整理と提供 ②　技術的支援 ③　管理者等の講習の実施（マンション管理士の講習含む） ④　指導・助言 ⑤　調査・研究 ⑥　**啓発活動・広報活動** ⑦　管理適正化推進業務

❖ Introduction ❖

　マンションの維持・保全のためには、建物の設計図書が必要である。そこで、マンション分譲業者に、管理者等に対する設計図書の引渡しを義務づけた。この規定により、マンションの自立的運営が可能となる。

❶ 設計図書の交付等（103条、施行規則101条、102条）

(1) 宅地建物取引業者[※1]は、①自ら売主として人の居住の用に供する独立部分がある建物[※2]を分譲した場合、②1年以内に当該**建物・その附属施設**の管理を行う管理組合の管理者等が選任された場合は、速やかに、当該**管理者等に対し**、当該**建物**またはその**附属施設の設計に関する図書**[※3]（⑦付近見取図、⑦配置図、⑦仕様図、④各階平面図、⑦2面以上の立面図、⑦断面図・矩図、⑦基礎伏図、⑦各階床伏図、⑦小屋伏図、⑦構造詳細図、⑦構造計算書）を交付しなければならない[※4]。

※1　宅地建物取引業者には、それとみなされる者を含む。以下同様。
※2　当該建物は、**新たに建設された建物で人の居住の用に供したことがないもの**に限られる。
※3　マンションの工事が完成した時点における図書であるので、建築基準法6条に規定される確認申請に用いたものではなく、7条1項・7条の2第1項の完了検査に用いたものをいう。また、「区分所有者の名簿」「日影図」は含まれていない。

(2) 上記の形式的な図書の交付のみならず、たとえば管理組合の管理者等が1年以内に選任されない等の場合でも、宅地建物取引業者は、**自ら売主として人の居住の用に供する独立部分がある建物を分譲する場合には、当該建物の管理が管理組合に円滑に引き継がれるよう努めなければならない。

❷ 権限の委任（104条）

　この法律に規定する国土交通大臣の権限は、その一部を地方整備局長または北海道開発局長に委任することができる。

第 2 章

マンションの管理の適正化の推進を図るための基本的な方針（基本方針）

マンションの管理の適正化の推進を図るための基本的な方針（基本方針）

重要度 ⊽**B** ㊩**A**

❖ Introduction ❖

　今後、建設後、相当の期間が経過したマンションが急激に増大していくものと見込まれる状況の中で、我が国における国民生活の安定向上と国民経済の健全な発展に寄与するためには、管理組合がマンションを適正に管理するとともに、行政はマンションの管理状況、建物・設備の老朽化や区分所有者等の高齢化の状況等を踏まえてマンションの管理の適正化の推進のための施策を講じていく必要がある。

　そこで、このような認識の下に、マンションの管理の適正化の推進を図るため、「基本方針①」において、必要な事項が定められている。

先生からの
コメント . . . .

①マンション管理適正化法の改正に伴い、従来の「マンション管理適正化指針」が「基本方針」の一部に位置付けられた。本試験では、この指針の文がほぼそのままの形で出題されていたので、「基本方針」も同様の傾向で出題されるものと予想される。したがって、何度か通読しておこう。

❶ 方針の前文

　我が国におけるマンションは、土地利用の高度化の進展に伴い、職住近接という利便性や住空間の有効活用という機能性に対する積極的な評価、マンションの建設・購入に対する融資制度や税制の整備を背景に、都市部を中心に持家として定着し、重要な居住形態となっており、国民の１割以上（令和２年末国土交通省公表では１割超）が居住していると推計される。

　その一方で、１つの建物を多くの人が区分して所有するマンションは、各区分所有者等の共同生活に対する意識の相違、多様な価値観を持った区分所有者等間の意思決定の難しさ、利用形態の混在による権利・利用関係の複雑さ、建物構造上の技術的判断の難しさなど建物を維持管理していく上で、多くの課題を有している。

　特に、今後、建設後相当の期間が経過したマンションが、急激に増大していくものと見込まれるが、これらに対して適切な修繕がなされないままに放置されると、老朽化したマンションは、区分所有者等自らの居住環境の低下のみならず、外壁等の剥落などによる居住者や近隣住民の生命・身体に危害、ひいては周辺の住環境や都市環境の低下を生じさせるなど深刻な問題を引き起こす可能性がある。

　このような状況の中で、我が国における**国民生活の安定向上**と**国民経済の健全な発展**に**寄与**するためには、**管理組合がマンションを適正に管理**するとともに、**行政はマンションの管理状況、建物・設備の老朽化や区分所有者等の高齢化の状況等を踏まえてマンションの管理の適正化の推進のための施策を講じていく必要がある。**

　この基本方針は、このような認識の下に、マンションの管理の適正化の推進を図るため、必要な事項を定めるものである。

❷ マンションの管理の適正化の推進に関する基本的な事項（基本方針 一）

　管理組合、国、地方公共団体、マンション管理士、管理業者その他の関係者は、それぞれの役割を認識するとともに、効果的にマンションの管理の適正化およびその推進を図るため、相互に連携して取組を進める必要がある。

1．管理組合および区分所有者の役割（基本方針1）

　マンションは私有財産の集合体であり、その**管理の主体**は、あくまでマンションの区分所有者等で構成される**管理組合**である。マンション管理適正化法（5条1項）においても、**管理組合**は、**マンション管理適正化指針**および**都道府県等マンション管理適正化指針**の定めるところに留意して、**マンションを適正に管理するよう自ら努めなければならない**とされている。マンションストックの高経年化が進む中、これらを可能な限り長く活用するよう努めることが重要であり、**管理組合は、自らの責任を自覚し、必要に応じて専門家の支援も得ながら、適切に管理を行うとともに、国および地方公共団体が講じる施策に協力するよう努める**必要がある。

　マンションの区分所有者等は、**管理組合の一員としての役割および修繕の必要性を十分認識して、管理組合の運営に関心を持ち、積極的に参加する等、その役割を適切に果たすよう努める**必要がある。

２．国の役割（２）

　国は、マンションの管理水準の維持向上と管理状況が市場において評価される環境整備を図るために**マンションの管理の適正化の推進に関する施策を講じていくよう努める必要がある。**

　このため、マンション管理士制度およびマンション管理業の登録制度の適切な運用を図るほか、**マンションの実態調査の実施**、「**マンション標準管理規約**」および**各種ガイドライン・マニュアルの策定**や適時適切な見直しとその周知、マンションの管理の適正化の推進に係る財政上の措置、リバースモーゲージの活用等による大規模修繕等のための資金調達手段の確保、マンション管理士等の専門家の育成等によって、**管理組合や地方公共団体のマンションの管理の適正化およびその推進に係る取組を支援**していく必要がある。

　また、国は、**マンションの長寿命化に係る先進的な事例の収集・普及等に取り組む**とともに、管理組合等からの求めに応じ、**マンション管理適正化推進センターと連携**しながら、**必要な情報提供等に努める必要がある。**

３．地方公共団体の役割（３）

　地方公共団体は、区域内のマンションの管理状況等を踏まえ、**計画的にマンションの管理の適正化の推進に関する施策を講じていくよう努める必要がある。**

　このため、**区域内のマンションの実態把握を進める**とともに、マンション管理適正化法（３条の２）に基づく**マンション管理適正化推進計画を作成**し、施策の方向性等を明らかにして同法（３章）に基づく**管理計画認定制度を適切に運用**することで、**マンションの管理水準の維持向上と管理状況が市場において評価される環境整備を図っていく**ことが望ましい。

　その際、**特に必要がある**場合には、**関係地方公共団体、管理組合、マンション管理士、マンション管理業者**、マンションの管理に関する知識や経験を生かして活動等を行うＮＰＯ法人（以下「**ＮＰＯ法人**」という）等の関係者に対し、**調査に必要な協力を求めることも検討**し、これらの関係者と連携を図りながら、**効果的に施策を進める**ことが望ましい。

　さらに、マンション管理士等専門的知識を有する者や経験豊かで地元の実情に精通したマンションの区分所有者等から信頼される者等の協力を得て、マンションに係る相談体制の充実を図るとともに、管理組合等からの求めに応じ、必要な情報提供等に努める必要がある。

　なお、管理が適正に行われていないマンションに対しては、マンション管理適正化指針等に即し、必要に応じてマンション管理適正化法（5条の2）に基づく助言、指導等を行うとともに、専門家を派遣するなど能動的に関与していくことが重要である。

4．マンション管理士およびマンション管理業者等の役割（4）

　マンションの管理には専門的知識を要することが多いため、マンション管理士には、管理組合等からの相談に応じ、助言等の支援を適切に行うことが求められており、誠実にその業務を行う必要がある。また、マンション管理業者においても、管理組合から管理事務の委託を受けた場合には、誠実にその業務を行う必要がある。

　さらに、マンション管理士およびマンション管理業者は、地方公共団体等からの求めに応じ、必要な協力をするよう努める必要がある。

　また、分譲会社は、管理組合の立ち上げや運営の円滑化のため、分譲時に管理規約や長期修繕計画、修繕積立金の金額等の案について適切に定めるとともに、これらの内容を購入者に対して説明し理解を得るよう努める必要がある。

❸　マンションの管理の適正化に関する目標の設定に関する事項（二）

　マンションの適切な管理のためには、適切な長期修繕計画の作成や計画的な修繕積立金の積立が必要となることから、国においては、住生活基本法に基づく住生活基本計画（全国計画）において、25年以上の長期修繕計画に基づき修繕積立金を設定している管理組合の割合を目標として掲げている。

　地方公共団体においては、国が掲げる目標を参考にしつつ、マンションの管理の適正化のために管理組合が留意すべき事項も考慮し、区域内のマンションの状況を把握し、地域の実情に応じた適切な目標を設定することが望ましい。

❹ 管理組合によるマンションの管理の適正化の推進に関する基本的な指針（マンション管理適正化指針）に関する事項（三）

マンション管理適正化指針は、管理組合によるマンションの管理の適正化を推進するため、その**基本的な考え方を示す**とともに、**地方公共団体**がマンション管理適正化法（5条の2）に基づき**管理組合の管理者等に対して助言、指導等を行う**場合の判断基準の目安を 別紙一 に、同法（5条の4）に基づき**管理計画を認定する際の基準**を 別紙二 に示すものである。

1．管理組合によるマンションの管理の適正化の基本的方向（1）

マンションは、我が国における重要な居住形態であり、その適切な管理は、区分所有者等だけでなく、社会的にも要請されているところである。

このようなマンションの重要性にかんがみ、マンションを社会的資産として、この資産価値をできる限り保全し、かつ、快適な居住環境が確保できるように、以下の点を踏まえつつ、マンションの管理を行うことを基本とするべきである。

(1) マンションの**管理の主体**は、区分所有者等で構成される管理組合であり、「**管理組合**」は、区分所有者等の意見が十分に反映されるよう、また、長期的な見通しを持って、適正な運営を行うことが必要である。特に、その経理は、健全な会計を確保するよう、十分な配慮がなされる必要がある。また、第三者に管理事務を委託する場合は、その内容を十分に検討して契約を締結する必要がある。

(2) 管理組合を構成する「**区分所有者等**」は、管理組合の一員としての役割を十分認識して、管理組合の運営に関心を持ち、積極的に参加する等、その役割を適切に果たすよう努める必要がある。

(3) マンションの管理には専門的な知識を要する事項が多いため、「**管理組合**」は、問題に応じ、マンション管理士等専門的知識を有する者の支援を得ながら、主体性をもって適切な対応をするよう心がけることが重要である。

(4) さらに、マンションの状況によっては、「外部の専門家」が、管理組合の管理者等または役員に就任することも考えられるが、その場合には、「区分所有者等」が当該管理者等または役員の選任や業務の監視等を適正に行うとともに、監視・監督の強化のための措置等を講じることにより適正な業務運営を担保することが重要である。

2．マンションの管理の適正化のために管理組合が留意すべき事項（2）

(1) 管理組合の運営

管理組合の自立的な運営は、区分所有者等の全員が参加し、その意見を反映することにより成り立つものである。そのため、管理組合の運営は、情報の開示、運営の透明化等を通じ、開かれた民主的なものとする必要がある。

また、集会は、管理組合の最高意思決定機関である。したがって、管理組合の管理者等は、その意思決定にあたっては、事前に必要な資料を整備し、集会において適切な判断が行われるよう配慮する必要がある。

管理組合の管理者等は、マンション管理の目的が達成できるように、法令等を遵守し、区分所有者等のため、誠実にその職務を執行する必要がある。

(2) 管理規約

管理規約は、マンション管理の最高自治規範であることから、管理組合として管理規約を作成する必要がある。その作成にあたっては、管理組合は、区分所有法に則り、「マンション標準管理規約」を参考として、当該マンションの実態および区分所有者等の意向を踏まえ、適切なものを作成し、必要に応じてその改正を行うこと、これらを十分周知することが重要である。

さらに、快適な居住環境を目指し、区分所有者等間のトラブルを未然に防止するために、使用細則等マンションの実態に即した具体的な住まい方のルールを定めておくことも重要である。

また、管理費等の滞納など管理規約または使用細則等に違反する行為があった場合、管理組合の管理者等は、その是正のため、必要な勧告、指示等を行うとともに、法令等に則り、少額訴訟等その是正又は排除を求める法的措置[2]をとることが重要である。

(3) 共用部分の範囲および管理費用の明確化

　管理組合は、マンションの快適な居住環境を確保するため、あらかじめ、（専有部分と）**共用部分の範囲**および**管理費用を明確**にし、トラブルの未然防止を図ることが重要である。

　特に、専有部分と共用部分の区分、専用使用部分と共用部分の管理および駐車場の使用等に関してトラブルが生じることが多いことから、**適正な利用**と**公平な負担が確保**されるよう、各部分の範囲およびこれに対する区分所有者等の負担を明確に定めておくことが重要である。

(4) 管理組合の経理

　管理組合がその機能を発揮するためには、その**経済的基盤が確立**されている必要がある。このため、管理費および修繕積立金等について必要な費用を徴収するとともに、**管理規約**に基づき、これらの**費目を帳簿上も明確に区分して経理**を行い、適正に管理する必要がある。

　また、管理組合の「**管理者等**」は、必要な帳票類を作成してこれを保管するとともに、区分所有者等の請求があった時は、これを速やかに開示することにより、**経理の透明性を確保**する必要がある。

(5) 長期修繕計画の作成および見直し等

　マンションの**快適な居住環境を確保**し、**資産価値の維持向上を図る**ためには、**適時適切な維持修繕**を行うことが重要である。特に、**経年による劣化に対応**するため、あらかじめ**長期修繕計画を作成**し、必要な修繕積立金を積み立てておく必要がある。

　長期修繕計画の作成および見直しにあたっては、「**長期修繕計画作成ガイドライン**」を参考に、必要に応じ、マンション管理士等専門的知識を有する者の意見を求め、また、あらかじめ建物診断等を行って、その計画を適切なものとするよう配慮する必要がある。

　長期修繕計画の実効性を確保するためには、修繕内容、資金計画を適正かつ明確に定め、それらを区分所有者等に十分周知させることが必要である。

　管理組合の**管理者等**は、維持修繕を円滑かつ適切に実施するため、**設計に関する図書等を保管**することが重要である。

　また、この**図書等**について、区分所有者等の求めに応じ、**適時閲覧**できるようにすることが重要である。

　なお、建設後相当の期間が経過したマンションにおいては、長期修繕計画の検討を行う際には、必要に応じ、建替え等についても視野に入れて検討することが望ましい。建替え等の検討にあたっては、その過程を区分所有者等に周知させるなど**透明性に配慮**しつつ、各区分所有者等の意向を十分把握し、**合意形成**を図りながら進める必要がある。

（6）発注等の適正化

　管理業務の委託や工事の発注等については、**事業者の選定に係る意思決定の透明性確保や利益相反等に注意**して、適正に行われる必要があるが、とりわけ「**外部の専門家**」が管理組合の管理者等または役員に就任する場合においては、区分所有者等から信頼されるような発注等に係るルールの整備が必要である。

（7）良好な居住環境の維持および向上

　マンションの資産価値や良好な居住環境を維持する観点から、**防災に係る計画の作成・周知や訓練の実施、被災時を想定した管理規約上の取り決め、火災保険への加入**等、管理組合として**マンションにおける防災・減災や防犯に取り組む**ことは重要である。

　また、**防災・減災、防犯**に加え、**日常的なトラブルの防止**などの観点からも、マンションにおける**コミュニティ形成は重要**なものであり、**管理組合**においても、区分所有法に則り、**良好なコミュニティの形成に積極的に取り組む**ことが重要である。

　一方、自治会および町内会等（以下「**自治会**」という）は、管理組合と異なり、**各居住者が各自の判断で加入する**ものであることに留意するとともに、特に**管理費の使途**については、**マンションの管理と自治会活動の範囲・相互関係を整理**し、**管理費と自治会費の徴収・支出を分けて適切に運用**する必要がある。なお、このよう

に適切な峻別や、代行徴収に係る負担の整理が行われるのであれば、自治会費の徴収を代行することや、防災や美化などのマンションの管理業務を自治会が行う活動と連携して行うことも差し支えない。

(8) その他配慮すべき事項

マンションが**団地を構成する場合**には、**各棟固有の事情を踏まえつつ、全棟の連携**をとって、**全体としての適切な管理**がなされるように配慮することが重要である。

複合用途型マンションにあっては、住宅部分と非住宅部分との利害の調整を図り、その管理、費用負担等について適切な配慮をすることが重要である。

また、**管理組合**は、組合員名簿や居住者名簿の管理方法等、個人情報の取り扱いにあたっては、個人情報保護法による**個人情報取扱事業者としての義務を負う**ことに十分に留意する必要がある。

3．マンションの管理の適正化のためにマンションの区分所有者等が留意すべき事項（3）

マンションを「**購入しようとする者**」は、マンションの管理の重要性を十分認識し、売買契約だけでなく、**管理規約、使用細則、管理委託契約、長期修繕計画**等管理に関する事項に十分に留意することが重要である。

また、**管理組合**および「**区分所有者等**」は、マンションを購入しようとする者に対するこれらの情報の提供に配慮する必要がある。

「**区分所有者等**」は、その居住形態が戸建てとは異なり、相隣関係等に配慮を要する住まい方であることを十分に認識し、その上で、マンションの快適かつ適正な利用と資産価値の維持を図るため、管理組合の一員として、進んで、集会その他の管理組合の**管理運営に参加**するとともに、定められた**管理規約・集会の決議等を遵守**する必要がある。そのためにも、「**区分所有者等**」は、マンションの管理に関する法律等についての理解を深めることが重要である。

専有部分の賃借人等の「**占有者**」は、建物またはその敷地もしくは附属施設の使用方法につき、「**区分所有者等**」が管理規約または集会の決議に基づいて**負う義務と同一の義務を負う**ことに十分に留意することが必要である。

4．マンションの管理の適正化のための管理委託に関する事項（4）

　管理組合は、マンションの管理の主体は管理組合自身であることを認識したうえで、管理事務の全部または一部を第三者に委託しようとする場合は、「マンション標準管理委託契約書」を参考に、その委託内容を十分に検討し、**書面または電磁的方法**（管理組合の管理者等または区分所有者等の**承諾を得た場合に限る**）をもって**管理委託契約**を締結することが重要である。

　管理委託契約先を選定する場合には、管理組合の管理者等は、**事前に必要な資料を収集**し、区分所有者等にその**情報を公開**するとともに、マンション管理業者の行う説明会を活用し、**適正な選定**がなされるように努める必要がある。

　管理委託契約先が選定されたときは、管理組合の**管理者等**は、説明会等を通じて区分所有者等に対し、当該契約内容を周知するとともに、マンション管理業者の行う管理事務の報告等を活用し、管理事務の適正化が図られるよう努める必要がある。

　万一、マンション管理業者の業務に関して問題が生じた場合には、管理組合は、当該マンション管理業者にその解決を求めるとともに、必要に応じ、**マンション管理業者の所属する団体**にその解決を求める等の措置を講じる必要がある。

❺ マンションがその建設後相当の期間が経過した場合その他の場合において当該マンションの建替えその他の措置に向けたマンションの区分所有者等の合意形成の促進に関する事項（四）

　日常のマンションの管理を適正に行い、そのストックを有効に活用していくことは重要だが、一方で、修繕や耐震改修等のみでは良好な居住環境の確保や地震によるマンションの倒壊、老朽化したマンションの損壊その他の被害からの生命、身体および財産の保護が困難な場合には、マンションの建替え等を円滑に行い、**より長期の耐用性能を確保**するとともに、**良好な居住環境や地震に対する安全性等の向上を実現**することが重要である。

　マンション建替え等円滑化法では、地震に対する安全性が不足しているマンションや外壁等の剥落により周囲に危害を生ずるおそれのあるマンション等を、建替え時の容積率特例やマンション敷地売却事業および団地型マンションにおける敷地分割事業の対象とし、また、バリアフリー性能が不足しているマンション等を含めて建替え時の容積率

特例の対象としている。

　マンションが**建設後相当の期間が経過**した場合等に、修繕等のほか、これらの特例を活用した建替え等を含め、どのような措置をとるべきか、様々な**区分所有者等間の意向を調整**し、**合意形成を図っておくこと**が重要である。**管理組合**においては、区分所有者等の連絡先等を把握しておき、**必要に応じて外部の専門家を活用**しつつ、**適切に集会を開催**して**検討**を重ね、**長期修繕計画において建替え等の時期を明記**しておくこと等が重要である。

❻ マンションの管理の適正化に関する啓発および知識の普及に関する基本的な事項（五）

　マンションの管理の適正化を推進するためには、必要な情報提供、技術的支援等が不可欠であることから、**国および地方公共団体**は、**マンションの実態の調査および把握**に努め、**必要な情報提供**等について、その**充実を図る**ことが重要である。

　国においては、**マンション管理適正化法およびマンション管理適正化指針の内容の周知**を行うほか、「**マンション標準管理規約**」や**各種ガイドライン・マニュアルの策定や適時適切な見直しとその周知**を行っていく必要がある。

　また、**国、地方公共団体、マンション管理適正化推進センター、マンション管理士、NPO法人等の関係者**が**相互に連携**をとり、**管理組合等の相談に応じられるネットワークを整備**することが重要である。

　地方公共団体においては、必要に応じて**マンション管理士等専門的知識を有する者**や経験豊かで地元の実情に精通したマンションの**区分所有者等から信頼される者、NPO法人等の協力**を得て、**セミナーの開催やマンションに係る相談体制の充実を図る**よう努める必要がある。

　マンション管理適正化推進センターにおいては、関係機関および関係団体との連携を密にし、**管理組合等に対する積極的な情報提供を行う**等、**管理適正化業務を適正かつ確実に実施**する必要がある。

　これらのほか、**国、地方公共団体、関係機関**等は、**管理計画認定制度の周知**等を通じて、これから管理組合の一員たる区分所有者等としてマンションの管理に携わることとなる**マンションを購入しようとする者**に対しても、**マンションの管理の重要性を認識**さ

せるように取り組むことも重要である。

❼　マンション管理適正化推進計画の策定に関する基本的な事項（六）

　マンションは全国的に広く分布しており、各地域に一定のストックが存在するが、中でも大都市圏への集中が見られ、建設後相当の期間が経過し、管理上の課題が顕在化しているものも多い。また、大都市以外でも、都市近郊の観光地等で主に別荘として利用される、いわゆるリゾートマンションを多く有する地域もある。

　地方公共団体は、このように**各地域で異なるマンションの状況等を踏まえ**つつ、**マンション管理適正化法および基本方針に基づき**、**住生活基本計画**（都道府県計画）〔市町村にあっては住生活基本計画（全国計画）に基づく市町村計画を含む〕**と調和を図る**ほか、**マンションの管理の適正化の推進に関する施策の担当部局と福祉関連部局、防災関連部局、まちづくり関連部局、空き家対策関連部局、地方住宅供給公社等と連携**し、**マンション管理適正化推進計画を策定**することが望ましい。

1．マンションの管理の適正化に関する目標（1）

　区域内のマンションの状況に応じ、**25年以上の長期修繕計画に基づく修繕積立金額を設定している管理組合の割合等、明確な目標を設定**し、その**進捗を踏まえ、施策に反映**させていくことが望ましい。

2．マンションの管理の状況を把握するために講じる措置に関する事項（2）

　マンションの管理の適正化の推進を図るためには、**大規模団地や長屋型のマンション等も含めた区域内のマンションストックの状況を把握**した上で、**マンションの管理の実態について把握**することが重要であり、**登記情報等に基づくマンションの所在地の把握、管理組合へのアンケート調査等の実態調査、条例による届出制度の実施等、地域の状況に応じた措置を位置づける**ことが考えられる。

　なお、**マンションの管理の実態の把握**については、**規模や築年数等に応じ、対象を絞って行う**ことも考えられる。

3．マンションの管理の適正化の推進を図るための施策に関する事項（3）

　地域の実情に応じてニーズを踏まえつつ、適切な施策を行っていくことが重要であり、管理組合向けのセミナーの開催、相談窓口の設置、マンション管理士等の専門家の派遣、長期修繕計画の作成等に必要な取組に対する財政支援等を位置づけることが考えられる。

　また、きめ細やかな施策を推進するため、地方公共団体、地域の実情に精通したマンション管理士等の専門家、マンション管理業者等の事業者、管理組合の代表者、NPO法人等で協議会を設置することも考えられる。

　このほか、必要に応じ、地方住宅供給公社によるマンションの修繕その他の管理に関する事業を定めることが考えられる。この場合において、地方住宅供給公社は、当該都道府県等の区域内において、地方住宅供給公社法（21条）に規定する業務のほか、管理組合の委託により、当該事業を行うことができる。

4．管理組合によるマンションの管理の適正化に関する指針（都道府県等マンション管理適正化指針）に関する事項（4）

　マンション管理適正化法（5条1項）に基づき、管理組合は、マンション管理適正化指針のほか、都道府県等マンション管理適正化指針にも留意してマンションを適正に管理するよう努めることとなるほか、都道府県等マンション管理適正化指針は、マンション管理適正化法（5条の2）に基づく助言、指導等の基準や、マンション管理適正化法（5条の4）に基づく管理計画の認定の基準ともなり得るものである。

　マンション管理適正化指針と同様のものとすることも差し支えないが、必要に応じ、例えば、浸水が想定される区域においては適切な防災対策を講じていることなど地域の実情を踏まえたマンションの管理に求められる観点や水準を定めることが望ましい。

5．マンションの管理の適正化に関する啓発および知識の普及に関する事項（5）

　マンションの管理の適正化の推進を図るためには、必要な情報提供、技術的支援等が不可欠であることから、マンション管理適正化推進センターやマンション管理士会、NPO法人等と連携したセミナーの開催、相談窓口の設置、専門家の派遣や、これらの取組を広く周知することを位置づけることなどが考えられる。

6．計画期間 （6）

　地域の**マンションの築年数の推移や、人口動態等**の将来予測を踏まえて、**適切な計画期間を設定する**ことが望ましいが、例えば、**住生活基本計画（都道府県計画）**が、計画期間を10年とし、5年**毎に見直し**を行っている場合にはこれと**整合を図る**ことなどが考えられる。

7．その他マンションの管理の適正化の推進に関し必要な事項 （7）

　管理計画認定制度の運用にあたって、例えば、マンション管理適正化法（5条の13）に基づく指定認定事務支援法人を活用する場合にはその旨等を定めることが考えられる。

　このほか、地域の実情に応じて取り組む独自の施策を積極的に位置づけることが望ましい。

❽　その他マンションの管理の適正化の推進に関する重要事項(七)

1．**マンション管理士制度の一層の普及促進** （1）

　マンションの管理には専門的な知識を要する事項が多いため、国、地方公共団体及びマンション管理適正化推進センターは、マンション管理士制度がより一層広く利用されることとなるよう、その普及のために必要な啓発を行い、マンション管理士に関する情報提供に努める必要がある。

　なお、管理組合は、マンションの管理の適正化を図るため、必要に応じ、マンション管理士等専門的知識を有する者の知見の活用を考慮することが重要である。

2．**管理計画認定制度の適切な運用** （2）

　管理計画認定制度の活用によって、マンションの管理水準の維持向上と管理状況が市場において評価される環境整備が図られることが期待されることから、同制度を運用する**地方公共団体**においては、その積極的な周知を図るなど適切に運用していくことが重要である。

　また、**国**においては、既存マンションが対象となる管理計画認定制度に加え、マンションの適切な管理を担保するためには**分譲時点**から**適切な管理を確保**することが重要であることから、新築分譲マンションを対象とした管理計画を予備的に認定する仕組みについても、マンション管理適正化推進センターと連携しながら、必要な施策を講じていく必要がある。なお、地方公共団体は、指定認定事務支援法人に、認定に係る調査に関する事務を委託することも可能であり、必要に応じてこれを活用するとともに、指定認定事務支援法人は個人情報等も扱う可能性があることや利益相反も想定されることに鑑み、委託する際は適切に監督を行う必要がある。

3．都道府県と市町村との連携（3）

　マンション管理適正化法において、都道府県は町村の区域内に係るマンション管理適正化推進行政事務を行うこととされているが、市区町村と連携を図り、必要に応じて市区の区域内を含めて施策を講じていくことが重要である。

　また、町村が地域のマンションの詳細な実情を把握していることも想定されることから、都道府県と町村においては、連絡体制を確立し、密に連携をとる必要がある。

　なお、マンション管理適正化法（104条の2）に基づき、町村がマンション管理適正化推進行政事務を行う場合には、都道府県と適切に協議を行い、必要な引継ぎを確実に受けるほか、その旨を公示等で周知するなど同事務の実施に遺漏のないようにする必要がある。

4．修繕等が適切に行われていないマンションに対する措置（4）

　マンション管理適正化法（5条の2）において、都道府県等は管理組合の管理者等に対してマンションの管理の適正化を図るために必要な助言、指導および勧告を行うことができることとされているが、助言等を繰り返し行っても、なおマンションの管理の適正化が図られないことも考えられる。修繕等が適切に行われなかった結果、老朽化したマンションがそのまま放置すれば著しく保安上危険となり、または著しく衛生上有害な状態となる恐れがあると認められるに至ったなどの場合には、建築基準法に基づき、特定行政庁である**地方公共団体**が**改善の命令等の強制力を伴う措置を講じる**ことも考えられる。

５．修繕工事および設計コンサルタントの業務の適正化（５）

　マンションの修繕工事や長期修繕計画の見直しにあたっては、管理組合の専門的知識が不足し、修繕工事業者や設計コンサルタント等との間に情報の非対称性が存在する場合が多いことから、国は、**管理組合に対する様々な工事発注の方法の周知や修繕工事の実態に関する情報発信、関係機関とも連携した相談体制の強化等を通じて、マンションの修繕工事や設計コンサルタントの業務の適正化が図られるよう、必要な取組を行う必要がある。**

６．ICT（アイコンストラクション）化の推進（６）

　国は、**WEB会議システム等を活用した合意形成の効率化や、ドローンを活用した外壁の現況調査**等、モデル的な取組に対して**支援**することにより、**ICTを活用したマンションの管理の適正化を推進**していく必要がある。

　また、マンション管理適正化法（72条6項および73条3項）では、管理組合の負担軽減およびマンション管理業者の生産性向上の観点から、重要事項説明時や契約成立時の書面交付について、ITを活用した電磁的記録による交付が可能である旨定められている。併せて、通常、対面で行われる重要事項の説明等についても、ITを活用した説明が可能であり、これらについてマンション管理業者の団体等を通じて広く周知していくことが重要である。

別紙一

助言、指導および勧告を行う際の判断の基準の目安

　マンション管理適正化法（5条の2）に基づき管理組合の管理者等に対して助言、指導および勧告を行う際の判断の基準の目安は、次の事項が遵守されていない場合とする。

　なお、個別の事案に応じて以下の事項以外の事項についても、基本方針❹のマンション管理適正化指針や基本方針❼4.の都道府県等マンション管理適正化指針に即し、必要な助言および指導を行うことは差し支えない。

1．管理組合の運営

（1）管理組合の運営を円滑に行うため管理者等を定めること

（2）集会を**年に**1 回以上開催すること

2．管理規約

管理規約を作成し、必要に応じ、その改正を行うこと

3．管理組合の経理

管理費および修繕積立金等について明確に区分して経理を行い、適正に管理すること

4．長期修繕計画の作成および見直し等

適時適切な維持修繕を行うため、修繕積立金を積み立てておくこと

別紙二

管理計画の認定の基準（マンション管理適正化法 5 条の 4）

　管理計画の認定の基準は、次の基準のいずれにも適合することとする。

1．管理組合の運営（5 条の 4 第 3 号）

（1）管理者等が定められていること

（2）**監事が選任**されていること

（3）集会が**年に**1 回以上開催されていること

2．管理規約

（1）管理規約が作成されていること

（2）マンションの適切な管理のため、管理規約において災害等の緊急時や管理上必要なときの専有部の立ち入り、修繕等の履歴情報の管理等について定められていること

（3）マンションの管理状況に係る情報取得の円滑化のため、管理規約において、管理組合の財務・管理に関する情報の書面の交付（または電磁的方法による提供）について定められていること

3．管理組合の経理

(1) 管理費および修繕積立金等について明確に区分して経理が行われていること

(2) 修繕積立金会計から他の会計への充当がされていないこと

(3) 直前の事業年度の終了の日時点における**修繕積立金の3ヵ月以上の滞納額**が**全体の1割以内であること**

4．長期修繕計画の作成および見直し等（5条の4第1号）

(1) 長期修繕計画が「長期修繕計画標準様式」に準拠し作成され、長期修繕計画の内容およびこれに基づき算定された修繕積立金額について集会にて決議されていること

(2) **長期修繕計画の作成または見直しが7年以内に行われていること**

(3) **長期修繕計画の実効性を確保**するため、**計画期間が30年以上で、かつ、残存期間内に大規模修繕工事が2回以上含まれる**ように設定されていること

(4) 長期修繕計画において将来の一時的な修繕積立金の徴収を予定していないこと

(5) 長期修繕計画の計画期間全体での修繕積立金の総額から算定された修繕積立金の平均額が**著しく低額でないこと**

(6) **長期修繕計画の計画期間の最終年度**において、**借入金の残高のない**長期修繕計画となっていること

5．その他

(1) 管理組合が区分所有者等への平常時における連絡に加え、災害等の緊急時に迅速な対応を行うため、**組合員名簿、居住者名簿を備えている**とともに、**1年に1回以上は内容の確認を行っていること**

(2) 都道府県等マンション管理適正化指針に照らして適切なものであること

第 3 編

分譲マンションの統計・データ等

第 **1** 章

分譲マンションの統計・データ等
（国土交通省公表）

分譲マンションの統計・データ等

重要度 マ — 主 **A**

❖ **Introduction** ❖

令和3年度管理業務主任者試験から毎年1問出題されている。試験実施年の最新統計・データが出題の対象となる。出題項目は、ほぼ定着している。項目によっては、毎年更新のものや5年に1度更新されるものがあるので、確認できる学習環境を整えておこう。

❶ 公表の対象となっている分譲マンションとは

中高層（3階建て以上）・**分譲・共同建**で、**鉄筋コンクリート、鉄骨鉄筋コンクリートまたは鉄骨造**の住宅をいう。

❷ 分譲マンションストック数の推移（令和4年末／令和5年8月10日更新）

マンションストック総数は、**約694.3万戸**である。

❸ 分譲マンションの居住割合（令和4年末／令和5年8月10日更新）

上記❷に令和2年国勢調査による**1世帯当たり平均人員2.2人**をかけると、**約1,500万人**となり、**国民の1割超**が居住している推計となる。

❹ 築40年以上の分譲マンションの戸数（令和4年末／令和5年8月10日更新）

① **約125.7万戸**が存在する。

② 今後、**10年後には約2.1倍の約260.8万戸**、**20年後には約3.5倍の約445万戸**と急増していくことが見込まれている。

❺ マンション建替え等の実施状況（令和 5 年 4 月 1 日時点／令和 5 年 8 月 10 日更新）

① マンションの**建替えの実績**は、累計で **282 件、約 23,000 戸**（令和 5 年 3 月時点）である。近年は、マンション建替円滑化法による建替えが選択されているケースが多い。

② マンション建替円滑化法にもとづくマンション**敷地売却の実績**は、累計で **10 件、約 600 戸**（令和 5 年 3 月時点）である。

❻ マンションの新規供給戸数

2008 年のリーマンショックにより、前年より大幅に減少したことがある。また、令和 4 年は、前年の 10.6 万戸を下回り、9.4 万戸となっている。したがって、マンションの新規供給戸数は、2000 年以降、一貫して増加しているわけではない。

❼ マンション総合調査結果（平成 30 年）

① 平成 30 年度の調査結果では、マンション居住者の永住意識は高まっており、平成 30 年度は 62.8 ％の区分所有者が「永住するつもりである」としている。

② 平成 30 年度の調査結果では、現在の修繕積立金の額が長期修繕計画上の修繕積立金の積立額に比べて不足しているマンションは 34.8 ％となっており、全体の 3 割を超えている。

※ 令和 6 年管理業務主任者本試験では、令和 5 年〜 6 年度の最新統計・データが必要となる。

Index

第1編　マンションの維持・保全等

Index

第 2 編　マンション管理適正化法

Index

第3編　分譲マンションの統計・データ等

執筆

吉田佳史（ＴＡＣ主任講師）

川村龍太郎（ＴＡＣ専任講師）

2024年度版
マンション管理士・管理業務主任者 総合テキスト 下 維持・保全等／マンション管理適正化法等

（平成15年度版　2003年4月30日　初版 第1刷発行）

2024年4月15日　初版　第1刷発行

編著者　Ｔ Ａ Ｃ 株 式 会 社
（マンション管理士・管理業務主任者講座）
発 行 者　多　　田　　敏　　男
発 行 所　ＴＡＣ株式会社　出版事業部
（ＴＡＣ出版）

〒101-8383
東京都千代田区神田三崎町3-2-18
電話　03（5276）9492（営業）
FAX　03（5276）9674
https://shuppan.tac-school.co.jp

印　　刷　日 新 印 刷 株 式 会 社
製　　本　株式会社 常 川 製 本

© TAC 2024　　Printed in Japan

ISBN 978-4-300-10946-5
N.D.C. 673

『TAC情報会員』登録用パスワード：025-2024-0943-25

マンション管理士・管理業務主任者

2月・3月・4月・5月開講　初学者・再受験者対象

| マン管・管理業両試験対応 | W合格本科生S (全42回：講義ペース週1～2回) | マン管試験対応 | マンション管理士本科生S (全36回：講義ペース週1～2回) | 管理業試験対応 | 管理業務主任者本科生S (全35回：講義ペース週1～2回) |

合格するには、「皆が正解できる基本的な問題をいかに得点するか」、つまり基礎をしっかりおさえ、その基礎をどうやって本試験レベルの実力へと繋げるかが鍵となります。
各コースには「過去問攻略講義」をカリキュラムに組み込み、
基礎から応用までを完全マスターできるように工夫を凝らしています。
じっくりと徹底的に学習をし、本試験に立ち向かいましょう。

5月・6月・7月開講　初学者・再受験者対象

| マン管・管理業両試験対応 | W合格本科生 (全36回：講義ペース週1～2回) | マン管試験対応 | マンション管理士本科生 (全33回：講義ペース週1～2回) | 管理業試験対応 | 管理業務主任者本科生 (全32回：講義ペース週1～2回) |

毎年多くの受験生から支持されるスタンダードコースです。
基本講義、基礎答練で本試験に必要な基本知識を徹底的にマスターしていきます。
また、過去20年間の本試験傾向にあわせた項目分類により、
個別的・横断的な知識を問う問題への対策も行っていきます。
基本を徹底的に学習して、本試験に立ち向かいましょう。

8月・9月開講　初学者・再受験者対象

管理業務主任者速修本科生
(全21回：講義ペース週1～3回)

管理業務主任者試験の短期合格を目指すコースです。
講義では難問・奇問には深入りせず、基本論点の確実な定着に主眼をおいていきます。
週2回のペースで無理なく無駄のない受講が可能です。

9月・10月開講　初学者・再受験者・宅建士試験受験者対象

管理業務主任者速修本科生（宅建士受験生用）
(全14回：講義ペース週1～3回)

宅建士試験後から約2ヵ月弱で管理業務主任者試験の合格を目指すコースです。
宅建士と管理業務主任者の試験科目は重複する部分が多くあります。
その宅建士試験のために学習した知識に加えて、
管理業務主任者試験特有の科目を短期間でマスターすることにより、
宅建士試験とのW合格を狙えます。

TACの学習メディア

Property manager &
Consultant

教室講座 | Web講義フォロー標準装備

- 学習のペースがつかみやすい、日程表に従った通学受講スタイル。
- 疑問点は直接講師へ即質問、即解決で学習時間の節約になる。
- Web講義フォローが標準装備されており、忙しい人にも安心の充実したフォロー制度がある。
- 受講生同士のネットワーク形成ができるだけでなく、受講生同士で切磋琢磨しながら、学習のモチベーションを持続できる。

ビデオブース講座 | Web講義フォロー標準装備

- 都合に合わせて好きな日程・好きな校舎で受講できる。
- 不明点のリプレイなど、教室講座にはない融通性がある。
- 講義録(板書)の活用でノートをとる手間が省け、講義に集中できる。
- 静かな専用の個別ブースで、ひとりで集中して学習できる。
- 全国公開模試は、ご登録地区の教室受験(水道橋校クラス登録の方は渋谷校)となります。

Web通信講座

Mac®でも！
Windows®でも！
スマートフォンでも！

- いつでも好きな時間に何度でも繰り返し受講できる。
- パソコンだけではなく、スマートフォンやタブレット、その他端末を利用して外出先でも受講できる。
- Windows®PCだけでなくMac®でも受講できる。
- 講義録をダウンロードできるので、ノートに写す手間が省け講義に集中できる。

DVD通信講座 | Web講義フォロー標準装備

- いつでも好きな時間に何度でも繰り返し受講することができる。
- ポータブルDVDプレーヤーがあれば外出先での映像学習も可能。
- 教材送付日程が決められているので独学ではつかみにくい学習のペースメーカーに最適。
- スリムでコンパクトなDVDなら、場所をとらずに収納できる。
- ●DVD通信講座は、DVD-Rメディア対応のDVDプレーヤーでのみ受講が可能です。パソコン、ゲーム機等での動作保証はしておりませんので予めご了承ください。

マンション管理士・管理業務主任者

2024年合格目標　初学者・再受験者対象　**2月3月4月5月**開講　（W合格本科生S・2月開講のみ）

注目 「過去問攻略講義」で、過去問対策も万全！

マン管・管理業両試験に対応　**W合格本科生S**

マン管試験に対応　**マンション管理士本科生S**

管理業試験に対応　**管理業務主任者本科生S**

ムリなく両試験の合格を目指せるコース
学習期間 6〜11ヶ月　講義ペース 週1〜2回

合格するには、「皆が正解できる基本的な問題をいかに得点するか」、つまり基礎をしっかりおさえ、その基礎をどうやって本試験レベルの実力へと繋げるかが鍵となります。

各コースには**「過去問攻略講義」**をカリキュラムに組み込み、基礎から応用までを完全マスターできるように工夫を凝らしています。じっくりと徹底的に学習をし、本試験に立ち向かいましょう。

┃┃ カリキュラム〈W合格本科生S（全42回）・マンション管理士本科生S（全36回）・管理業務主任者本科生S（全35回）〉

INPUT［講義］

基本講義
全22回　各回2.5時間

マンション管理士・管理業務主任者本試験合格に必要な基本知識を、じっくり学習していきます。試験傾向を毎年分析し、その最新情報を反映させたTACオリジナルテキストは、合格の必須アイテムです。

民約／区分所有法等	9回
規約／契約書／会計等	6回
維持・保全等／マンション管理適正化法等	7回

マン管過去問攻略講義
全3回（※1）各回2.5時間

管理業過去問攻略講義
全3回（※2）各回2.5時間

過去の問題を題材に本試験レベルに対応できる実力を身につけていきます。マンション管理士試験・管理業務主任者試験の過去問題を使って、テーマ別に解説を行っていきます。

総まとめ講義
全4回　各回2.5時間

本試験直前に行う最後の総整理講義です。各科目の重要論点をもう一度復習するとともに、横断的に知識を総整理していきます。

OUTPUT［答練］

基礎答練
全3回　70〜80分解説

基本事項を各科目別に本試験同様の四肢択一形式で問題演習を行います。早い時期から本試験の形式に慣れること、基本講義で学習した各科目の全体像がつかめているかをこの基礎答練でチェックします。

民法／区分所有法等	1回（70分答練）
規約／契約書／会計等	1回（60分答練）
維持・保全等	1回（60分答練）

マン管直前答練（※1）
全3回　各回2時間答練・50分解説

管理業直前答練（※2）
全2回　各回2時間答練・50分解説

マンション管理士・管理業務主任者の本試験問題を徹底的に分析。その出題傾向を反映させ、さらに今年出題が予想される論点などを盛り込んだ予想問題で問題演習を行います。

マンション管理士全国公開模試（※1）　全1回

管理業務主任者全国公開模試（※2）　全1回

マンション管理士本試験

管理業務主任者本試験

※5問免除科目であるマンション管理適正化法の基礎答練は、自宅学習用の配付のみとなります（解説講義はありません）。
（※1）W合格本科生S・マンション管理士本科生Sのカリキュラムに含まれます。
（※2）W合格本科生S・管理業務主任者本科生Sのカリキュラムに含まれます。

▌受講料一覧 (教材費・消費税10%込)

> 教材費は全て受講料に含まれています！別途書籍等を購入いただく必要はございません。

W合格本科生S

学習メディア	通常受講料	宅建割引制度	再受講割引制度	受験経験者割引制度
教室講座 🔽 ※				
ビデオブース講座 🔽 ※	¥143,000	¥110,000	¥96,800	¥110,000
Web通信講座 🔽				
DVD通信講座 🔽	¥154,000	¥121,000	¥107,800	¥121,000

※一般教育訓練給付制度は、2月開講クラスが対象となります。予めご了承ください。

マンション管理士本科生S

学習メディア	通常受講料	宅建割引制度	再受講割引制度	受験経験者割引制度
教室講座				
ビデオブース講座	¥132,000	¥99,000	¥86,900	¥99,000
Web通信講座				
DVD通信講座	¥143,000	¥110,000	¥97,900	¥110,000

管理業務主任者本科生S

学習メディア	通常受講料	宅建割引制度	再受講割引制度	受験経験者割引制度
教室講座				
ビデオブース講座	¥126,500	¥95,700	¥83,600	¥95,700
Web通信講座				
DVD通信講座	¥137,500	¥106,700	¥94,600	¥106,700

2022年マンション管理士／管理業務主任者 合格者の声

笹木 裕史 さん

W合格本科生S ／ マンション管理士 管理業務主任者 W合格

マンション管理士と管理業務主任者の試験範囲の多くが被っており、勉強するうえで、両者の試験を分けて考えたことはありませんでした。両方の過去問を解くことで、問題演習量も充実するため、結果的に合格への近道になると思います。ですので、ぜひ、ダブル受験・合格を目指して頑張ってください！

近藤 勇真 さん

W合格本科生 ／ マンション管理士 管理業務主任者 W合格

私は運よくW合格することができましたが、両試験には片方の資格を持っているともう片方の受験の際に5問免除される制度があります。マンション管理士試験の受験者は、4割の方が管理業務主任者資格者という情報もあり、W合格を目指す方はそこで差がつかないように力を入れるべきかと思います。日々取れる学習時間を考えて、管理業務主任者に集中されるのも良いと思います。

▌お申込みにあたってのご注意

※0から始まる会員番号をお持ちでない方は、受講料のほかに別途入会金(¥10,000・10%税込)が必要です。会員番号につきましては、TAC各校またはカスタマーセンター (0120-509-117)までお問い合わせください。

※上記受講料は、教材費・消費税10%が含まれます。

※コースで使用する教材の中で、TAC出版より刊行されている書籍をすでにお持ちの方は、TAC出版刊行書籍を受講料に含まないコースもございます。

※各種割引制度の詳細はTACマンション管理士・管理業務主任者講座パンフレットをご参照ください。

全国公開模試

マンション管理士 | 管理業務主任者

11/9（土）実施（予定） | 11/16（土）実施（予定）

詳細は2024年8月刊行予定の「全国公開模試専用案内書」をご覧ください。

全国規模
本試験直前に実施される公開模試は全国18会場（予定）で実施。実質的な合格予備軍が結集し、本試験同様の緊張感と臨場感であなたの「真」の実力が試されます。

高精度の成績判定
TACの分析システムによる個人成績表に加えて正答率や全受験生の得点分布データを集計。「全国公開模試」の成績は、本試験での合否を高い精度で判定します。

本試験を擬似体験
合格のためには知識はもちろん、精神力と体力が重要となってきます。本試験と同一形式で実施される全国公開模試を受験することは、本試験環境を体験する大きなチャンスです。

オプションコース　ポイント整理、最後の追い込みにピッタリ！

全4回（各回2.5時間講義）10月開講　**マンション管理士/管理業務主任者試験対策**

総まとめ講義

今まで必要な知識を身につけてきたはずなのに、問題を解いてもなかなか得点に結びつかない、そんな方に最適です。よく似た紛らわしい表現や知識の混同を体系的に整理し、ポイントをズバリ指摘していきます。まるで「ジグソーパズルがピッタリはまるような感覚」で頭をスッキリ整理します。使用教材の「総まとめレジュメ」は、本試験最後の知識確認の教材としても好評です。

日程等の詳細はTACマンション管理士・管理業務主任者講座パンフレットをご参照ください。

各2回　11月・12月開講（予定）　**マンション管理士/管理業務主任者試験対策**

ヤマかけ講義　問題演習＋解説講義

TAC講師陣が、2024年の本試験を完全予想する最終講義です。本年度の"ヤマ"をまとめた「ヤマかけレジュメ」を使用し、論点別の一問一答式で本試験予想問題を解きながら、重要部分の解説をしていきます。問題チェックと最終ポイント講義で合格への階段を登りつめます。

詳細は8月上旬刊行予定の全国公開模試リーフレット又はTACホームページをご覧ください。

●オプションコースのみをお申込みの場合に限り、入会金はいただいておりません。オプションコース以外のコースをお申込みの場合には、受講料の他に入会金が必要となる場合があります。予めご了承ください。
●オプションコースの受講料には、教材費及び消費税10%の金額が含まれています。
●各日程の詳細につきましては、TACマンション管理士・管理業務主任者講座パンフレット又はTACホームページをご覧ください。

TAC出版 書籍のご案内

TAC出版では、資格の学校TAC各講座の定評ある執筆陣による資格試験の参考書をはじめ、資格取得者の開業法や仕事術、実務書、ビジネス書、一般書などを発行しています!

TAC出版の書籍
*一部書籍は、早稲田経営出版のブランドにて刊行しております。

資格・検定試験の受験対策書籍

- 日商簿記検定
- 建設業経理士
- 全経簿記上級
- 税理士
- 公認会計士
- 社会保険労務士
- 中小企業診断士
- 証券アナリスト

- ファイナンシャルプランナー(FP)
- 証券外務員
- 貸金業務取扱主任者
- 不動産鑑定士
- 宅地建物取引士
- 賃貸不動産経営管理士
- マンション管理士
- 管理業務主任者

- 司法書士
- 行政書士
- 司法試験
- 弁理士
- 公務員試験(大卒程度・高卒者)
- 情報処理試験
- 介護福祉士
- ケアマネジャー
- 電験三種　ほか

実務書・ビジネス書

- 会計実務、税法、税務、経理
- 総務、労務、人事
- ビジネススキル、マナー、就職、自己啓発
- 資格取得者の開業法、仕事術、営業術

一般書・エンタメ書

- ファッション
- エッセイ、レシピ
- スポーツ
- 旅行ガイド (おとな旅プレミアム/旅コン)

書籍の正誤に関するご確認とお問合せについて

書籍の記載内容に誤りではないかと思われる箇所がございましたら、以下の手順にてご確認とお問合せをしてくださいますよう、お願い申し上げます。

なお、正誤のお問合せ以外の**書籍内容に関する解説および受験指導などは、一切行っておりません。**
そのようなお問合せにつきましては、お答えいたしかねますので、あらかじめご了承ください。

1 「Cyber Book Store」にて正誤表を確認する

TAC出版書籍販売サイト「Cyber Book Store」の
トップページ内「正誤表」コーナーにて、正誤表をご確認ください。

CYBER TAC出版書籍販売サイト
BOOK STORE

URL：https://bookstore.tac-school.co.jp/

2 ①の正誤表がない、あるいは正誤表に該当箇所の記載がない ⇒ 下記①、②のどちらかの方法で文書にて問合せをする

★ご注意ください★

お電話でのお問合せは、お受けいたしません。

①、②のどちらの方法でも、お問合せの際には、「お名前」とともに、
「対象の書籍名（○級・第○回対策も含む）およびその版数（第○版・○○年度版など）」
「お問合せ該当箇所の頁数と行数」
「誤りと思われる記載」
「正しいとお考えになる記載とその根拠」
を明記してください。

なお、回答までに1週間前後を要する場合もございます。あらかじめご了承ください。

① ウェブページ「Cyber Book Store」内の「お問合せフォーム」より問合せをする

【お問合せフォームアドレス】

https://bookstore.tac-school.co.jp/inquiry/

② メールにより問合せをする

【メール宛先　TAC出版】

syuppan-h@tac-school.co.jp

※土日祝日はお問合せ対応をおこなっておりません。
※正誤のお問合せ対応は、該当書籍の改訂版刊行月末日までといたします。

乱丁・落丁による交換は、該当書籍の改訂版刊行月末日までといたします。なお、書籍の在庫状況等により、お受けできない場合もございます。
また、各種本試験の実施の延期、中止を理由とした本書の返品はお受けいたしません。返金もいたしかねますので、あらかじめご了承くださいますようお願い申し上げます。

（2022年7月現在）